LA VÉRITÉ EST AILLEURS™

le guide officiel de la série

AUX FRONTIÈRES DU RÉEL

LA VÉRITÉ EST AILLEURS™

le guide officiel de The X-Files™

Série créée par Chris Carter

Écrit by Brian Lowry

Recherches et documentation Sarah Stegall

Traduit de l'américain par Patrick Marcel

EDITIONS
LA MARTINGALE

Nous remercions les photographes suivants pour leur contribution à ce livre :
Michael Grecco
Chris Helcermanas-Benge
Jack Rowand
Ken Staniforth
Marcel Williams
Remerciements à Vivien Nishi, Greg Loewen et Scott Steyns, pour leur contribution.
Remerciements également à Vivien Nishi, Rob Maier et Peter Huff pour les photos du tournage.

Titre original :
THE TRUTH IS OUT THERE™ THE OFFICIAL GUIDE TO THE X-FILES™
Published by arrangement with *HarperCollins*Publishers Inc.

Photo de couverture par Michael Grecco
Maquette intérieure de Derek Walls

Remerciements et dédicace

Je n'aurais jamais pu écrire ce livre si je n'avais pas bénéficié du concours de Chris Carter, qui m'a consacré sans compter son temps et son énergie débordante, et de celui de l'équipe entière d'*Aux frontières du réel,* acteurs et techniciens : faisant mentir le credo de la série qui enjoint de ne faire confiance à personne, ils ont manifesté une bonne volonté et une hospitalité extrêmes envers un étranger venu parmi eux armé d'un calepin. Je remercie tout particulièrement Mary Astadourian de son dévouement qui a dépassé les limites du devoir ; Sarah Stegall, pour ses recherches minutieuses ; Howard Gordon, qui a joué les guides avec une infinie patience ; et Frank Spotnitz qui, au moment de nommer un rédacteur pour ce livre, s'est souvenu, Dieu sait pourquoi, d'un de ses vieux copains de fac.

Sur un registre plus personnel, merci à Sally de son soutien ; à Doris, d'avoir eu à contrecœur un bébé tardif ; et à mon frère Brett, en compagnie duquel je regardais *Dossiers brûlants* et, par la même occasion, nombre de choses aussi terrifiantes que répugnantes.

Note du traducteur :

Pour les dialogues cités par l'auteur, nous avons suivi la version française de la série, à de très rares exceptions près où, cette version française s'éloignant trop de la nuance que l'auteur voulait mettre en exergue, nous avons préféré traduire au plus près les dialogues de la version originale.

sommaire

introduction

La vérité est ailleurs.

Depuis plus de deux ans, les millions de téléspectateurs qui suivent avec fidélité (et un soupçon d'inquiétude, probablement) la série *The X-Files/Aux frontières du réel* sur la chaîne Fox commencent leur week-end sur cette troublante déclaration de principe.

La série tranche par bien des points sur les programmes habituels du *prime time,* cette tranche de temps en début de soirée où l'audience est maximale. Elle nous conte les exploits de deux agents du FBI, Fox Mulder (David Duchovny) et Dana Scully (Gillian Anderson), au fil d'enquêtes sur des affaires touchant au paranormal. *Aux frontières du réel* est une des rares incursions dans le domaine de l'horreur programmée de façon régulière sur les chaînes de télévision, au cours de ces dernières années, mais c'est aussi une série qui s'est construite à partir de rien – qui s'est forgé un public sans bénéficier de l'effet d'entraînement de séries au succès déjà établi, comme *Seinfeld* ou *Papa bricole.*

En fait, si toute série de télévision doit obligatoirement suivre un véritable parcours du combattant pour atteindre au succès, c'est une légion d'obstacles qui était liguée dès le départ contre *Aux frontières du réel.* Pour commencer, au cours de la décennie qui a précédé la naissance de la série, les seuls véritables succès de science-fiction à la télévision américaine ont été *Star Trek* et ses séries dérivées. Quant au bizarre, si l'on néglige des phénomènes ponctuels tels que *Twin Peaks,* c'est un genre encore moins représenté dans les séries.

Dans un domaine où les formules préétablies sont la règle, *The X-Files* se permettait également de mépriser les classifications faciles : une agence de publicité alla jusqu'à parler à son sujet de « série policière » avant que ne débute la diffusion. Certes, les épisodes parlent d'OVNIs et de phénomènes paranormaux, mais ils ont d'autres points d'intérêt : l'humour des dialogues entre leurs protagonistes, des intrigues récurrentes complexes qui dépeignent des conspirations gouvernementales et leurs tentatives pour étouffer les affaires que les agents cherchent justement à élucider. Ces épisodes et incidents constituent ce qu'on a appelé la « mythologie » de la série. Ils ont aidé à établir son cadre général, au même titre que ses ambiances caractéristiques, souvent angoissantes. Le tout a donné naissance à des maximes qui ont fait florès : *Ne faites confiance à personne* et *Je veux croire.*

Si les interactions entre Mulder et Scully sont écrites avec verve, on a également cherché à éviter le piège de l'intrigue amoureuse entre les protagonistes, qui a sonné le glas de plus d'une série. En fait, si les personnages ont des relations extrêmement étroites, ils les conservent sur le plan professionnel. Ces relations se basent sur deux principes : la foi totale de Mulder face au paranormal – née de l'enlèvement de sa sœur par des extraterrestres quand il était jeune – et la conviction de Scully, formée au cours de ses études de médecine, qu'on peut toujours expliquer l'inconnu de façon plus scientifique et plus rationnelle. En fait, dans le premier épisode, on confie à cette dernière la mission de rédiger un rapport et, autant que possible, de discréditer le travail de Mulder. La tension ainsi suscitée s'est graduellement estompée tout en évoluant, sans jamais totalement disparaître, tandis que se renforçaient les liens unissant les deux collègues.

Si le pilote et le premier épisode de la série traitaient tous deux d'OVNIs, les suivants n'ont pas tardé à prouver qu'elle était capable d'aborder un champ de sujets remarquablement diversifié. Le deuxième épisode, « Compressions », présentait le personnage d'Eugene Tooms, un mutant qui émerge tous les trente ans de son animation suspendue pour dévorer le foie de cinq victimes. « Le Diable du New Jersey » s'intéressait à une créature cousine du yéti, qui hantait la banlieue d'Atlantic City; « L'Incendiaire » et « Projet Arctique », deux autres épisodes mémorables de la première saison, mettaient respectivement en vedette un homme capable de commander au feu, et une histoire de paranoïa et de claustrophobie située dans les glaces de l'Arctique. Bref, comme le fit plus tard remarquer Duchovny, si le concept d'*Aux frontières du réel* avait d'abord semblé être un des plus étriqués de la télévision, il s'est révélé désormais comme celui qu'on pouvait peut-être le plus largement développer.

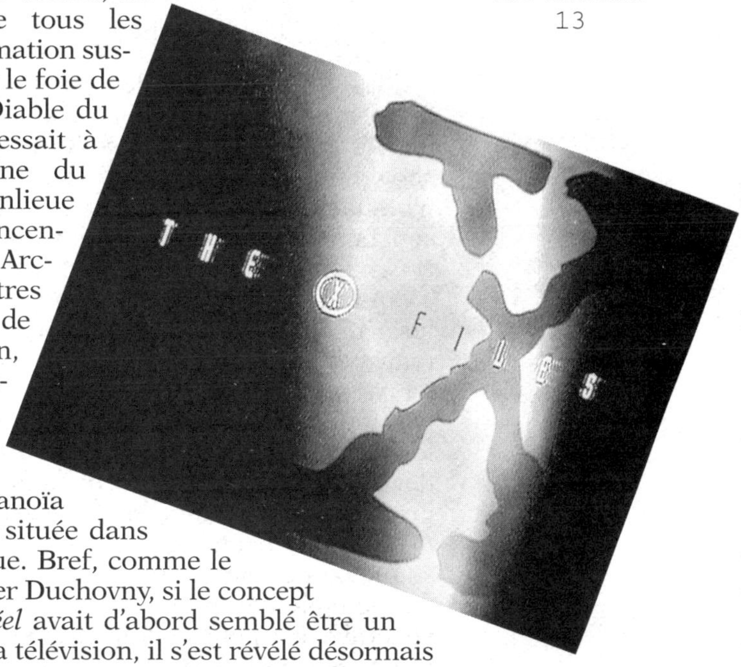

La série a également osé innover en ne résolvant jamais les affaires de façon définitive. Les mystères restent souvent en suspens, ce qui renforce encore son atmosphère oppressante. Ce choix a été à l'origine de nombreux conflits avec la chaîne qui diffusait la série : la Fox n'était pas certaine de la réaction du public face à de si troublants mystères abandonnés sans conclusion tranchée.

De plus, *Aux frontières du réel/The X-Files* a été mise en chantier à une époque où la chaîne se préoccupait surtout de produire en grosse quantité des comédies à succès. Ses incursions dans le domaine dramatique n'avaient pas remporté autant de succès. Malgré la popularité de *Beverly Hills, 90210,* la réputation de la Fox s'était jusque-là bâtie sur des comédies : *Les Simpson, Mariés, deux enfants* ou *In Living Color* (série inédite en France). La chaîne s'est orientée vers les séries dramatiques, à la fois pour accélérer son expansion et pour remplir sa grille de programmes. On le comprend aisément, une série d'une heure lui permettait de satisfaire cette ambition plus vite que deux séries d'une demi-heure. Mais personne ne savait vraiment comment le public traditionnel de la chaîne accueillerait un tel changement de trajectoire.

Pour souligner encore à quel point les chances étaient liguées contre la série, il faut dire qu'au cours du printemps 1993, quand *The X-Files* postula la maigre poignée de créneaux disponibles pour des séries en *prime time,* la

Fox examina trente-sept projets de séries différents. Sur ces trente-sept, onze seulement appartenaient à la catégorie des séries d'une heure. Finalement, *Aux frontières du réel* fut la seconde des deux seules séries de ce format à faire leurs débuts en septembre 1993. La première était un western, *Les Aventures de Brisco County,* et Sandy Grushow, directeur des programmes de la Fox à cette époque, n'hésitait pas à le clamer partout : il était prêt à « manger son bureau » si Bruce Campbell, l'acteur principal de *Brisco County,* ne devenait pas une des grandes stars de la TV. Au même moment, personne ne se serait aventuré à inscrire du mobilier à son menu en cas de contre-performance d'*Aux frontières du réel* ou de ses acteurs principaux.

Il faut le reconnaître, peu de gens auraient pu prédire le succès final de la série, au vu des handicaps qu'elle devait surmonter. Sans même tenir compte des résultats ordinairement médiocres de ce genre de série, *Aux frontières du réel* avait été programmée le vendredi soir, une soirée où de nombreux jeunes adultes et adolescents, le public cible naturel de ce type d'histoires, préfèrent en général sortir pour s'adonner à des formes de récréation moins ésotériques.

La diffusion sur la Fox se révéla être une bénédiction à plusieurs titres. Le moindre ne fut pas que les espérances plus modestes en Audimat de cette chaîne encore débutante accordèrent assez de temps à la série – dont les protagonistes cherchaient « la vérité » – pour trouver quelque chose de plus important, lorsqu'il s'agit de survivre à la télévision : un public fidèle. Dès le milieu de la première saison, les critiques commencèrent à prêter attention ; le bouche-à-oreille fit le tour des fans, en particulier des accros d'ordinateurs qui se baptisèrent d'emblée les *X-Philes* et envahirent Internet pour disséquer chaque nouvel épisode. Les rediffusions commencèrent à attirer une audience supérieure aux chiffres du premier passage dans les mêmes créneaux horaires. La saison se termina sur un score record. Quand le premier épisode de la nouvelle saison obtint le plus fort indice d'écoute de la série, il devint évident qu'*Aux frontières du réel* était bel et bien lancée.

Brusquement, la Fox se retrouvait avec un succès inattendu – une série qui non seulement attirait les spectateurs, mais aussi, à la stupeur de nombreux professionnels de la télévision, les louanges de magazines aussi sérieux que le *New Yorker,* et d'associations de téléspectateurs comme les *Viewers for Quality Television* (Spectateurs pour une télévision de qualité), avant de s'offrir une récompense prestigieuse, le Golden Globe de la meilleure série dramatique. Une nomination en 1995 aux Emmys, les « Oscars de la télé » – la première de l'histoire de la Fox –, vint consolider la réputation de la série : c'était une de ces rares émissions qui parviennent à concilier succès critique et scores élevés dans l'Audimat américain, les Nielsen. Le soutien des fans a atteint un tel degré que, lorsqu'on demanda à Duchovny, durant un entretien, quel était à long terme l'objectif de la série, il put répondre avec une malice fondée : « La *syndication* », c'est-à-dire la vente des épisodes à des chaînes régionales pour qu'elles les rediffusent.

Ce but semble désormais à portée de main. En fait, les décideurs de la Fox pensent qu'*Aux frontières du réel* a le potentiel de devenir une franchise du même calibre que *Star Trek* – une série capable de soutenir trente ans de rediffusions.

Dans les pages qui suivent, nous allons retracer le parcours de *The X-Files/Aux frontières du réel,* de la conception initiale et de son développement, jusqu'au processus qui permet à une talentueuse équipe de producteurs, scénaristes, metteurs en scène, acteurs et sorciers de la technique de tourner chaque année plus de vingt-quatre heures de rencontres des troisième et quatrième types, de contacts avec des esprits frappeurs, des mutants carnivores et même de quelques monstres classiques – le tout avec un soin méticuleux et dans les limites d'un budget de télévision (ce qui représente pour les créateurs un combat de chaque instant). Contrairement à ce qui se passe à la fin d'un épisode typique de la série, la conclusion – au-delà de l'admiration que peuvent susciter de tels talents – sera évidente.

La vérité est ici, aussi.

conception et évolution

Peu de choses dans l'éducation de Chris Carter laissaient soupçonner quelles hordes d'extraterrestres, de démons et d'esprits malins – sans oublier, çà et là, une ou deux petites conspirations paranoïaques à faire rougir Oliver Stone en personne – incubaient apparemment sous son crâne.

Né en Californie du Sud, il réunit en sa personne plusieurs des stéréotypes qu'on attribue aux indigènes – de son apparence très américaine à ses cheveux blonds, en passant par sa prédilection pour les tenues décontractées et un amour du surf qui le conduisit à écrire des articles sur ce sport à sa sortie de la faculté. Carter, fils d'un constructeur immobilier, a grandi à Bellflower (Californie), une banlieue sans histoire de Los Angeles. Sa voix est douce, mais passionnée. Carter est un authentique perfectionniste, capable de citer sans hésiter le plus menu détail de n'importe quel épisode d'*Aux frontières du réel* – malgré les titres souvent obscurs des épisodes. On peut être pris à contre-pied par son visage ouvert et ses manières simples (il se définit parfois comme un « surfeur de trente-huit ans »), mais il irradie également une présence qui vous confirme qu'il maîtrise tout sur la série, sans tyrannie.

Carter et son frère cadet Craig ont connu une enfance plutôt normale. Chris adorait le base-ball et a joué en amateur. Il a découvert le surf à l'âge de douze ans. Cette passion l'a conduit à écrire des articles pour la revue *Surfing,* dont il est devenu rédacteur en chef quand, en 1979, il est sorti de l'Université de l'État de Californie, à Long Beach, avec une spécialisation en journalisme.

Comme dans toutes les histoires de réussite à Hollywood qui ne sont pas basées sur le piston, le parcours qui l'a mené jusqu'à *The X-Files* est un écheveau presque aussi difficile à débrouiller qu'une enquête de Mulder et de Scully, et l'histoire varie parfois selon la douzaine de points de vue qu'on peut réunir sur le sujet. Carter commença à sortir avec Dori Pierson, qui allait devenir sa femme, quatre ans après la faculté. Pierson, scénariste, compte notamment à son actif le scénario d'un film de Jerry *Hot Shots* Zucker, avec Bette Midler et Lily Tomlin, *Big Business.* C'est elle qui encouragea Carter à écrire pour le cinéma. Le travail de Carter finit par attirer l'attention de Jeffrey Katzenberg, alors président des studios Disney, qui lui fit signer un contrat de scénariste. On le mit alors à l'ouvrage sur des téléfilms Disney (*B.R.A.T. Patrol, Meet the Munceys*).

Une partie de base-ball à Brentwood (Californie) fit franchir à la carrière de Carter un nouveau pas important : c'est là qu'il rencontra Brandon Tartikoff, président de la chaîne NBC à l'époque. « Chris est gaucher, il manifestait un punch certain au poste d'ailier droit », explique Tartikoff. Le président découvrit, au fil de leurs conversations sur le terrain et après le match, que Carter était scénariste. Lorsqu'il eut l'occasion de lire des exemples de ce qu'écrivait Carter, Tartikoff le fit venir à NBC. Là, Carter aida à mettre en place un certain nombre de pilotes, ces « épisodes n° 0 » qui permettent de tester le potentiel d'une série en projet. Carter conçut une histoire de femme détective, intitulée *Cameo by Night,* avec en vedette Sela Ward de la série inédite en France *Sisters* ; et *Brand New Life,* version modernisée d'une série des années soixante, célébrissime aux USA et inédite en France, *The Brady Bunch,* diffusée dans le cadre des programmes Disney.

« Chris avait écrit un scénario épatant », selon Tartikoff. Il ajoute que Carter a été à un certain point victime du

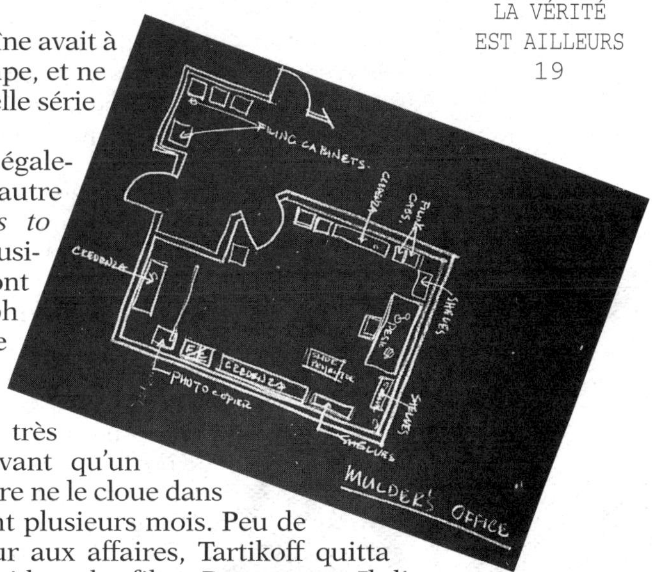

succès de NBC. La chaîne avait à l'époque le vent en poupe, et ne cherchait pas de nouvelle série familiale.

Carter produisit également sur NBC une autre série éphémère : *Rags to Riches* (une comédie musicale, genre très rare, dont la vedette était Joseph Bologna) et une série d'action et de science-fiction, *Copter Cop,* que Tartikoff avait très envie de produire, avant qu'un grave accident de voiture ne le cloue dans un lit d'hôpital pendant plusieurs mois. Peu de temps après son retour aux affaires, Tartikoff quitta NBC pour devenir président des films Paramount. Il dit avoir voulu faire venir Carter à ses côtés, mais les choses ne se sont pas déroulées comme prévu. Depuis quelques années, leurs rapports sont simplement amicaux et, comme le dit Tartikoff : « Il n'a plus le temps de jouer au base-ball, maintenant. »

Toutefois, d'autres personnes partageaient l'admiration de Tartikoff pour Carter. Ses talents de scénariste avaient très favorablement impressionné Peter Roth, président des productions Stephen J. Cannell. Il lut le scénario d'un pilote signé par Carter : *Cool Culture.* Il s'inspirait de la communauté des surfeurs que l'auteur avait fréquentés quand il vivait sur la plage et écrivait ses articles pour le magazine *Surfing.* Le scénario ne fut jamais tourné, mais Roth explique : « J'ai adoré son talent de dialoguiste. » Il tenta peu après de faire nommer Carter au poste de producteur et de scénariste sur la série dramatique de CBS intitulée *Palace Guard.*

L'existence de cette série fut courte, mais, en quittant Cannell pour la Twentieth Century Fox, où il accédait au poste de président des productions TV, Roth n'oublia pas Carter. En 1992, il prit un risque en plaçant sous contrat plusieurs producteurs relativement inconnus, dont Carter. Leur mission : développer des émissions par l'intermédiaire de Twentieth Century Fox Television, une filiale de Fox Broadcasting qui appartenait à l'empire cinématographique du magnat du show-business, Rupert Murdoch.

Malgré sa longue association avec des comédies et des séries familiales de chez Disney, Carter caressait depuis longtemps un projet plus noir, issu de son amour d'enfance pour des séries comme *La Quatrième Dimension, Alfred Hitchcock présente* et, tout particulièrement, *The*

Q: Chris Carter a joué dans un épisode de la série. Lequel?

R: Il a interprété le rôle d'un des agents du FBI qui interrogent Scully dans l'épisode « Anasazi ».

Night Stalker – un téléfilm de 1971 qui connut une suite (*The Night Strangler*) avant de susciter une série en épisodes d'une heure, *Kolchak, The Night Stalker* (*Dossiers brûlants*), diffusée au long de l'année 1974-1975 sur la chaîne ABC.

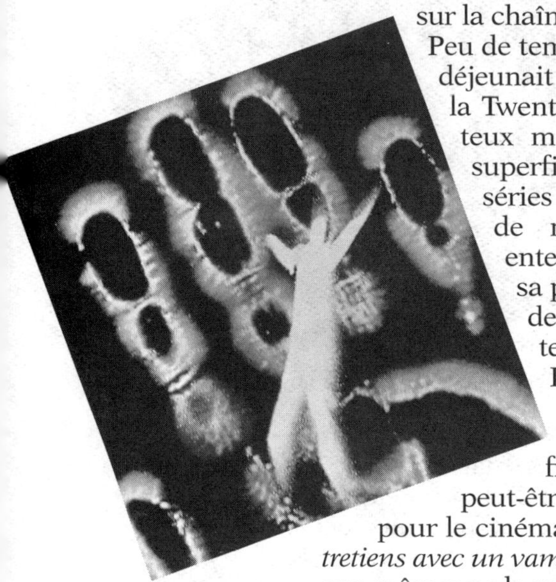

Peu de temps après son entrée au studio, Carter déjeunait en compagnie de Roth à la cantine de la Twentieth Century Fox, un restaurant venteux mais élégant, au cœur de l'immense superficie des studios, pour réfléchir aux séries que le producteur pourrait avoir envie de mettre en chantier. Carter laissa entendre qu'il avait toujours rêvé de lancer sa propre version de *Dossiers brûlants,* et de produire quelque chose de « vraiment terrifiant » pour la télévision.

L'idée suscita l'enthousiasme manifeste de Roth, qui suggéra que les vampires, au centre du premier téléfilm des aventures de Kolchak, seraient peut-être une idée vendeuse : on tournait alors pour le cinéma une production à gros budget d'*Entretiens avec un vampire.* Carter avoua que les vampires en eux-mêmes ne le passionnaient guère ; il songeait plutôt à des OVNIs et au paranormal en général.

« Nous avons beaucoup discuté de ce qu'on ne voyait pas sur les chaînes de télé, se rappelle Roth, et déploré que la télévision ait négligé depuis longtemps l'art raffiné de faire peur au public. » Plusieurs idées furent échangées, mais Roth et Carter s'entendirent pour penser qu'une version moderne de *Dossiers brûlants* était une piste intéressante. « L'idée était plus ou moins en gestation au fond de mon crâne depuis que j'étais gosse », explique Carter, qui fait remarquer que son intérêt pour ce genre de spectacle est largement antérieur à toutes ses ambitions de devenir dramaturge ou scénariste. Pour preuve, il cite les heures passées à voir et à revoir des films comme *L'Île mystérieuse* sur les chaînes de TV locales, quand il était enfant.

Avec le recul, il est évident que Carter avait discerné une carence – et donc un créneau favorable – dans le marché saturé du *prime time.* Quand des millions de dollars pèsent dans la balance à chaque nouveau projet, la tentation est forte de reproduire les succès passés sans s'aventurer dans des passages créatifs trop incertains.

Même s'il y avait puisé son inspiration initiale, Carter n'avait pas conservé de souvenirs très précis de *Dossiers brûlants,* en dehors de ce qu'il avait éprouvé en regardant la série durant son adolescence : « J'étais absolument insatiable », dit-il. En visionnant les épisodes, il comprit que le concept de base était extrêmement limité : Carl Kolchak, un journaliste peu chanceux qui travaille pour un quotidien, croise régulièrement la route de vampires, de loups-garous et autres zombies. Dans le rôle de Kolchak, on trouvait l'acteur Darren McGavin, à qui Carter voulait confier le rôle du père de Mulder, en hommage à la série d'origine. Un projet qui n'aboutit pas pour des incompatibilités d'emplois du temps.

Après son entrevue avec Roth, Carter commença à affiner le concept, en cherchant « comment ne pas tomber dans le même piège que *Dossiers brûlants* », comment ne pas s'essouffler au bout de la première saison. Il le savait, il devrait trouver une idée qui convienne mieux à une série, un concept qui puisse durer semaine après semaine sans outrepasser les bornes de la vraisemblance. Le film *Le Silence des agneaux,* récompensé aux Oscars, venait juste de sortir, et lui inspira l'idée d'aborder le domaine du paranormal par le biais du FBI.

Au prix de nouvelles modifications et d'un peu de documentation, Carter se retrouvait sur un terrain solide : le postulat de base qu'existait au FBI un service chargé des affaires inexpliquées. La série s'ancrerait donc sur deux agents du FBI (un convaincu de l'existence du paranormal et une sceptique) qui enquêtent sur des affaires mettant en jeu des phénomènes hors du commun. Un des deux protagonistes serait motivé par une expérience personnelle : l'enlèvement de sa sœur cadette, Samantha, dont il a été témoin à l'âge de douze ans.

Quand un ami employé dans le domaine de la recherche à Yale lui montra un sondage de la Roper Organization affirmant, pour résumer, que trois pour cent des Américains sont persuadés d'avoir été enlevés par des extraterrestres, ce fut pour Carter un bonus inespéré. Fondés ou pas, ces résultats lui faisaient sentir qu'il avait trouvé un sujet potentiellement intéressant, sujet qu'on négligeait par ailleurs. « Je me suis dit : c'est trop beau pour être vrai », se souvient-il.

De menus détails personnels vinrent s'ajouter aux *X-Files* tandis que Carter travaillait à leur faire prendre tournure. Le convaincu, Fox Mulder, fut baptisé du nom de jeune fille de la mère de Carter et du prénom d'un de ses copains d'enfance. C'est le commentateur attitré de l'équipe des Dodgers de New York, Vin Scully, qui donna son nom à sa collègue plus sceptique ; comme le dit Carter en ne plaisantant qu'à demi, pour un jeune fan de base-ball en Californie du Sud doté d'une radio, « Scully, c'était la voix de Dieu ».

Si le projet de Carter avait des points communs avec *Dossiers brûlants,* son atmosphère angoissante par exemple, des différences notables apparurent au fur et à mesure que le projet se développait. Le journaliste Carl

Kolchak rencontrait toujours des monstres par le plus fortuit des hasards, ce qui exigeait de la part du spectateur une indulgence considérable. Dans *Aux frontières du réel,* les agents Mulder et Scully n'enquêteraient sur le paranormal qu'après que quelqu'un d'autre l'aurait d'abord rencontré. Le FBI devenait ainsi une sorte de baguette de sourcier logique. « J'ai compris quels étaient les écueils en regardant *Dossiers brûlants* », explique Carter. Il décida que sa série plongerait les agents dans des enquêtes différentes chaque semaine, « plutôt [que de se trouver face à] un zombie à moto » – une allusion à un des scénarios les moins crédibles de *Dossiers brûlants.*

Puisant dans son scepticisme naturel, Carter planta également la graine de ce qui allait devenir une partie intégrante de la série – la conviction qu'au sein du gouvernement des forces se consacrent à empêcher la divulgation de ce genre d'informations. Ainsi Scully, au départ, a-t-elle pour mission de discréditer autant que possible le travail de Mulder. Une preuve de la présence d'OVNIs sera enfermée dans une salle souterraine du Pentagone durant la dernière scène de l'épisode pilote.

Bien qu'il ait encore été adolescent durant l'affaire du Watergate, Carter reconnaît que la révélation du scandale et la démission ultérieure du président Nixon ont été « les événements les plus formateurs de ma jeunesse ». Rien d'étonnant, par conséquent, à ce qu'il ait baptisé Gorge Profonde un personnage capital, en hommage au mystérieux informateur des journalistes qui ont révélé le scandale du Watergate. Rien d'étonnant, non plus, à ce qu'il ait inventé des formules comme : *Ne faites confiance à personne* (« C'est ma philosophie personnelle », dit-il en riant), *Je veux croire, Niez tout en bloc,* et *La vérité est ailleurs.* Cette dernière sentence est à double sens, laisse-t-il entendre, et résume assez bien l'ambiance qu'il veut instaurer. Au vu de son talent pour les slogans, Carter reconnaît : « J'ai un petit côté créatif de pub, je suppose. »

Pour l'étape suivante, il s'agissait de vendre le projet à une chaîne de télévision. Première escale : les cadres de la Fox Broadcasting, la compagnie apparentée à la Twentieth Century Fox. Ce fut, en fin de compte, la seule. Roth et le producteur rencontrèrent Bob Greenblatt, le vice-président chargé des séries dramatiques à la Fox, promu, au début de 1995, à la supervision de la création de toutes les séries de *prime time* de la chaîne.

« Au départ, ces histoires de paranormal ne m'inspiraient guère confiance », avoue Greenblatt. Il craignait que ce genre de sujet ne puisse vite sombrer et devenir « ridicule et minable », si on ne le traitait pas correctement. Greenblatt ne voulait pas se retrouver avec une nouvelle version de *Dossiers brûlants* – sujette aux mêmes limitations de scénario – ou avec une parodie qui ressemblerait au *Loup-Garou de Londres.* « J'avais peur que nous ne soyons pas à la hauteur. »

Selon Greenblatt, ces premières réunions, en fin d'été et début d'automne 1992, furent assez difficiles. Le concept d'*Aux frontières du réel* était délicat à cerner verbalement. Roth se souvient également que Carter n'était pas à son aise durant cette phase de présentation orale. Les cadres et les décideurs de la scène devinaient avant la fin les rebondissements de chaque épisode. « Chris et moi nous sommes bien empoignés pendant cette phase », reconnaît Roth. Au surplus, Greenblatt s'inquiétait : une série dont l'idée de base était une chasse aux extraterrestres n'allait peut-être pas beaucoup emballer son patron, Pete Chernin, président du Fox Entertainment Group.

« J'ai fait une première présentation et on m'a répondu " Non, merci ", dit Carter. J'en ai fait une seconde, et on a fini par me dire : " Bon, d'accord, on l'achète, mais fichez-nous la paix. " »

Malgré ses réserves, Greenblatt se souvient d'avoir été frappé par le talent évident de Carter et par sa passion pour le projet. Le moment de vérité, pour lui, survint quand le producteur lui remit un synopsis en dix-huit pages de l'épisode pilote, tapé à simple interligne, mettant en place les scènes et contenant même quelques répliques du dialogue. « C'est tout à fait ce que l'épisode pilote est devenu », dit Carter, qui possède toujours ce synopsis.

« J'avais une trouille bleue. » Greenblatt rit de sa première lecture du synopsis fourni par Carter, qu'il avait emporté chez lui pour le lire à tête reposée. « Sur cette base, je savais qu'on tenait là quelque chose de tout à fait exceptionnel. »

Carter ne s'arrêta pas là et devint, pour employer sa propre expression : « mon propre agent de publicité ». Il fabriqua de petites aides visuelles – des graphiques qui ressemblaient à des écrans de télé miniature – pour convaincre les décideurs de la Fox de donner le feu vert à la série.

Mais certaines frustrations continuèrent à empoisonner l'existence de Carter. Entre autres, la question : *Jusqu'à quel point la série serait-elle réaliste ?* Des reality-shows, comme *Cops, Unsolved Mysteries* et *Rescue 911* (qu'on pourrait *grosso modo* comparer aux émissions

Q: Qu'y a-t-il de différent à la fin du générique, au début de l'épisode « Anasazi » ?

R: Dans la version originale apparaissent les mots « EL 'AANIGOO 'AHOOT' E », qui, traduits du navajo, signifient: *La vérité est ailleurs*. La version française a conservé cette traduction.

françaises « Témoin n°1 », « L'Odyssée de l'étrange » et « La Nuit des héros »), connaissaient alors un succès certain. On se demanda si de simples fictions pourraient rivaliser avec leur atmosphère d'authenticité. « Tout le monde pensait que la série devait être aussi réaliste que possible, dit Carter. Personne n'imaginait que quiconque aurait envie de regarder une émission qui n'était pas vraie. » L'épisode pilote, par concession, porte même un message affirmant : « L'histoire suivante a été inspirée par des documents authentiques. » Ce fut le seul épisode où la formule fut utilisée. D'autres critiques des éléments de la série suivirent. En novembre 1992, Chernin reçut une promotion et partit diriger le département cinéma de la Fox. Greenblatt se retrouva avec un nouveau patron, le bras droit de Chernin, Sandy Grushow. La Fox avait alors commandé un scénario et Greenblatt soutenait fermement le projet. Mais la décision de monter la mise et de produire un épisode pilote reposait désormais sur les épaules de Grushow.

Grushow a quitté la Fox en 1994 et été choisi par la suite pour diriger Tele-TV, une entreprise financée par une compagnie téléphonique. Il se souvient que Greenblatt était venu chez lui pendant le week-end de Thanksgiving, à la fin novembre 1992, pour examiner les scénarios choisis comme candidats pour la saison à venir – une saison qui ne démarrerait que dix mois plus tard. L'un d'entre eux était *The X-Files,* et Grushow dressa l'oreille en apprenant de Greenblatt que le créateur, Chris Carter, était un « protégé de Tartikoff » – une bonne référence, se dit-il, pour un producteur relativement inconnu.

« Je me souviens d'avoir trouvé la série originale. Elle ne ressemblait à rien d'autre dans les grilles de programmes », dit Grushow, qui passa son week-end à écumer des piles de scénarios. « Originale » devint aussi le maître mot à la Fox, où l'on utilisait l'équivalent des tactiques de guérilla – en tentant d'opposer aux chaînes mieux établies qu'elle une programmation différente des leurs. Grushow décida de donner le feu vert à la production d'un épisode pilote, en se disant que la série remplacerait avantageusement l'émission *Sightings,* qui traitait elle aussi d'OVNIs et attirait un public honorable mais, par sa nature, n'enthousiasmait guère les annonceurs.

Selon Greenblatt, le fait que la compagnie productrice appartienne également à l'écurie de la Fox facilita la décision de prendre un risque, même si on doutait encore beaucoup de sa viabilité. « Il est plus facile de se planter avec une compagnie à laquelle on est lié », reconnaît-il.

Une fois l'épisode commandé, les parties en présence durent décider de la distribution des premiers rôles. Comme c'est généralement le cas, divers acteurs auditionnèrent pour chaque rôle avant que le choix ne se réduise à quelques noms. Pour Mulder, la décision se porta sur David Duchovny (qu'on connaissait sans doute surtout, à l'époque, pour son bref rôle d'agent du FBI, quoique travesti, dans la série culte de la chaîne ABC, *Twin Peaks*) et sur un autre acteur. L'autre était plus « branché et un peu plus torturé » que la vision que Duchovny avait eue du personnage, dit Carter. Même si les officiels de la Fox maintiennent que Duchovny est pratiquement sorti de son audition avec le rôle de Mulder en poche, grâce à un sens de l'humour à froid très perceptible pendant l'audition et l'entrevue qui a suivi, Carter affirme qu'il a dû les pousser un peu pour leur faire partager son choix.

Pour sa part, Duchovny n'avait guère envie de se consacrer à une série TV, à l'époque. Sa carrière au cinéma avait abordé un tournant prometteur avec *Kalifornia*, où il jouait face à Brad Pitt. *Aux frontières du réel* était le seul pilote que son agent avait jugé bon de lui envoyer, cette année-là. « Je l'ai lu, j'ai trouvé l'histoire très bien faite mais j'ai pensé qu'on se lasserait des OVNIs au bout de trois ou quatre épisodes, se souvient Duchovny. Je me suis dit que je pourrais passer un mois à Vancouver et toucher un cachet avant de me préoccuper de mon prochain film. »

Scully fit l'objet d'une bataille beaucoup plus âpre. Greenblatt affirme qu'après la prestation oscarisée de Jodie Foster dans *Le Silence des agneaux*, il savait que le personnage devait être « réaliste ». Du côté des *X-Files*, on soutient que la Fox bruissait de rumeurs réclamant le casting d'une véritable beauté – quelqu'un qui pourrait tenir sa place dans un défilé de mode, aux côtés de la distribution de *Melrose Place*. Si certains décideurs de la Fox envisageaient l'équivalent de Pamela Anderson dans *Alerte à Malibu*, le choix de Carter et du chef du casting de la Fox, Randy Stone, s'arrêta aussitôt sur Gillian Anderson – une actrice de vingt-quatre ans, quasiment inconnue à la télévision, exception faite d'une apparition dans la très éphémère série de la Fox, *Promo 96*.

« À l'instant où elle est entrée dans la pièce, j'ai su que c'était Scully, dit Carter. Je l'ai senti… Elle avait une personnalité très intense ; c'est une qualité qui passe bien à l'écran. »

Anderson avait ses propres raisons pour ne pas faire de télévision, mais les circonstances avaient affaibli sa résistance : ses prestations au cinéma se faisaient rares, et le niveau de son compte en banque baissait à vue d'œil. L'actrice espérait que travailler quelques semaines sur

«Ève»

Scully:
«Mulder, ça représente plus de quatre litres de sang.»

Mulder:
«Oui, on pourrait dire que le type était presque à sec.»

une série télé pourrait au moins accroître sa réputation quand reviendrait le temps de courir les castings pour le cinéma.

Ce dont elle n'était pas consciente, c'était de la bataille qui s'était engagée sur son compte. Carter soutient qu'il a dû « mettre sa carrière dans la balance pour que Gillian soit engagée pour la série », et il se réjouit encore d'avoir « prouvé leur erreur aux contradicteurs ».

Il y avait quinze ou vingt personnes dans la pièce quand Anderson et diverses autres actrices vinrent auditionner pour le rôle et, après la séance, Carter indiqua que c'était elle qu'il choisissait. Cependant, cette décision tracassait la Fox. On organisa donc une nouvelle session, et on convoqua à nouveau Anderson (qui n'avait à l'époque qu'une très vague idée de ce qui se tramait en coulisses et de la furia qu'elle soulevait) au milieu d'un nouveau groupe d'actrices. « Ils ne voyaient pas l'image globale, déclara Carter. Il y avait une actrice qui n'était pas mal, mais pour moi, ce n'était pas Dana Scully. » Finalement, Carter se souvient d'avoir annoncé : « " Bon, écoutez, c'est elle que je veux. Elle est Dana Scully. " Et tout le monde m'a regardé et a dit : " D'accord. " »

Doug Hutchison qui a interprété le tueur mutant Eugene Tooms dans « Compressions » a envoyé à Chris Carter un foie de veau surgelé pour le remercier de l'avoir engagé pour ce rôle.

Malgré tout, on continuait à secouer la tête, et Carter sentit que, dans la pièce, « j'étais seul contre le monde entier ». Il y avait des millions de dollars en jeu, le tournage de l'épisode pilote commencerait quelques jours plus tard. Anderson reçut confirmation qu'elle avait été choisie un jeudi. Deux jours plus tard, elle embarquait dans un avion pour aller tourner l'épisode pilote.

« On a auditionné des tas d'actrices », dit Greenblatt, qui ajoute que les décisionnaires finirent par suivre des projections répétées du fameux épisode de *Promo 96*, puisque c'était tout ce dont ils disposaient sur pellicule pour juger des capacités d'Anderson.

Mais les doutes à son sujet ne prirent pas fin avec le choix d'Anderson. Alors même que les premières scènes commençaient à arriver du lieu de tournage du pilote, il existait, selon Roth, « un sentiment négatif très fort contre Gillian » dans certains bureaux. On se demandait si le personnage n'était pas trop froid, si l'actrice était assez sympathique. Carter se souvient d'avoir entendu remettre le choix d'Anderson en question, alors même que le tournage du pilote était achevé depuis longtemps.

La nature des relations entre les deux personnages principaux fut un autre motif de discorde. Carter insistait pour qu'elles restent purement platoniques, en dépit de tous ceux qui le pressaient de mettre plus d'attraction sexuelle en évidence. « Dès le départ, Chris a dit : " On ne va pas faire *Clair de Lune* " », selon Greenblatt.

« Pour une grosse partie, mon travail dans la création du pilote, entre août et mai, a été de protéger la série contre ça, explique Carter. J'étais vraiment tout seul dans mon coin à maintenir qu'on ne pouvait pas écrire d'histoire d'amour entre ces deux personnages. On ne peut pas glisser là-dedans de vraie tension sexuelle de TV : les intrigues ne fonctionneraient plus. S'ils commencent à se faire les yeux doux, ils n'auront plus envie d'aller courir après les extraterrestres. Leurs rapports vont supplanter ou altérer ce qui devrait faire le succès de la série, l'enquête proprement dite. »

Carter pensait avoir bien fait comprendre au cours de l'épisode pilote qu'il n'avait aucune intention de voir Mulder et Scully jouer une version FBI de *Melrose Place*, grâce à la scène où le personnage d'Anderson, prise de panique et simplement vêtue d'une robe de chambre, fait irruption dans la chambre de Mulder. La réaction dépassionnée de ce dernier déterminait une atmosphère que le producteur pensait voir prolongée dans les épisodes ultérieurs. (Alors même que cette bataille semblait gagnée, un dossier de presse publié par la Fox juste avant les débuts de la série annonçait que les liens entre Mulder et Scully devenaient « de plus en plus complexes à chaque affaire, pour évoluer lentement vers un roboratif mélange de concurrence professionnelle, de fines reparties et d'attirance mutuelle, le tout pimenté par la tension suscitée par leur travail et l'intimité à laquelle leurs enquêtes les contraignent ».)

D'un point de vue logistique, les productions Ten Thirteen de Carter (un nom inspiré par la date de naissance du producteur, le 13 octobre) et Twentieth TV avaient prévu de tourner la série à Los Angeles. Mais devant l'impossibilité de trouver un décor extérieur approprié pour le scénario de l'épisode pilote, une histoire de rapt extraterrestre située sur la côte Pacifique nord-ouest, décision fut finalement prise « d'aller là où il y avait de belles forêts », dit Carter, et d'établir une base d'opérations à Vancouver – une ville qui n'offre pas seulement des économies budgétaires par rapport à Los Angeles, mais qui présente également l'avantage de pouvoir fournir l'équivalent visuel d'à peu près n'importe quelle ville des États-Unis.

Le tournage en lui-même ne fut pas une partie de plaisir. *Aux frontières du réel* avait commencé tard. Une vingtaine d'épisodes pilotes étaient en préparation sur la région de Vancouver, entraînant la bousculade des postulants à un créneau dans la grille de rentrée. Les producteurs n'obtinrent donc pas les gens qu'ils auraient choisis en premier pour les postes techniques, ce qui compliqua encore le travail dans une région qui leur était totalement étrangère. En sus, reconnaît Carter, il existait des dissensions entre l'équipe, certains producteurs et le metteur en scène. Ce dernier, Robert Mandel, était un ami que Carter avait personnellement engagé pour diriger l'épisode pilote.

Le tournage débuta en mars 1993. De façon sans doute fort appropriée, la première scène, mise en boîte au siège de la Canadian Broadcasting Corporation, était la rencontre entre Scully, qui plonge dans les entrailles du siège du Bureau, et Mulder, qui se définit comme l'agent le plus mal aimé du FBI. Pour toute répétition, les deux acteurs n'avaient eu droit qu'à une simple lecture du script, hors du plateau de tournage. Carter savait que ces premiers rushes (les scènes brutes résultant du tournage de la journée) seraient observés à la loupe – en partie à cause des débats houleux qu'avait suscités le casting d'Anderson, mais aussi à cause de la nature des rapports entre les deux agents, qui serait un facteur crucial de réussite de la série.

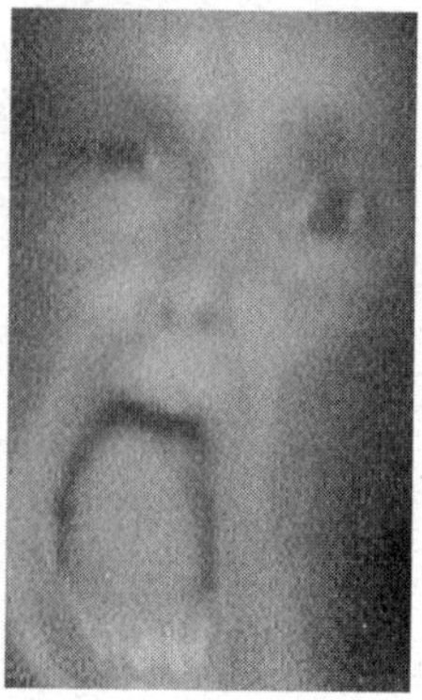

Carter le dit encore : cette première rencontre allait être capitale, non seulement pour la série, mais également pour l'avenir de tout le projet. Si tout le monde estimait que les scènes ne fonctionnaient pas, les quatorze ou quinze jours à venir allaient être un enfer.

Malgré un contexte pénible, les acteurs sympathisèrent immédiatement. Anderson a déclaré depuis, sur le ton de la plaisanterie, que Duchovny entretenait toujours d'excellents rapports avec les femmes ; ce n'est pas le fan-club de l'acteur qui la démentira. Quant à Duchovny, ce sont le courage et la détermination d'Anderson, pendant le tournage d'une scène sous une pluie glacée, qui l'ont séduit.

La production allait devoir affronter de nouveaux obstacles techniques : parmi eux, faire saigner du nez une jeune fille sur commande (le problème fut résolu en lui plaquant un tube contre le visage). Quand tout fut terminé, William B. Davis, qui joue le rôle récurrent de l'Homme à la cigarette et ne prononce pas un seul mot au cours de l'épisode pilote, se souvient que Mandel leur a lancé : « On se reverra quand l'épisode sera devenu une série. » Personne n'a pris ce commentaire au sérieux, étant donné les chances de survie moyennes de la plupart des épisodes pilotes.

Après quinze jours de tournage, la Fox reçut le pilote, ce printemps-là, en même temps qu'une douzaine d'autres candidats se présentaient pour les éliminatoires de la grille de rentrée – un processus de tri qui n'est pas sans évoquer la migration des saumons remontant les rivières pour le frai : un téléfilm a peu de chances de franchir les obstacles et de passer à l'écran. Quant à devenir une série, inutile d'en parler… Durant la postproduction, on ajoute l'accompagnement musical, le bruitage et on procède au montage. Pour le pilote, cette étape ne s'acheva que début mai, quelques jours à peine avant que la Fox ne visionne le téléfilm et n'établisse sa grille de rentrée. Comme l'explique Carter : « À chaque étape jusque-là, jusqu'à ce jour de mai où l'épisode pilote a été visionné par Rupert Murdoch et les huiles de la Fox, ils ne savaient pas à quoi ils avaient affaire. » En fait, quand le premier bout à bout est arrivé, quelqu'un de la Fox qui l'avait regardé dit à Roth : « Jolie tentative. »

Greenblatt est d'accord pour dire que la Fox ne savait pas encore à quoi s'attendre avec la série, et reconnaît avoir lui-même été certain, au fur et à mesure que le projet s'élaborait, qu'elle ne parviendrait jamais à se qualifier. Au cours de la projection réservée aux cadres de la Fox, se souvient-il : « Il y a eu des petits rires nerveux dans la salle. Je me suis dit : *Ça y est, c'est foutu.* » Mais la conclusion a été saluée par des applaudissements ; chose rare pour des employés de chaîne qui ont les yeux rougis à force de visionner des dizaines de candidats à la série.

« La projection a fait un vrai tabac », dit Grushow. Quand il voulut savoir s'il y avait des commentaires, les mains se sont immédiatement levées. Les gens se coupaient la parole pour faire entendre leur opinion, ce qui était inhabituel dans ce genre de séance. Les patrons de la Fox (parmi lesquels Murdoch et la présidente, Lucie Salhany, qui devint également une farouche partisane du pilote) firent par la suite venir Roth pour le féliciter de la qualité de ce téléfilm.

Et pourtant, *Aux frontières du réel* restait l'*autre* série dramatique dont la Fox avait passé commande ce printemps-là. Tous les espoirs et toute l'attention étaient portés sur un western (encore un genre délaissé à l'époque), intitulé *Les Aventures de Brisco County.* « C'était encore pour *Brisco County* que les gens se passionnaient le plus, reconnaît Grushow. L'opinion générale, c'était que *Brisco County* allait ouvrir la voie, et qu'*Aux frontières du réel* profiterait de l'afflux de public rameuté par *Brisco.* » Par conséquent, la Fox décida de placer *Aux frontières du réel* sur sa grille d'automne dans l'heure qui suivait *Brisco County,* en espérant que ce western attraperait les téléspectateurs au lasso pour les livrer à sa série associée. En diffusant

les deux séries un vendredi, les cadres de la chaîne espéraient faire pièce aux comédies à succès d'ABC.

Avant le début de la saison, les décideurs de la Fox étaient nettement plus prompts à se répandre en louanges sur *Brisco County* et sa vedette, Bruce Campbell, que sur *The X-Files*. Dans ce contexte, lorsque Grushow annonça qu'il voulait bien manger son bureau si Campbell ne devenait pas une énorme vedette, Duchovny fut vexé : pour lui, on traitait *Aux frontières du réel* comme une série mineure, on la sous-estimait. Carter se souvient qu'au retour d'une réunion où Grushow avait fait ce choix de déclarations, Duchovny avait plaisanté sur le choix de condiments qu'il allait pouvoir lui offrir. L'impression générale, selon Duchovny, était que la Fox faisait la promotion de l'autre série et considérait *The X-Files* avec désinvolture – un peu comme si on disait : « Ah, oui, tant que j'y pense, on a aussi une petite série, *Aux frontières du réel.* »

«Gorge Profonde»

Mulder: «Dis-moi que je suis dingue.»

Scully: «Tu es dingue.»

« Personne n'imaginait qu'on tiendrait aussi longtemps », déclare Carter.

« Je regrette un peu d'avoir dit ce que j'ai dit à propos d'*Aux frontières du réel,* avoue Grushow avec un petit rire. Quand une série remporte le succès qu'a eu *The X-Files,* c'est toujours une surprise. On ne peut jamais prévoir un succès. Ceux qui prétendent le contraire sont des menteurs ou des imbéciles. »

Pourtant, au printemps déjà, quelques indices laissaient soupçonner qu'*Aux frontières du réel* avait des chances de faire un certain bruit. Les chaînes étrangères, qui peuvent choisir leurs programmes après la mise en place des grilles de la rentrée, réagirent avec un enthousiasme inusité, qui fit de la série la star 1993 du bouche-à-oreille, s'il faut en croire Roth.

Et pourtant, la Fox avait encore des doutes au niveau du concept, dont le moindre n'était pas les problèmes de conclusion : jusqu'à quel point devait-on rester dans le vague à chaque épisode ? Carter se souvient d'un échange d'invectives avec un programmateur de la chaîne. L'homme exigeait des fins plus explicites, pour aider le public à comprendre ce qui s'était passé durant l'épisode. « Il n'y a rien à comprendre ! s'emporta Carter. À vous de tirer vos propres conclusions. »

Quand commença la deuxième saison, sur ce point, au moins, les passions étaient presque apaisées. La chaîne avait commencé à comprendre que les fins obscures, inquiétantes, étaient un ingrédient indispensable au succès de la série. Carter demeura inflexible : pas question de coller une paire de menottes à des extraterrestres. « Et il avait tout à fait raison », dit Greenblatt, qui ajoute qu'il est plus facile de concéder du terrain « quand on travaille avec un producteur qui a une vision bien précise, qu'on fait confiance à sa conception et que ça marche ».

Carter accepta quelques changements dans un but d'apaisement, un processus inévitable dans l'évolution de toute série, et il estime même que quelques-unes de ces modifications ont été bénéfiques à la série. Le commentaire en voix off de Scully, tandis qu'elle tape ses rapports, par exemple, a d'abord été rajouté au premier épisode régulier, « Gorge Profonde », pour satisfaire le souhait de la Fox : apporter un point final satisfaisant à l'histoire. « Conclure un dossier ouvert », ironise Carter. Bien que Carter ait été réticent devant cette suggestion au départ, les réflexions de Scully sont devenues « une sorte de passage obligé au cours de la première saison, constate-t-il, et je crois qu'elles ont ajouté quelque chose à la série ».

Carter fait aussi remarquer que l'Homme à la cigarette était une silhouette mystérieuse durant l'épisode pilote et qu'il était censé le demeurer. « Je n'avais jamais imaginé qu'il parlerait autant qu'il le fait désormais. Mais c'est pareil pour tout le monde : on ne prévoit jamais si loin à l'avance. La série commence à prendre son identité propre et il faut tâcher d'y rester fidèle et de la suivre jusqu'au bout. »

« J'ai l'impression d'être à la place de Lewis et Clark, les premiers cartographes des États-Unis : je sais où je vais, mais je ne sais pas quelles collines, quelles vallées, quels fleuves je rencontrerai en chemin. » La même chose est arrivée pour Mitch Pileggi, qui joue le directeur adjoint Skinner : sa popularité a donné l'idée aux producteurs de développer le personnage.

La majorité des premières critiques se révélèrent favorables, même si certains commentateurs et journalistes restaient un peu désemparés devant cette série d'horreur et, de plus, lui voyaient peu de chances de boucler beaucoup d'enquêtes. Dans son numéro d'automne consacré à la présentation des nouveaux programmes, l'influent magazine *Entertainment Weekly*, dressant la liste des premiers scénarios, disait d'*Aux frontières du réel* : « Vous ne nous apprendrez rien en nous disant que la série est condamnée d'avance. » Le même magazine lui consacrerait sa couverture durant la deuxième saison.

Après plus d'un an de préparatifs et de production, les téléspectateurs découvrirent *Aux frontières du réel* le 10 septembre 1993, pour une première enquête qui parlait de l'enlèvement de jeunes gens dans le nord-ouest de la côte Pacifique. La première fois que l'on voit Mulder, il porte des lunettes. Sur son mur, un poster proclame : *I Want To Believe* (je veux croire). « Il n'y a personne, à part le plus mal aimé des agents du FBI », annonce-t-il à Scully, pour se présenter, en la considérant initialement

« L'Incendiaire »

Scully : « J'avais oublié ce que c'était que de passer la journée au tribunal. »

Mulder : « C'est un des privilèges de ceux qui passent leur temps à pourchasser des extraterrestres et des mutants. On leur fait rarement un procès, à ceux-là. »

avec méfiance. À la fin de l'épisode, Mulder appelle Scully au téléphone : les preuves relatives à l'affaire ont disparu. Il lui dit qu'ils se reverront le lendemain. Comme le décrit de façon lyrique le scénario de Carter : ... *le ton troublé de la voix de Scully ne laisse planer aucun doute. C'est bien plus qu'un travail. Ce sera désormais l'événement directeur de sa vie. Rien de ce qui lui arrivera désormais – religion, maternité, rien – ne pourra échapper au filtre de cette expérience.*

Malgré toute la poésie présente dans ces lignes, la véritable épreuve serait de nature commerciale : pour être plus précis, combien de paires d'yeux seraient attirées par le programme ? La série récolta une note de 7,9 aux Nielsen (ce qui se traduit par sept millions quatre cent mille foyers) et quinze pour cent du public de *prime time*. Résultat plus que satisfaisant pour la Fox qui, à l'époque, devait surmonter un handicap de distribution par rapport à ses concurrentes et dont l'audience était inexistante le vendredi soir. « Les chiffres de la première ont attiré l'attention de tout le monde », dit Grushow, encore que les gens bien placés dans le studio rapportent qu'en termes de promotion *Aux frontières du réel* traînait encore loin derrière *Brisco County*, et y resterait encore plusieurs mois.

Les chiffres d'audience se dégradèrent lentement. *Brisco* était parti lui aussi en faisant feu des quatre fers. Il ralentit son galop pour adopter peu à peu un trot modéré. *The X-Files* commença à manifester des signes de vie indépendante à partir de janvier et février, grimpant peu à peu au fil des mois d'avril et de mai et décrochant un 8,8, leur record, pour le dernier épisode de la saison.

Grushow insiste : lorsque la Fox comprit quelle était la réaction du public face à *Aux frontières du réel*, elle ne tarda pas à accroître la promotion de la série, qui avait été un peu faible au départ. On incita les publicitaires de la chaîne à mettre en avant le côté « frissons et suspense de la série ». C'est de ces conseils que naquit le premier slogan promotionnel : *Ne regardez pas seul.*

En fait, un examen distrait des Nielsen conduirait à une évaluation erronée de la première saison de la série. *Aux frontières du réel* termine la saison 1993-1994 au cent treizième rang sur cent trente-deux séries programmées, en nombre de foyers. Mais ce chiffre ne tient pas compte du fait que la série était diffusée un vendredi, soirée où peu de gens en général, et de jeunes en particulier, restent à la maison, et qu'elle dépassait en général les chiffres d'audience de l'émission qui la précédait. À mesure que le bouche-à-oreille se mettait en place, *Aux frontières du réel* était regardée par un nombre sans cesse croissant de spectateurs jeunes et cultivés – des groupes qui permettent de

Q: Au terme du générique final, dans la version originale, quand apparaît le logo de la compagnie Ten Thirteen, on peut entendre une voix dire « I made this » (J'ai fait cela). À qui appartient cette voix ?

R: C'est celle de Nathan Couturier, fils de Thierry Couturier, responsable du montage sonore.

vendre très cher les plages publicitaires d'une chaîne.

Même si l'épisode pilote est « exactement tel que je le voulais », Carter affirme que le tour que prirent les épisodes suivants fut pour lui une grosse surprise. Il considère « Compressions » – la troisième livraison, qui met en vedette Eugene Tooms, le mutant au corps élastique, qui se nourrit de foies humains et réapparaît tous les trente ans pour tuer – comme un point tournant. Le thème des extraterrestres est abandonné. On démontre que l'éventail de surprises dont *The X-Files* est capable est illimité.

La Fox fut tout aussi heureuse de constater qu'*Aux frontières du réel* pouvait jouer sur plus d'un tableau. « La première année, nous avons beaucoup surveillé la série, explique Greenblatt. Nous ne voulions pas que ça devienne "la série sur les OVNIs". »

Les louanges de la critique crûrent au long de la première saison, en provenance de sources aussi surprenantes que le très littéraire *New Yorker* qui écrivait avec effusion que la série « avait l'étoffe des séries classiques » et qu'elle était « aussi effrayante que *La Quatrième Dimension,* mais en nettement plus sexy ». Remporter le Golden Globe de la plus remarquable série dramatique, puis la première nomination aux Emmys de l'histoire de la Fox, dans la même catégorie, au milieu de séries plus conventionnelles, pour sa seconde saison, fut le dernier argument qui établit qu'*Aux frontières du réel,* pour employer une expression facétieuse, ce n'était plus la science-fiction de papa.

Malgré son expérience limitée en tant que producteur exécutif de séries télé (surtout pour une série aussi complexe qu'*Aux frontières du réel*), Carter dit qu'il a été bien servi par certaines qualités : l'ardeur au travail, l'obstination, son expérience de rédacteur en chef et, surtout, une « terreur de l'échec » qui l'a peut-être motivé par-dessus tout. Comme le dit Greenblatt : « C'est une de ces rares occasions où un directeur de séries est né. »

Carter a également su faire ce qu'il appelle de bons choix de recrutement, en mettant en place avec l'aide de Roth une écurie de scénaristes qui comprenait les coproducteurs exécutifs Glen Morgan et James Wong, associés de longue date qui avaient écrit les scénarios de séries comme *21 Jump Street* ou *Un flic dans la Mafia* pour Cannell Productions au temps où Roth y travaillait (depuis, ils ont créé leur propre série, *Space : Above and Beyond*) ; et les superviseurs de production Howard Gordon et Alex Gansa, qui comptaient à leur actif la fameuse série de CBS, *La Belle et la Bête*.

Ces trois modules de scénaristes sont pour l'essentiel responsables de vingt épisodes sur les vingt-quatre de la première saison, et ont réussi à diversifier les racines extraterrestres de la série pour mettre en scène des périls comme des contorsionnistes mangeurs de foie, des ordinateurs conscients, des clones diaboliques, des tueurs psychiques et des esprits frappeurs. Ce sont Morgan et Wong, en fait, qui ont donné naissance aux caractéristiques et aux personnages les plus mémorables de la série (les Lone Gunmen, Skinner et Tooms, notamment) en plus de faire bénéficier la production de leurs compétences considérables. D'un concept qui aurait pu être étriqué, Carter et compagnie ont fait une des séries les plus versatiles et les plus singulières de la TV.

Autre facteur imprévu d'évolution de la série, la grossesse bien réelle d'Anderson. Elle survint dans la vie de la série à un moment critique de la production et envoya des ondes de choc en direction des suites exécutives. Quelles pouvaient être les répercussions sur le calendrier de tournage, et ce, alors que la série tout entière reposait sur ses deux protagonistes ? « Si on était cadre à la Fox, la seule excuse pour ne pas se sentir concerné par le problème, c'était d'être mort, sourit Grushow. À l'époque, la vraie question était d'éviter un handicap potentiel, et même, d'en faire un plus pour la série. »

« Je crois que nous étions tous catastrophés », dit Roth. Divers scénarios furent envisagés – Scully aurait donné naissance à un bébé extraterrestre, par exemple – avant que ne soit décidé de raconter l'histoire mémorable développée dans les deux parties de « Duane Barry » et dans « Coma », une intrigue qui justifiait le rôle limité d'Anderson. L'histoire exigerait la fermeture du service des affaires non classées en fin de première saison pour séparer Mulder et Scully, puis l'enlèvement de Scully, qu'on retrouverait plongée dans le coma. Anderson ne manqua qu'un seul épisode complet (« Les Vampires », qui aborde ce mythe de façon assez singulière), et reprit le travail quelques jours à peine après son accouchement par césarienne.

L'actrice, pour sa part, craignait de se faire éliminer de la série. Elle confia d'abord son secret à Duchovny, puis à Carter. Si des commentaires furibonds ont pu jaillir des bureaux des administrateurs de la Fox, personne, semble-t-il, n'a jamais envisagé de remplacer Anderson, même si on a dissimulé pendant plusieurs mois sa grossesse à l'équipe technique et à la presse. Quand il fut décidé de poursuivre malgré tout, on dut recourir à des astuces, à la fois pour contourner la brève absence de l'actrice et pour filmer son physique en lente évolution. Les membres de l'équipe se souviennent maintenant avec émerveillement de gros plans sur le visage d'Anderson, ou de ces scènes où elle passait la tête par une porte avant d'être remplacée par sa doublure le temps d'une course précipitée. Au fil du temps, la situation devint plus délicate, et Anderson reprenait son souffle ou faisait de petites siestes chaque fois que c'était possible, entre deux prises.

Le courage et l'endurance d'Anderson finirent par impressionner tout le monde. Roth la qualifia de totale professionnelle, la comparant à ces anciens acteurs de tournée, pour lesquels, avant toute chose, *le spectacle doit continuer*. Six jours avant la naissance de sa fille Piper, le 25 septembre 1994, Anderson était encore devant la caméra. Elle reconnaît que la période fut pour elle une épreuve psychologique, mais elle estimait normal de faire son possible pour la série, puisqu'on prenait des mesures tellement exceptionnelles à son égard. Cette expérience souda plus étroitement l'équipe, dont de nombreux membres savaient ce qu'être parent voulait dire. Comme le dit Anderson, sa grossesse est un peu devenue celle de l'équipe.

Le bilan final se révéla positif pour la série sur pratiquement tous les plans. On avait créé, selon les termes de Duchovny, « une mythologie unique à la télévision ». L'intrigue complexe mêlant enlèvement par des extraterrestres et conspiration gouvernementale, concoctée pour expliquer la brève disparition d'Anderson, renforça le lien qui unissait Mulder et Scully, et toucha une corde sensible dans le groupe des fans de base de la série. Comme le fait remarquer Duchovny, il existait également des parallèles entre l'enlèvement de Scully et celui de la sœur de Mulder, ce qui approfondit encore les résonances émotionnelles de l'affaire.

Encore une fois, Carter veut bien admettre que c'est une voie qu'il n'avait pas envisagée. « Je pense que ça nous a bel et bien forcés à faire des choix qui se sont révélés bénéfiques pour la série. Ça nous a prouvé que les gens voulaient des épisodes qui parlaient des personnages et de leurs vies. »

« C'était pour moi une façon de faire ce que je ne voulais pas faire : donner une atmosphère domestique à la série. Je ne veux pas savoir ce que fait Mulder avec son équipe de base-ball. Je ne veux pas savoir ce que Scully fait avec ses amis. Ça ne m'intéresse absolument pas. » La

Q: Dans quelle catégorie *Aux frontières du réel* a-t-elle remporté son seul Emmy Award ?

R: Meilleure contribution dans le domaine graphique/meilleur générique, au cours de la première saison.

séparation et la réunion en début de deuxième saison lui offrirent « une façon intéressante d'explorer les deux personnalités, une façon à laquelle je n'avais pas songé ».

Carter en est venu à baptiser « mythologie de la série » ces histoires qui plongent dans l'histoire personnelle de Mulder et de Scully et des conspirations complexes et imbriquées, par opposition aux épisodes autonomes qui traitent de monstres, d'OVNIs, etc. La coutume est désormais adoptée : instaurer un équilibre entre les deux genres, développer les personnages au cours d'épisodes en plusieurs parties, tout en résistant à la tentation de changer la série en feuilleton.

«L'Ombre de la mort»

Mulder:
«Hé, Scully, tu crois en une vie après la mort ?»

Scully:
«Je me contenterais déjà d'en avoir une avant.»

La Fox renouvela sur-le-champ la série pour une nouvelle saison (*Brisco County*, moins chanceux, dut rentrer au paddock), et un public toujours plus nombreux découvrit *Aux frontières du réel* grâce aux rediffusions estivales. En fait, pour certaines de ces rediffusions, l'audience fut plus grande que lors du premier passage. Cet effet boule de neige devint évident avec le premier épisode de la nouvelle saison : un chiffre de 10,3, qui correspond à plus de neuf millions huit cent mille foyers, et dix-neuf pour cent d'audience, un bond de dix-sept pour cent par rapport à la fin de la première saison. Malgré la situation dans laquelle se trouvait Anderson, la Fox poussa un soupir de soulagement : *Aux frontières du réel* avait bel et bien établi son statut de succès grand teint.

Grushow n'allait pas avoir le temps de savourer ce succès. La plupart des autres séries de la Fox n'avaient pas obtenu de scores satisfaisants au niveau des Nielsen, pas plus que les programmes du dimanche soir, qui auraient dû profiter du fait que la Fox avait soufflé les droits de retransmission du football professionnel à sa concurrente, CBS. La suppression de ces séries fut une bonne chose pour *Aux frontières du réel* (on installa la série dans la grille des dimanches pour parer au plus pressé, ce qui permit à davantage de spectateurs de la voir) mais pas pour Grushow, qui se vit remplacé par John Matoian, alors que la nouvelle saison n'avait commencé que depuis une semaine, et que l'audience d'*Aux frontières du réel* décollait.

« Le plus grand compliment que je puisse faire à la Twentieth Television et à la Fox Broadcasting Company, c'est que, dans l'ensemble, nous n'avons pas été gênants, déclare maintenant Grushow. Mais en même temps, c'est une série que nous avons prise à cœur, sur laquelle nous nous sommes complètement investis du point de vue marketing, ce qui reflétait la confiance que nous avions en elle. »

Les problèmes de la Fox avec le créneau horaire précédant *Aux frontières du réel* n'étaient pas terminés. Deux séries de science-fiction, *M.A.N.T.I.S.* et *VR.5,* tombèrent au champ d'honneur au cours de la deuxième saison. Mais malgré tout, *Aux frontières du réel* réunit un public moyen de quatorze millions six cent mille téléspectateurs par semaine au cours de l'année, se classant selon ce critère au soixante-deuxième rang parmi cent quarante-deux concurrents et devenant ce que les producteurs appellent une série de rendez-vous : une série que ses fans suivent assidûment, qu'ils magnétoscopent ou dont ils tiennent compte en planifiant leur soirée. Dans le paysage audiovisuel actuel, voilà des qualités qui font d'*Aux frontières du réel* une série que même les concurrents de la Fox envient et jalousent ouvertement.

On peut reconnaître à la Fox la patience d'avoir permis à la série d'atteindre ce niveau. Carter n'a jamais senti peser la moindre inquiétude quant aux scores de la série, même au plus bas de sa cote, ce qui a donné aux spectateurs le temps de la trouver. « J'ai toujours dit qu'il nous faudrait créer un public du vendredi soir, plutôt que d'en voler un. On y est arrivés, je crois », constate Carter.

En plus des diverses entités qui apparaissent dans la série, d'autres forces extérieures ont joué leur rôle dans l'évolution d'*Aux frontières du réel.* L'intérêt manifesté par le Congrès américain vis-à-vis de la violence à la télévision, éveillé par le sénateur de l'Illinois Paul Simon (aucun rapport avec le chanteur), avait atteint son amplitude maximale peu de temps avant que la série ne commence. De quoi donner des sueurs froides d'une tout autre nature aux annonceurs et aux différents comités d'autocensure de la chaîne.

Si des accords ont mis un point final aux débats sur les conclusions, la distribution ou le réalisme de la série, le problème du contenu, selon Carter, reste « un match de boxe que nous livrons chaque semaine… À chaque épisode, il faut couper quelques images çà et là ». Une des disputes les plus féroces porta sur une scène des débuts de la deuxième saison, dans l'épisode intitulé « L'Hôte », où une créature créée par la radioactivité, l'homme-douve, tue des gens dans les égouts du New Jersey. Lorsque la Fox frissonna devant un des passages les plus répugnants – un ouvrier attaqué par l'homme-douve recrache un énorme ver –, Carter affirme avoir déclaré : « Si vous coupez ça, vous fichez tout l'épisode par terre. » Au terme des pourparlers, la scène fut conservée.

Cela dit, Carter estime que ce qui avait commencé comme un problème, soulevé par les inquiétudes du studio quant à la violence de la série, a suscité des éléments positifs. L'environnement restrictif dans lequel la série a dû se développer « nous a forcés à devenir de meilleurs conteurs. Nous avons dû tout faire hors écran, suggérer. Je crois que la série n'en est que plus angoissante ».

Assez bizarrement, l'aspect politique de la série n'a presque jamais été abordé : après tout, l'épisode pilote et les suivants postulent que le gouvernement a créé un vaste réseau de conspirations pour empêcher que le public ne découvre l'existence des OVNIs. Grushow se souvient quand même que Jon Nesvig, chef du secteur ventes de la Fox, a soulevé le problème lors de la première diffusion de la série, et que « la question a fait quelques étincelles dans la salle ».

Et pourtant, lorsque la Fox procéda à quelques projections tests sur des groupes représentatifs (les chaînes de télévision américaines ne se fient jamais à leurs seules impressions) pour évaluer la réaction des téléspectateurs, personne ne discuta ce postulat. « Ce qui m'a le plus étonné dans l'étude statistique, c'est que tout le monde, jusqu'au dernier spectateur, était convaincu que le gouvernement se trouvait au cœur d'une conspiration » pour étouffer les choses, s'émerveille encore Carter.

La popularité a fatalement conduit à des études plus serrées de tous les aspects de la série, y compris de ces aspects politiques. Un bulletin conservateur publié par le Centre de Recherches sur les Médias, il y a peu de temps, classait *Aux frontières du réel* dans les dix émissions dont le contenu était le plus clairement de gauche, citant « les théories conspirationnistes qu'elle présente, suggérant l'existence d'invraisemblables atrocités commises par le gouvernement ».

Cette accusation amuse Carter, qui met en avant ce que d'aucuns considèrent comme des accents nettement conservateurs dans le slogan *Ne faites confiance à personne,* dont la forme abrégée, *TrustNo1,* donne accès à l'ordinateur de Mulder, slogan qu'on peut aussi traduire par : *Méfiez-vous du gouvernement.* « En fait, c'est un slogan anarchiste de droite, dit-il. Les conservateurs disent : *Faites-nous confiance.* La série réplique : *Ne faites confiance à personne.* Ça résume de façon assez concise mes opinions en politique. »

On ne sera pas surpris d'apprendre que le trajet qui a conduit *Aux frontières du réel* de ses souvenirs d'enfance jusqu'au petit écran a rendu Carter soucieux de protéger sa vision et a renforcé sa certitude d'être le mieux placé pour savoir comment la conduire. Quand on lui pose la question du maintien de la qualité des effets spéciaux, il répond : « Une partie du travail – et c'est une chose que j'ai apprise sur le tas –, c'est de ne jamais accepter la réponse : Non. On finira toujours par arriver à un *non* si la réponse est *non,* mais *non,* c'est toujours la première réponse qu'on vous donne. Il faut s'arranger pour que la dernière soit *oui*. En tout cas, c'est ma méthode. » Mais dans les limites imposées par un budget de télévision et le calendrier impitoyable que fixe le tournage de l'équivalent d'une douzaine de longs métrages chaque année, le producteur déclare : « J'ai obtenu tout ce que je souhaitais… Il y a toujours un moyen. »

Si les producteurs ont dû tâtonner au cours de la première année, Carter pense avoir atteint sa vitesse de croisière durant la deuxième saison et estime pouvoir planifier et exécuter la série pour la prochaine saison et au-delà. Parmi les fournisseurs réguliers d'idées, on compte Duchovny, qui est très proche de Carter (tous deux jouent à l'occasion au squash ensemble) et a partagé avec lui les fonctions de scénariste au générique de certains épisodes.

Le producteur n'a aucun état d'âme à laisser sa vedette participer à ce processus d'élaboration des scénarios. « Il a d'excellentes suggestions pour la série. Pourquoi ne pas les utiliser ? » Quant à Duchovny, il explique que, lorsqu'il est devenu évident que la série allait durer, il avait, en tant qu'acteur, tout intérêt à rendre son personnage le plus intéressant possible à interpréter.

Quand on lui demande de citer ses épisodes préférés, Carter évoque « Le Message » où Brad Dourif interprétait un tueur en série doté de pouvoirs psychiques (« l'épisode a vraiment montré de quoi nous étions capables ») ; et « Projet Arctique », l'épisode de claustration sur la banquise, dont la vedette était un ver extraterrestre assez répugnant, que Duchovny a qualifié de « premier épisode qui swinguait vraiment ».

Pour l'heure, la feuille de route d'*Aux frontières du réel* l'entraîne toujours plus loin et toujours plus haut. La série est bien partie pour devenir une véritable petite industrie : une version cinématographique est en projet, les possibilités de *merchandising* explosent et l'aile de syndication de la Fox trépigne d'impatience en attendant de pouvoir revendre les droits de rediffusion aux stations de TV locales. Chacun sait bien les immenses bénéfices que Paramount a accumulés en trois décennies grâce à la marque *Star Trek*.

Pour sa part, Carter prend toujours garde à ne pas lasser, tout en demeurant immergé dans la série proprement dite. Il passe environ douze jours par mois à Vancouver, pendant la période de production. Si certains producteurs exécutifs créent une série et passent à de nouveaux projets dès la deuxième ou la troisième saison, Carter a affirmé qu'il s'était engagé auprès des acteurs à rester sur la série aussi longtemps qu'eux (Duchovny et Anderson ont signé un contrat qui les lie au moins jusqu'à la saison 1997-1998, ce qui représenterait la cinquième saison de

The X-Files). Le X apparaît donc comme la lettre la plus importante de leur futur.

« Ce que je pourrai faire au-delà de cette date reste pour moi un énorme point d'interrogation, ajoute Carter. Je ne sais pas si ça marchera ou pas. Dans ce domaine, l'échec est la règle générale. Tant que mon petit jardin pousse bien, je tiens à le soigner et à y consacrer tous mes efforts. »

Si Carter reconnaît s'inquiéter parfois de savoir d'où viendra l'inspiration pour le prochain épisode (la question qu'on lui pose le plus souvent), il est également convaincu que les sujets ne manqueront jamais pour la série. On peut y faire vingt histoires différentes sur la parapsychologie et encore vingt histoires de monstres, toutes originales et uniques, avant que la série n'arrive à son terme.

Ce qui signifie que le producteur, comme Mulder, doit faire face à sa propre quête de ce qui est ailleurs, même si ce n'est que le moyen de communiquer simultanément la chair de poule à des millions de téléspectateurs chaque semaine. Il ajoute : « Je veux que rien ne soit jamais routinier sur cette série. »

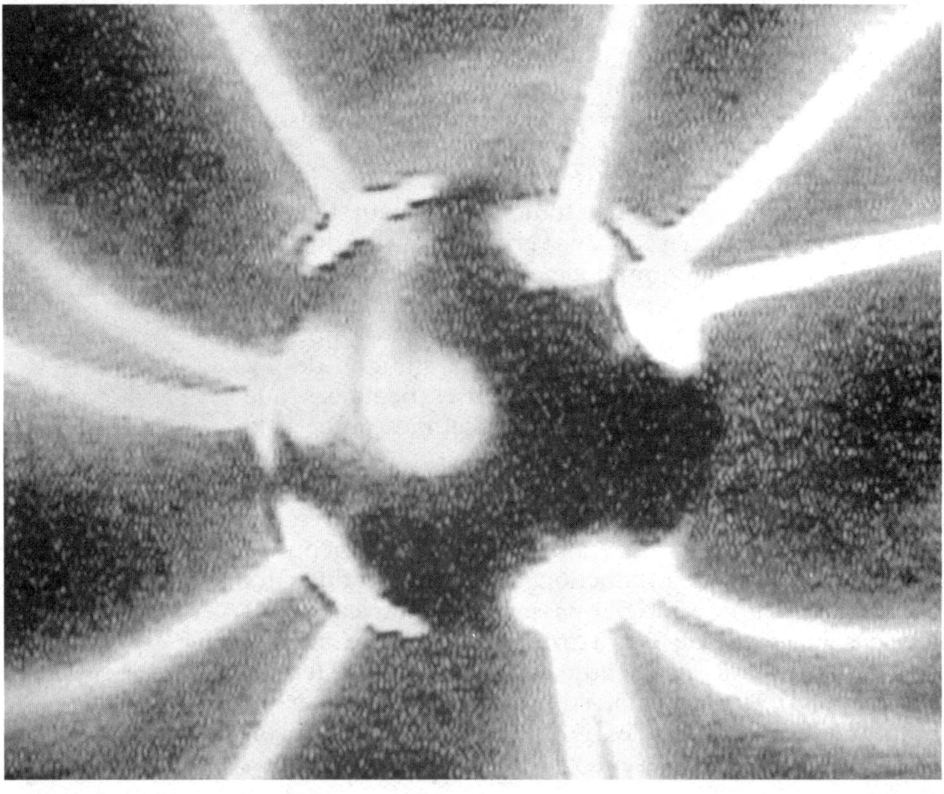

coulisses

On peut résumer la quintessence scénaristique d'*Aux frontières du réel* par une quête de la vérité face à des forces occultes qui veulent la tenir cachée. La production de la série suit une formule analogue, même si elle est moins dramatique – en clair, c'est une quête de la qualité face à la tyrannie qu'imposent le calendrier et le rythme de la télévision en *prime time*.

Dans cette bataille bien spécifique, les deux ingrédients les plus précieux – le temps et l'argent – sont toujours ceux qui font le plus défaut.

Chris Carter, le producteur exécutif, affirme que, sur certains points, la bataille est devenue plus facile. Après avoir beaucoup tâtonné, au cours de la première saison, à travers une variété d'épisodes hétéroclites, il estime que la série a réellement trouvé son ton pendant la saison 94-95. C'est aussi le sentiment de sa vedette, David Duchovny, qui a pris une part active à l'élaboration de l'avenir de la série.

Au départ de la troisième saison et de ses vingt-quatre nouveaux épisodes, Carter a divisé la tâche en trois groupes de huit épisodes et, bien avant que la production ne démarre vraiment, il a annoncé qu'il savait exactement ce qui allait se passer au cours des huit premiers. « Je commence à prendre l'habitude », explique-t-il. Quand la mise en chantier de la troisième saison a commencé, en fait, Duchovny et Gillian Anderson ont même bénéficié d'un jour de repos, çà et là. Leur tâche semble assouplie quand on la compare aux années précédentes.

Le travail de Carter ressemble un peu à un numéro de jongleur d'assiettes au cirque : il doit surveiller en permanence plusieurs objets en mouvement simultané de façon à éviter que l'un d'eux ne tombe. « Il y a toujours cinq épisodes en cours en même temps, explique-t-il. On en écrit un, on prépare le deuxième, on tourne le troisième, on monte le quatrième et on mixe le cinquième. En fait, le *runner* de la série (un terme d'argot hollywoodien qui désigne le producteur exécutif principal) doit avoir l'œil sur sept épisodes simultanément. »

Sept épisodes, et au moins deux lieux différents : Carter, les scénaristes et l'équipe de tournage sélectionnée passent le plus clair de leur temps à Los Angeles, tandis que la production se fait à Vancouver, à deux mille kilomètres de là. Le contingent basé à L.A. regroupe le chef des effets spéciaux, Mat Beck, et le magicien de la post-production, Paul Rabwin, qui s'occupe du son et du montage, des compositions musicales pleines d'atmosphère signées Mark Snow, et de tous les ingrédients nécessaires à ce que la pellicule brute atteigne la qualité voulue pour la diffusion.

Même si Vancouver est devenu un grand centre de production grâce aux conditions financières favorables que propose la ville, ce n'est pas pour cette raison que la série y est allée, ou même qu'elle y est demeurée. « Je ne vais pas du tout là-bas pour économiser de l'argent, déclare Carter. J'y vais parce que ça me permet de mettre davantage de choses sur l'écran, et je crois que c'est ça qui a vraiment aidé la série. En fait, l'argent va plus loin, quand on est là-bas. »

Aux frontières du réel n'est pas une série particulièrement onéreuse, selon les critères des chaînes de télévision, même si elle repose chaque semaine à des degrés divers sur la présence d'effets spéciaux. Son coût se situe à peu près dans la moyenne des séries de *prime time* dramatiques d'une heure : un million cent mille dollars par épisode durant la première saison, un million deux cent mille pour la deuxième, et un petit peu plus pour la troisième, un accroissement qui tient pour l'essentiel à des augmentations de salaires (les vedettes bénéficient de contrats pour trois ans assez coquets, de façon à leur faire profiter du succès de la série) plutôt qu'à des postes budgétaires gonflés pour la production. Une centaine de techniciens sont employés à temps complet sur la série à Vancouver, avec une vingtaine ou une trentaine de renforts, recrutés selon les demandes de la construction des décors.

Q: Quels épisodes ont vu leur générique modifié, en version originale ?

R: « Les Hybrides » a été le premier. La phrase : *La vérité est ailleurs* a été remplacée par : *Ne faites confiance à personne*. Dans « Duane Barry », deuxième partie, la phrase est devenue : *Niez tout en bloc*. Et « Anasazi » a fait usage de la traduction navajo de la phrase habituelle.

Sur l'immense terrain de la Twentieth Century Fox, au cœur de l'immaculée Century City, où des valets, employés au parking (vous avez bien lu : des valets, employés au parking), viennent à la rencontre des visiteurs, il faut parcourir une grande distance, le long de studios et de façades de décors avant d'atteindre un bâtiment sur lequel une enseigne indique : *Ten Thirteen Productions – THE X-FILES.* Le bureau de Los Angeles, sis dans son propre bungalow, est joliment meublé quoique de façon assez spartiate. Dehors, passent des chariots de golf qui véhiculent les gens à travers le studio, où sont installés à la fois les cadres et diverses compagnies de production.

Le bureau proprement dit est en ébullition, ce matin. Les scénaristes entrent et sortent continuellement, débordant parfois sur l'espace vital de Mary Astadourian, la directrice générale et documentaliste. Là sont conservés plusieurs tiroirs bourrés d'archives. À l'intérieur, les scénaristes trouveront toutes sortes de littératures sur le paranormal, les maladies, les virus et divers monstres, dans des dossiers étiquetés « Roswell » ou « Loch Ness ».

La série n'a commencé à mettre en place sa propre bibliothèque de documentation qu'au début de 1995, accumulant les articles et photocopiant des coupures de presse réunies par l'équipe des scénaristes à fins d'utilisation ultérieure. « On peut écrire des foutaises très sophistiquées si l'on s'appuie sur une base scientifique solide, fait remarquer Carter. La série ne peut faire peur que si elle est crédible. Tout doit pouvoir se situer dans le domaine des possibilités extrêmes. »

On ne sera pas surpris d'apprendre que le bureau de Carter est le plus grand du bâtiment. Il est occupé par un canapé et une table de conférence, ainsi que par un bureau gigantesque. Les murs sont constellés d'articles, de posters et autres éléments en rapport avec la série. Quand il a le loisir d'écrire, Carter pianote sur un ordinateur portable (parfois, il va se retrancher ailleurs pour ne pas être dérangé) ou s'entretient avec l'équipe de Vancouver par vidéoconférence. Sur son bureau, trône un bocal en verre dissimulé sous un sac en papier ; une fois ce dernier retiré, on en découvre le contenu, un fœtus extraterrestre. Le bocal et le sac – sur lequel on a écrit : « Mon Dieu, Mulder… Cette chose essaie de communiquer avec nous » – sont un présent de Jeff Vlaming, superviseur du département scénarios. Avec un esprit d'initiative indé-

Q: Quelle est l'équipe de football américain favorite de Glen Morgan et de James Wong ?

R: Les Chargers de San Diego (voir « La Main de l'Enfer »).

niable, Vlaming, ancien scénariste de la série *Northern Exposure* (inédite en France), avait apporté l'objet avec lui lors de sa première entrevue avec Carter pour obtenir un emploi sur *Aux frontières du réel.*

Une partie de la matinée est en général consacrée à la conférence régulière avec les scénaristes, en compagnie de toute l'équipe – la plupart sont vêtus de jeans ou de shorts, tenue de rigueur quand on est producteur sous le chaud climat de Californie du Sud –, une réunion qui a pour objectif de disséquer le script de la semaine, et de mettre en place la séquence d'accroche prégénérique et les quatre « actes » de l'épisode. Ce sera la quatrième réunion qui porte sur ce scénario précis, et le scénariste responsable a mis en place toute l'histoire sur un grand tableau d'un mètre vingt sur un mètre cinquante, qui attire bien l'œil sur les « temps forts » de chaque acte grâce à des fiches indexées – il y en aura entre neuf et onze chaque fois. Sur chacune de ces fiches format Post-It figure une note en abrégé qui résume ce qui se passe au cours d'une scène, avec des descriptions comme MEURTRE SELON S, AUTRE CHOSE SELON M ou GEN. ENTEND CRI TERRIFIANT ; APERÇOIT SILHOUETTE.

Les autres scénaristes discutent toutes les nuances de l'histoire, lancent des suggestions pour affiner l'intrigue et assurer la clarté de « la nature de l'affaire non classée de cet épisode », selon leur propre expression. Malgré les exigences de la mise en place du scénario, Carter insiste pour que la tension ne faiblisse pas, et demande qu'on répartisse l'action équitablement sur toute l'heure (ou, pour être plus précis, sur les quarante-quatre minutes, publicité non comprise) qui leur est dévolue. « Assurez-vous que vous maintenez la pression », dit-il.

Mais la journée de Carter ne fait que commencer. La conférence avec les scénaristes est suivie de ce qu'on appelle une réunion de concept : une vidéoconférence avec l'équipe de Vancouver pour se colleter avec divers problèmes de production avant d'entamer le tournage d'un nouvel épisode. Carter, Beck, Rabwin et d'autres se pressent autour de la table dans le bureau du producteur. Ce jour-là, l'équipe se demande comment montrer à l'écran un bison blanc. Tout le monde est ennuyé d'apprendre que les lois sur la protection des animaux les empêcheront de mettre la bête sous tranquillisants, ou même de la teindre. (Quelques semaines plus tard, à Vancouver, la question est toujours pendante ; il semble bien que les producteurs feront usage d'un jeune bison, ou même d'un veau – de couleur naturellement assez claire – et joueront sur l'éclairage pour éclaircir encore sa robe.)

Les questions suivantes portent sur le nombre de figurants que la production pourra engager. Carter dit qu'il serait ravi de voir une vraie foule d'individus en armes dans une des scènes. Vancouver tempère ces désirs. « Enfin, en fonction des capacités du budget, évidemment. » Les décisions de casting soulèvent des inquiétudes comparables. Combien d'acteurs faudra-t-il faire venir de Los Angeles en avion (par opposition aux autochtones de Vancouver) ? Un détail supplémentaire à prendre en compte lors de l'établissement du budget.

Construction du kiosque du sous-marin de « La Colonie », deuxième partie.

L'argent reste le problème majeur, et le temps est un luxe pour l'équipe. Compromis et système D demeurent des outils primordiaux. Carter, par exemple, demande au chef de la production de dénicher un site visuellement intéressant. « On écrira le scénario sur mesure », garantit-il. En clair, l'équipe retravaillera le scénario d'une scène où le décor ne joue pas un rôle capital, en fonction des sites disponibles et des possibilités.

Les producteurs sont très fiers, également, d'avoir réussi à récupérer certains éléments de tournage, pour s'en servir à nouveau. L'exemple parfait ? L'équipe avait eu l'autorisation de tourner sur un destroyer de la Marine canadienne. Elle en a fait usage au cours de trois épisodes différents, dont « Le Vaisseau fantôme », où Mulder et Scully sont victimes d'un vieillissement accéléré et « La Colonie », deuxième partie, conclusion d'une histoire de tueur à gages extraterrestre. Carter avoue qu'il prend toujours plaisir à créer quelque chose à partir de rien.

Les épisodes doivent être planifiés dans les moindres détails – en partie parce que Carter est un perfectionniste, en partie parce que la série est désormais inspectée au microscope, et que les fans en dissèquent et en chipotent les moindres parties. Des discussions ont été soulevées sur le genre de tenue que devraient porter des Amérindiens, en insistant sur une fidélité maximale aux rites tribaux. (Un groupe de Navajos a protesté parce que, dans l'épisode « Anasazi », un personnage portait ses cheveux défaits, ce que ne ferait aucun ancien de la tribu. Par la suite, Carter s'est rendu dans une réserve navajo pour assister à l'une de leurs cérémonies.)

Sur un plan plus pratique, l'équipe de Vancouver veut savoir si elle peut inclure des jeans dans la garde-robe des

Q: Que représente Steveston, Massachusetts ?

R: Dans « Masculin Féminin », c'est la ville où vivent les Âmes Sœurs. Dans la réalité, c'est une communauté voisine de Vancouver que le chef décorateur d'*Aux frontières du réel* apprécie particulièrement pour la diversité de ses panoramas.

acteurs. On va tourner les effets spéciaux de cet épisode sur fond bleu, ce qui élimine cette couleur en pratique. Est-ce que cela n'interdit pas ce genre de vêtements ? Beck, le grand manitou des effets spéciaux, les rassure : rien ne s'oppose à l'emploi de blue-jeans ; si nécessaire, il emploiera un fond vert pour la scène.

L'équipe de L.A. reçoit également l'assurance qu'une séquence de fusillade sera de qualité parfaite : impacts de balles, ricochets, plus une explosion de voiture de niveau cinéma. « C'est possible ? » Réponse positive, « avec quelques restrictions », plaisante Beck avec bonhomie. Et il ajoute : « La plus grosse, c'est : vous disposez de quel budget ? »

Chris Carter, qui a écrit trois des cinq premiers épisodes qui ouvrent la troisième saison, est responsable de dix-huit scénarios sur les cinquante-quatre premiers épisodes de la série, soit exactement le tiers.

Beck a travaillé sur des films aussi trépidants que *Hot Shots* ou *True Lies* avant de participer au pilote d'*Aux frontières du réel* (où il a créé un effet de tourbillon pour la grande scène de l'épisode). Les résultats ont incité Carter à lui demander de rester à temps complet sur la série. À cause du rythme hebdomadaire des épisodes, l'emploi de maquettes ou de miniatures est interdit à Beck. Par conséquent, il compose tous ses effets spéciaux à Los Angeles sur son Powerbook Macintosh, puis s'associe à diverses maisons de production pour obtenir les images créées sur ordinateur. Beck a tout conçu, des vaisseaux extraterrestres vus dans plusieurs épisodes jusqu'aux séquences de *morphing* de « Masculin Féminin », où un tueur changeait plusieurs fois de sexe, et de « La Colonie », où le tueur à gages extraterrestre adopte en un clin d'œil l'apparence de n'importe qui.

Même si Beck plaisante des limitations auxquelles il doit faire face, cela ne veut pas dire que quiconque se dérobe à la tâche qui leur est assignée. « Les types qui travaillent aux effets spéciaux insistent pour qu'on leur en demande sans cesse davantage », assure Carter.

Pourtant (et la chose est inévitable), il y a toujours des compromis et des concessions, qu'on peut résumer par une question : À quel moment faut-il livrer bataille ? Les producteurs se sont laissé un peu entraîner en début de troisième saison, par exemple, en créant ce que le chef des effets spéciaux, Dave Gauthier, appelle la « mère de toutes les soucoupes » – un immense simulacre de vaisseau spatial qu'ils ont trouvé le moyen, Dieu sait comment, de faire voler sur une cinquantaine de mètres à l'aide d'une grue de cent soixante-cinq tonnes. Gauthier, en poste à Vancouver, se souvient d'avoir dit au producteur J. P. Finn : « Merci de m'avoir donné l'occasion de m'amuser avec des jouets vraiment gros. » Il ajoute que ce qui lui plaît dans la série, c'est d'aborder un domaine différent chaque semaine ; certains des effets spéciaux les moins grandioses sont souvent les plus gratifiants à exécuter. Par exemple, dans la scène d'expériences extraterrestres de l'épisode « Duane Barry », première partie (nommé pour un Emmy), on avait demandé à Gauthier de créer des fumerolles qui sortiraient de la bouche de l'acteur Steve Railsback. Sans être aussi saisissante que le vaisseau spatial, l'image d'une fine brume émanant de Barry tandis que les extraterrestres forent ses dents requit un indéniable savoir-faire, pour un moment aussi bref que discret.

À l'évidence, toute l'équipe est très fière de son travail sur une série qui lui propose de tels défis sur une base quasi quotidienne et lui permet de déployer ses capacités au maximum. Certains admettent volontiers, d'ailleurs, que leur participation à *Aux frontières du réel* les a trop gâtés et qu'ils auraient du mal à travailler ailleurs. « Pour me faire quitter la série, il faudrait me traîner de force », dit Gauthier.

Même son de cloche avec le superviseur des effets spéciaux de maquillage, Toby Lindala. Comme d'autres membres de l'équipe régulière, il s'est vu offrir sa première chance de diriger une telle entreprise par la série. En évoquant une des premières créations de Lindala, R. W. Goodwin, coproducteur exécutif, explique avec un petit rire : « De temps en temps, je lui passais un coup de fil pour dire : "C'était vraiment répugnant." Et il me répondait : "Merci." »

Lindala, un jeune homme barbu qui se fondrait sans mal dans un groupe de *heavy-metal,* a confectionné quelques-unes des prothèses utilisées dans l'épisode pilote d'*Aux frontières du réel,* mais sa tâche la plus ardue jusqu'à présent a été de créer un ver extraterrestre qui se déplaçait sous l'épiderme de sa victime, dans le huitième épisode, « Projet Arctique ». Au début, la prothèse à base de gélatine qu'il avait conçue se déchirait tout le temps, et Lindala craignait que son poste de spécialiste des effets spéciaux dans l'équipe ne se révèle être un emploi de courte durée. « Je transpirais pas mal », se souvient-il.

Pourtant, Lindala a prouvé qu'il était à la hauteur en toute occasion, avec l'homme-douve – un costume que son équipe a mis au point en dix jours, et qui devait résister à l'eau et aux autres aléas du tournage. Cette tenue reste la création dont il est le plus fier. « C'est probablement mon travail le plus dingue à cette époque », avoue Lindala, qui a parfois dû travailler vingt-huit, et même trente-huit heures d'affilée, durant cette période, pour que le costume soit prêt à temps. Malgré tout, Lindala, qui a grandi en regardant des films de monstres, ne se plaint pas, et il savoure les occasions que la série lui a offertes de s'amuser sur des projets de ce style. « J'adore les faire », confesse-t-il.

Goodwin, un producteur blanchi sous le harnais, qui a travaillé sur des séries comme *Corky, un adolescent pas comme les autres* ou *Mancuso FBI,* essaie désormais de procurer des délais de préparation plus importants quand de telles tâches se présentent. Mais, dans la plupart des cas, Lindala et son équipe (quatre personnes, Lindala inclus, travaillent à temps complet dans ce domaine) ne disposent que de sept jours pour mettre au point un effet de maquillage, et ses services sont requis dans pratiquement tous les épisodes. Le catalogue de ses créations comprend la sanie glaireuse aperçue dans « Compressions » et dans « Le Retour de Tooms », des cadavres extraterrestres, un costume en caoutchouc couvrant tout le corps de l'homme-crocodile qui apparaît dans la première séquence de « Faux Frères siamois », et la préparation de poches d'air – souvent un dispositif actionné manuellement par un technicien – pour réaliser des effets comme les pustules grouillantes de « Contamination » ou les tiges qui jaillissent de la gorge des victimes dans « Intraterrestres » – une opération qui nécessite, dans certains cas l'usage de préservatifs remplis de gélatine. Quand on lui demande s'il a une marque préférée, Lindala sourit. « Apparemment, ce sont les Sheiks non lubrifiés qui donnent les meilleurs résultats. »

À Vancouver, Goodwin joue un rôle d'éclaireur : pour la série, il a été responsable du recrutement de plusieurs membres clés de l'équipe, dont Rabwin et Snow. Ce dernier avait signé la bande originale de plusieurs films TV avant d'être engagé pour *Aux frontières du réel.* Il ne se contente pas de composer la partition ; il en joue également la moindre note, et travaille en étroite collaboration avec Rabwin, pour bien coordonner musique et bruitage.

Une planification minutieuse reste le rempart le plus efficace contre les problèmes de budget et de temps, ces derniers se traduisant de toute façon, comme Rabwin est prompt à le signaler, en problèmes d'argent. « Plus on doit travailler vite, plus ça coûte cher. » Il ajoute que si certains, dans la production télévisuelle, peuvent être tentés par des économies de bouts de chandelle, « ma devise reste : *La qualité, que ça leur plaise ou non* ».

Parfois, cela entraîne des calculs et des sacrifices. Carter – qui conserve sur un de ses murs la photo d'un sous-marin émergeant à travers la banquise polaire – reconnaît qu'il a dû casser sa tirelire pour obtenir cette image d'un kiosque

« Compressions »

Scully: « Oh, mon Dieu, Mulder, tu sens cette odeur ? On dirait de la bile. »

Mulder: « Est-ce qu'il y a un moyen de nettoyer mes doigts très vite sans perdre mon apparente décontraction ? »

de sous-marin de cinq mètres de haut émergeant de la glace, à la fin de « La Colonie », deuxième partie. Pendant quelque temps après cela, le studio a accentué la pression sur la série pour serrer le budget des épisodes suivants. Mais, comme Carter le fait remarquer : « C'est une chose que nous avons accomplie avec un budget de télévision. »

Les producteurs doivent aussi gérer leur emploi du temps. Carter a mis en scène « Duane Barry », première partie, un épisode très populaire, diffusé au début de la deuxième saison et pour le scénario duquel Carter a été nommé aux Emmy Awards. Le producteur aimerait revenir derrière la caméra, pour mettre en scène « La Liste », le cinquième épisode de la troisième saison, dont il a également signé le scénario ; cependant, cette envie doit être mise en balance avec les exigences que posent la supervision de tout le processus de création et la surveillance simultanée de plusieurs épisodes. De la même façon, Goodwin, responsable en partie de la préparation des autres metteurs en scène, a déclaré qu'il limiterait probablement ses incursions dans ce domaine aux débuts et aux fins de saison (il a dirigé « Anasazi », l'épisode qui achevait la deuxième saison sur un suspense), des périodes où il dispose d'un peu plus de temps.

Kim Manners fait également partie des metteurs en scène attitrés de la série. Il est ravi que Carter traite chaque épisode comme un petit film de cinéma. Sur les séries télé, les metteurs en scène sont en général assujettis aux ordres des producteurs exécutifs et considérés comme de simples employés intérimaires. La méthode employée par Carter donne à chaque directeur la chance d'exercer vraiment son métier. « Il insiste pour que vous vous comportiez réellement comme un metteur en scène, explique Manners. Il ne se satisfait pas de vous laisser régler la circulation sur le plateau. » Il ajoute que cette liberté a fait de la série « le haut point de ma carrière ».

Carter lui-même s'enorgueillit de ne pas laisser *Aux frontières du réel* s'engluer dans la routine et de poursuivre ce qu'on pourrait comparer à un numéro de jonglerie, assorti de danse de claquettes. Quant à l'attention qu'il porte au plus infime détail de chaque épisode, Carter – son bureau noyé sous des éléments d'épisodes passés et à venir – considère que cette responsabilité fait naturellement partie de ses attributions.

« Si vous ne savez pas à quoi va ressembler chaque image, dit-il, vous ne faites pas votre boulot correctement. »

Aux frontières du réel: le tournage

Il ne faut que deux heures et demie pour parcourir en avion la distance qui sépare Los Angeles de Vancouver, en Colombie britannique, mais, selon les exigences particulières de tel ou tel épisode, il peut y avoir un monde de différence pour l'équipe d'*Aux frontières du réel.*

C'est une région magnifique, piquetée de ponts, de rivières et de bacs, qui possède également l'attrait d'une grande ville. Vancouver offre l'avantage d'être *a*) significativement moins onéreuse que la majorité des villes américaines et *b*) capable de fournir un équivalent visuel de la plupart des sites d'Amérique du Nord. En conséquence, la métropole canadienne est devenue un centre de production, en particulier pour les séries télé et les téléfilms.

Pourtant, même dans une ville comme Vancouver, où l'on produit autant pour la télévision, *Aux frontières du réel* a laissé sa marque. Le Sutton Place Hotel, un havre nocturne favori des équipes de tournage de passage en ville, a offert pendant des mois des cocktails maison où l'on trouvait le *X-File* (vodka, jus de mûres et citron vert), le *Beyond the Sea* (titre original de l'épisode « Le Message »), le *Firewalker* (« Intraterrestres »), le *Sneaky Fox* (litt. : Fox le roublard) et le *Starbuck.* Tous sont des créations de Debra, la responsable du bar, qui revendique bien haut sa qualité de X-Phile – la légion de fans endurcis de la série – et signale avec fierté que c'est la première fois que tous les cocktails maison ont été associés à une seule série.

Les scénaristes et les metteurs en scène d'*Aux frontières du réel* ont assez souvent fait le voyage pour bien connaître les environs. Sur *The X-Files,* à la différence de la plupart des séries télé qu'on filme en décors naturels, le scénariste de chaque épisode se déplace jusqu'à Vancouver pour choisir les lieux de tournage et accomplir d'autres tâches de mise en place. Dans le jargon sibyllin de la série, cette démarche est une conséquence directe de l'engagement des personnels au « contrôle de pureté ».

Pour l'épisode dont il est question, cela signifie que Howard Gordon, le coproducteur exécutif, seul membre de l'écurie de scénaristes, avec Chris Carter, à être sur la série depuis ses débuts, a fait le voyage jusqu'à Vancouver. « En tant que scénariste, c'est une expérience qu'on ne vit sur aucune autre série. »

Le visiteur qui se présente aux studios North Shore à neuf heures du matin trouvera Chris Carter en grande conversation au téléphone, pour désamorcer les situations de crise. Il est arrivé en avion la veille au soir, et trône déjà derrière son bureau (un panonceau y proclame : *leader exécutif*). L'endroit est spacieux, décoré d'objets qu'on n'est guère surpris d'y voir, du fanzine des Lone Gunmen fièrement punaisé dans la zone décors et accessoires, jusqu'aux photos d'un membre de l'équipe aux côtés de The Enigma (l'Énigme dans « Faux Frères siamois ») au-dessus d'une garde-robe.

Les assistants directeurs se sont approprié une pancarte marquée « Directeur adjoint Walter Skinner », du nom d'un des personnages de la série, et s'en servent pour délimiter leur territoire. L'assistant metteur en scène Vladimir (Val) Stefoff explique même pour plaisanter qu'il souffre d'un complexe d'infériorité, car son collègue Tom Braidwood, acteur à l'occasion – on l'a recruté pour jouer le rôle de Frohike, un des Lone Gunmen – a maintenant une grande photo de lui accrochée au mur. Ce qui est bien le cas.

Il y a déjà des complications à résoudre, alors même que deux nouveaux venus, fraîchement débarqués de Los Angeles – Gordon et le metteur en scène Kim Manners – sont en route pour accomplir le trajet de vingt minutes qui sépare leur hôtel du studio, à travers des zones abondamment boisées et de paisibles quartiers résidentiels. Ils arrivent armés de tasses grand format de café Starbucks (disponible à presque tous les coins de rue, à Vancouver). Le tournage a duré quatorze heures, la veille, et s'est terminé à une heure vingt-six du matin. Aujourd'hui, le début de tournage a été repoussé à midi. De plus, il faut déplacer les échafaudages restés en place la veille avant que l'équipe puisse installer le décor des Lone Gunmen.

Q: À qui appartient la casquette de base-ball qui est parfois accrochée sur le portemanteau de Mulder ?

R: La casquette marquée NICAP appartenait à Max Fenig, enlevé sous les yeux de Mulder dans « L'Ange déchu ». NICAP signifie National Investigative Committee on Aerial Phenomena (traduit en français par Noyau d'Investigation des Choses Aériennes Pas normales), un groupe de surveillance des OVNIs.

« Vous ne pourriez pas vous débrouiller pour tourner quand même ? » s'enquiert le producteur J. P. Finn sans s'énerver. Il reconnaît que la tension constante liée à son travail lui fait parfois repousser le nécessaire jusqu'au dernier moment. « Ce n'est pas l'enfer, mais on sent quand même la chaleur », confie-t-il.

D'autres problèmes ont été soulevés à leur tour, certains sont remarquables pour le degré de minutie qu'ils mettent en jeu. Ainsi, dans le script de Gordon, quelqu'un annonce de façon plutôt innocente qu'il se sent d'attaque pour un Big Mac, et le département légal de la Fox tient, soit à obtenir l'autorisation de McDonald's (puisque ce nom est une marque déposée), soit à trouver un autre terme. « Cette réplique est très bien comme ça », rétorque Manners, très légèrement exaspéré. On peut porter à son crédit les épisodes « La Main de l'Enfer » et « Faux Frères siamois ». Quelques heures plus tard, on décidera d'employer un terme plus générique, plutôt que de se compliquer la vie en s'aventurant dans des considérations légales.

Tout le processus qui conduit au tournage d'un épisode d'*Aux frontières du réel,* du premier jour de préparation jusqu'au dernier jour de mixage, prend d'ordinaire de six à huit semaines, et les sept jours de préparation doivent garantir que les huit jours de tournage qui suivent pourront se dérouler sans anicroche – même si les efforts herculéens déployés pendant le temps de préparation ne pourront jamais garantir l'élimination totale des grains de sable qui peuvent retarder un tournage ou faire monter la tension de tous les participants. En milieu de saison, quand le temps vient à manquer, le laps de temps qui sépare préparation et diffusion descend parfois jusqu'à cinq semaines.

Pour l'heure, Rob Bowman, metteur en scène et également producteur sur la série, est en train de parachever le tournage d'un épisode, tandis que Manners se prépare à en commencer un autre, deux jours plus tard. Un troisième scénario, que fignolent et révisent diverses mains, sera prêt le même jour, si tout va bien.

À deux jours du tournage, Manners, Gordon, Carter et R.W. Goodwin s'entassent dans un petit auditorium où ils vont devoir faire défiler une vingtaine d'acteurs en un peu moins d'une heure. Lynne Carrow, responsable du casting sur Vancouver, a réduit le choix à trois ou quatre candidats pour chaque rôle. Son assistante, Wendy O'Brien, et elle donnent la réplique à chaque candidat en tenant les rôles de Mulder et de Scully.

Le responsable du casting à Los Angeles, Rick Millikan, a déjà trouvé un jeune acteur à qui le second rôle de l'épisode est pratiquement acquis, mais les artistes locaux seront quand même pris en considération pour le rôle, en plus des autres. Carrow insiste pour dire que distribuer un rôle pour *Aux frontières du réel* n'est pas chose aisée: en général, il faut trouver des gens au physique plus passe-partout que ceux qu'on voit dans des séries qu'on pourrait qualifier de glamoureuses, comme *Melrose Place* ou *Beverly Hills*.

La première actrice auditionne pour un rôle moins important. Bien que sa prestation ait convaincu Manners, Gordon souhaite un deuxième essai. On la rappelle, elle rejoue le rôle et on procède à de petites modifications. Elle finit par soupirer: « Maintenant, je peux rentrer chez moi. » Les producteurs décident de l'engager, mais s'inquiètent: elle n'est peut-être pas assez corpulente pour un rôle de ménagère dodue. On discute l'emploi éventuel d'un rembourrage, afin que le personnage soit plus massif.

Tout au long de la matinée, les producteurs font des suggestions, demandent aux acteurs (qui ne disposent parfois que d'une minute, voire moins, pour convaincre) de varier le ton, les attitudes, parfois en développant le contexte, puisque les acteurs n'ont lu que les quelques pages de script où apparaît leur personnage. Si la plupart des acteurs sont nerveux, un d'entre eux semble avoir du mal à rester éveillé. « Ouais, c'est plutôt tôt dans la matinée, explique-t-il avec un prodigieux bâillement. Je m' réveille à peine. »

Pour quelques rôles, plus d'un candidat pourrait faire l'affaire; dans le cas de certains autres, les postulants convaincants font défaut. « Tu pourrais tenir le rôle, non ? » suggère Manners en donnant une bourrade à Gordon, qui se hâte de répliquer: « Ça, ça m'étonnerait. »

Si la priorité essentielle reste l'épisode en cours, les producteurs cherchent tout le temps des acteurs qu'ils auront envie d'utiliser par la suite. « Il a des qualités intéressantes… Il faudra voir pour quoi », suppute Gordon après le départ d'un candidat, tandis que, dans un autre cas, Carter fait remarquer: « Ce petit jeune serait épatant dans autre chose. »

Manners, Gordon et une bonne quinzaine de membres de l'équipe, parmi lesquels Dave Gauthier, le responsable des effets spéciaux, Graeme Murray, le directeur artistique, et d'autres, venus de diverses sections, s'embarquent pour une expédition de reconnaissance. Ils s'entassent dans un autocar climatisé pour inspecter tous les sites retenus en vue du tournage qui va commencer, un pèlerinage qui exige en général de six à huit heures. « Et ça, c'est la partie facile », plaisante Shirley Inget, la décoratrice.

Carter escorte le groupe jusqu'à la porte. Mais il a trop de travail en souffrance au bureau pour les accompagner. « Ce coup-ci, ce sera sans moi, les gars », leur annonce-t-il, ce à quoi répond un « Ooooh ! » collectif en provenance du bus.

Les téléphones portables sonnent sans discontinuer, et maintiennent l'équipe en contact quasi permanent soit avec un responsable dans les studios, à Los Angeles, ou avec un membre de la production, quelque part ailleurs. Assez vite, le groupe s'abat sur un petit centre commercial, qui fournira le décor d'une scène d'action en début d'épisode. Les passants considèrent le petit troupeau avec une expression légèrement interloquée, comme s'ils étaient tombés par hasard sur un car de touristes fauchés. Les directeurs artistiques, pour la plupart en short et T-shirt, prennent des photos et procèdent à des mesures.

Le travail prévu exigera de transformer un magasin de blanc actuellement fermé en une arcade de jeux vidéo, et de meubler entièrement le site, qui n'est encore qu'un espace vide, en cinq jours, tout en préparant le parking voisin pour une scène où la foudre frappe. Divers membres de l'expédition de reconnaissance se sont scindés en groupes de discussion, chacun consacré à une tâche bien spécifique. « On forme vraiment une bonne équipe », explique Gordon.

Une nouvelle fois, il faut réfléchir aux problèmes. Pour commencer, un des magasins reste ouvert très tard le soir. Il faudra donc peut-être compter avec un peu de circulation dans le parking, durant le tournage. En sus, la scène se déroule la nuit, mais l'été à Vancouver, le ciel reste lumineux jusque bien après vingt et une heures. Ce second problème est moins grave, mais Manners ne résiste pas au plaisir de taquiner Gordon sur l'abondance de scènes de nuit qu'il va être obligé de gérer. « Quel est le scénariste qui a écrit toutes ces scènes de nuit en été ? » s'interroge-t-il d'une voix forte, pour être certain que Gordon l'entendra.

« Je ne sais pas, mais c'est pas sympa du tout », rétorque le scénariste.

Ensuite, retour dans le bus pour une bonne heure, le temps d'atteindre une ferme isolée remontant au début du siècle… tout comme son propriétaire, d'ailleurs. Le nonagénaire trône dans son fauteuil et sourit avec une infinie patience en regardant défiler dans son salon une horde de visiteurs. En plus des passages tournés dans la maison (qui, pour l'épisode, est censée se trouver quelque part en Oklahoma), une séquence capitale doit se dérouler au-dehors. La vingtaine de vaches du vieillard feront de la figuration. Quand le responsable des extérieurs, Todd Pittson, annonce qu'on le défraiera également pour

Q: Date de la première rencontre entre Scully et Mulder ?

R: Le 6 mars 1992.

l'emploi de ses vaches, le vieillard se borne à hausser les épaules. « De toute façon, elles sont là », répond-il.

La maison en elle-même est parfaite, même si on débat pour savoir s'il faudra faire venir un divan ou un canapé pour meubler la scène. Ensuite, les membres de l'équipe vont arpenter l'immense champ de long en large. Inévitablement, quelqu'un pose le pied à un endroit où il aurait dû faire attention, déclenchant des tempêtes de rires. Dans la même scène aussi, il faudra simuler deux chutes de foudre, grâce à une machine qui produit un éclair aveuglant. Dès le lendemain matin à la première heure, Gauthier aura bidouillé un mécanisme qu'on pourra enfouir dans la terre, avec de petits reposoirs pour les pieds de l'acteur, de façon à créer un effet où la lumière jaillira et se déploiera. « Ce sera absolument épatant », garantit-il à Manners et à Gordon.

Malheureusement, personne ne sait vraiment comment les vaches vont réagir. « S'il y a une chose que je n'ai jamais dirigée, c'est bien une vache », annonce Manners avec le plus grand sérieux.

« Par contre, les navets… » plaisante le preneur de son, Al Campbell.

Un des avantages majeurs du tournage à Vancouver devient évident quand l'équipe emprunte le bac pour traverser une rivière dans une magnifique forêt aux épaisses frondaisons, afin de déjeuner chez l'habitant dans une pittoresque auberge. Le repas a été commandé en chemin grâce à l'inévitable téléphone cellulaire, pour accélérer la manœuvre, de façon que tout soit prêt à l'arrivée des convives.

Nous sommes maintenant en fin d'après-midi, et l'équipe se dépêche d'examiner les deux derniers sites de tournage. Le premier est une route déserte qu'on transformera en carrefour encombré pour une scène d'accident de voiture. Les décorateurs érigeront un panneau publicitaire de huit mètres de haut, qu'on placera à quatre mètres du sol. Avec ce panneau, Manners souhaite faire coup double : en y installant une caméra, on pourra obtenir la vision subjective d'un des personnages. Comme la scène figurera un accident d'automobile, le responsable des cascades, Tony Morelli – un ancien champion de kickboxing, qui paraît toujours redoutable –, étudie soigneusement les lieux. L'autre scène d'action exigera d'étêter de deux mètres le sommet d'un arbre de six mètres de haut, après la chute de la foudre.

La cascade avec la voiture s'annonce plutôt bien, même si Morelli prévoit quelques difficultés pour trouver une doublure qui paraîtra assez jeune pour remplacer le conducteur, un adolescent. Quant à l'arbre, le coût n'est pas la considération principale, sur cette scène. « C'est le

Q: Dans quel épisode Mulder fait-il pour la première fois usage de son arme ?

R: Mulder tire quelques coups de feu pour effrayer des loups blancs dans « L'Enlèvement ».

temps, leur rappelle Finn, le producteur. Il faut tourner en *huit* jours. » Pressés de poursuivre leur route, ils décident de tenir un « débat sur l'arbre » plus tard.

On parle aussi de faire sauter un banc du parc, mais l'idée est vite abandonnée. Les décorateurs rappellent que les bancs sont loués, et qu'en faire sauter un sera coûteux. Cela n'en vaut probablement pas la peine, sauf nécessité absolue.

Les membres de l'équipe avec un cheval à bascule qu'ils ont construit pour la fille de Gillian Anderson, Piper.

La petite troupe rentre au studio aux alentours de dix-neuf heures trente, environ huit heures après en être partie. Sur un plateau voisin, Bowman est en train de diriger les vedettes, David Duchovny et Gillian Anderson, et de tenter de maintenir l'enthousiasme général, malgré la longue soirée de travail qui s'annonce. Le tournage est souvent une phase ennuyeuse, entrecoupée de longs moments d'oisiveté consacrés à la préparation de chaque scène. Les deux vedettes interprètent une scène chargée de tension devant un ascenseur qui n'en a que l'apparence : derrière la paroi du décor, un technicien fait coulisser une porte de bois pour la refermer et simuler l'effet. « Parfait ! » clame Bowman à la fin de la scène. Il a suivi le tournage sur un écran de contrôle et décerne à Duchovny le sobriquet de : « Prise Unique. »

Au bout du couloir, on découvre sur le même plateau un décor d'hôpital. En face, sur un autre plateau, trois hommes en vêtements noirs et masques d'argent attendent patiemment devant un gigantesque écran bleu d'être filmés pour des effets spéciaux qu'ajoutera Mat Beck par la suite.

Dehors, Piper, la fille d'Anderson, née en septembre 1994, joue avec divers membres de l'équipe dont son père, Clyde Klotz, l'assistant décorateur, qui vient juste de rentrer de l'expédition de reconnaissance. Piper a les yeux très clairs de sa mère et s'amusera plus tard avec Blue, le chien de Duchovny (toujours aux côtés de celui-ci, sur le plateau). Chacun semble de la même façon fasciné et légèrement intrigué par l'autre. *Aux frontières du réel* est bel et bien une affaire de famille, ainsi que le prouvera encore le lendemain matin l'arrivée de Goodwin dans les bureaux de la production, en compagnie de son fils de dix ans et d'un de ses petits camarades. Ce dernier récoltera les autographes de tous ceux dont la présence a été requise par le scénario de la semaine en cours.

Le lendemain, veille de début de tournage pour l'épisode en préparation. La journée commence par ce qu'on appelle la réunion d'ambiance. Carter, le scénariste et le metteur en scène passent en revue chaque détail de l'épisode. À onze heures vient le tour d'une réunion de production plus exhaustive, toujours tenue le dernier jour de la préparation d'un épisode donné. L'équipe complète associée à l'épisode s'entasse dans la salle de conférences.

Carter, Manners, Goodwin et Gordon sont assis à un bout de la pièce, tandis que Stefoff, l'assistant metteur en scène, passe en revue les cinquante-deux scènes du script de Gordon (un exemplaire fraîchement révisé, imprimé sur pages roses, est posé sur la table ; certaines scènes ont été supprimées pour des raisons de temps), en récapitulant la liste des accessoires et des effets spéciaux nécessaires. C'est un travail collectif, auquel chaque département de production apporte sa contribution.

Là encore, l'attention portée à chaque détail, motivée par le perfectionnisme de Carter, est remarquable. On demande aux costumiers de rétrécir et de délaver des T-shirts pour l'acteur invité principal, qui n'arrivera de Los Angeles que le soir même, à vingt et une heures. Les décorateurs ont conçu une série de dessins complexes pour situer les décors et l'action. Certains sont d'une tridimensionnalité impressionnante. « Pas de doute, nous sommes bien dans les années quatre-vingt-dix », constate Manners en feuilletant la liasse.

Q: Dans quel épisode Scully fait-elle pour la première fois usage de son arme ?

R: Scully tire un coup de feu pour arrêter le moteur d'un ventilateur dans « Un fantôme dans l'ordinateur ».

Le sujet de discussion suivant aborde le tempérament des vaches, avec quelques inquiétudes sur le degré de coopération qu'on peut espérer de la part de ces ruminants. Trois vachers participeront au tournage, mais, selon Manners : « Si les bêtes commencent à divaguer, on a des problèmes : il faudra attendre qu'elles daignent revenir. »

Un autre sujet de discussion porte sur une carcasse de vache acquise pour une scène particulière : le méchant, capable de commander à la foudre, transforme le bovidé en barbecue. Carter assure que le cadavre ne sera pas gaspillé et qu'on trouvera moyen de l'employer. On s'est également procuré deux vaches mortes factices. Au vu des dépenses, Carter se demande s'il n'aurait pas mieux valu employer « deux types déguisés en vache ».

Dans une scène ultérieure, il faut se débarrasser de la carcasse de la vache. Gordon, un enfant des villes, de New York en fait, s'est sérieusement documenté sur le sujet et a passé un coup de téléphone en Oklahoma pour savoir comment on se débarrasse vraiment des vaches mortes, de façon que la scène soit aussi réaliste que possible. À l'aide d'un treuil, on hisse le ruminant sur une remorque de camion. Faisant allusion au mini-problème du hamburger, Carter suggère autre chose : « Et si on employait un camion frappé du logo McDonald's ? » Sa plaisanterie fait rire tout le monde dans la pièce.

Après quelques débats, on décide aussi de faire se dégager du personnage frappé par la foudre de légères volutes de fumée. On garantit aux costumiers que l'éclair n'abîmera pas les vêtements, mais qu'il faudra enduire la chemise d'un des acteurs avec un produit spécial, pour l'ignifuger. Carter décide également de mettre à contribution la machine à foudre de Gauthier pour donner plus d'ampleur à une autre scène. « Autant mettre toutes nos armes en batterie et donner visuellement de la pêche à la scène », dit-il.

Manners s'intéresse de près à un hôpital psychiatrique où se déroulera la dernière scène. Le chef décorateur assure que le décor ne ressemblera pas trop à celui de l'épisode « Ombre mortelle », en deuxième saison, qui se terminait sur la détention d'un personnage dans des lieux comparables. En dépit de la pression qui lui demande de produire des épisodes, l'équipe d'*Aux frontières du réel* combat tout ce qui pourrait ressembler à une redite, et recherche l'originalité en permanence.

La réunion dure quatre-vingt-dix minutes. Lorsque le personnel se disperse pour s'occuper des tâches assignées, Finn annonce aux chefs des différents départements qu'il veut avoir leurs devis avant quinze heures – dans deux heures et demie à peine.

Pendant ce temps, sur le plateau numéro deux, le chef éclairagiste John Bartley, un Néo-Zélandais qui pourrait aisément passer pour un universitaire distingué, met en place les prises de vues pour la scène du Syndicat, où l'Homme à la cigarette et ses ténébreux acolytes font session dans les premiers épisodes de la troisième saison. C'est un décor impressionnant, avec ses murs d'un vert mélancolique et des éléments peints qui imitent à la perfection des boiseries précieuses et des tables de marbre – « un club pour gentlemen louches », selon l'expression employée par un des membres de l'équipe. La caméra est installée sur un chariot, de façon à pouvoir tourner autour du trio. Quatre fauteuils en velours sont disposés au centre et des membres de l'équipe (dont l'assistant metteur en scène Tom Braidwood, acteur à mi-temps) occupent la place des acteurs. Une odeur de moisi, légèrement écœurante, flotte sur le plateau, sortie d'un énorme tuyau métallique qui crache de la fumée afin d'ajouter à l'ambiance. Pourtant, cela ne semble pas affecter les acteurs et les figurants. L'appel a été repoussé de deux heures, et ils ont du temps à tuer, ce qu'ils font en se sustentant autour d'un buffet froid : rôti, sandwiches et amuse-gueule divers.

Peu de temps après, Duchovny et Anderson arrivent. Ils profitent de quelques minutes de calme, tandis que Piper s'ébat à côté dans une petite baignoire rouge, sous l'œil vigilant de sa nounou. L'équipe fera une pause vers dix-huit heures trente pour « déjeuner », alimentée en hamburgers et boissons par une fourgonnette de traiteur, tandis que tout le monde échange des plaisanteries, avant de se rassembler à nouveau pour la nuit de travail. Bien qu'il n'apparaisse pas dans les scènes de la journée, l'acteur Mitch Pileggi (qui suscite un trouble manifeste chez les dames de l'équipe) apparaît à son tour pour regarder les rushes, c'est-à-dire la pellicule brute du tournage d'une scène de bagarre où il apparaît, dans des prises filmées quelques jours plus tôt.

À présent, il est temps de répéter la scène avec les Lone Gunmen, sur un plateau complexe qui fourmille de détails cocasses rajoutés par les décorateurs, mais qui seront quasiment invisibles à l'écran lors de la diffusion de l'épisode : citons entre autres un classeur dont les tiroirs sont étiquetés de haut en bas « Waco », « Pol Pot », « Cuba » et autres, et un nouvel économiseur d'écran Richard Nixon pour l'ordinateur. Blue, qui est en partie colley, observe discrètement des coulisses, tandis que son maître travaille. Les membres de l'équipe la gratifient de temps en temps d'une caresse.

Bowman doit diriger cinq acteurs (Anderson, Duchovny, et les Gunmen : Dean Haglund, Bruce Harwood et Braidwood) dans un espace relativement restreint, si bien que la mise en scène devient une considération primordiale. Après que Bowman les a arrangés d'une façon, Duchovny suggère une autre disposition. On testera plusieurs idées. Les répétitions commencent. Tout le monde paraît encore un peu groggy et l'ambiance est détendue. Haglund appelle plusieurs fois un nazi Kempler au lieu de Klemper, Duchovny a du mal à se retenir de rire chaque fois que Braidwood (qui lui arrive à peu près au menton) s'approche de lui, tandis que

Frohike est censé paraître soulagé d'apprendre que Mulder est vivant, après les événements sur lesquels s'achevait la deuxième saison. « Tu as vu le *Star Trek* où Spock croit que Kirk est mort ? lui dit Duchnovy, pince-sans-rire comme toujours. Eh bien, tu fais la même chose. »

Finalement, le tournage ne se terminera qu'à presque deux heures du matin. Mais pour l'instant, on renvoie les acteurs de façon à mettre la caméra en place et à régler les éclairages. Comme d'habitude, tous se retrouvent avec du temps devant eux et une nouvelle longue nuit de travail en perspective, s'ils veulent atteindre leur but et faire la meilleure série possible.

dossiers secrets

David Duchovny
(Fox Mulder)

Avec sa formation, David Duchovny apprécierait sans doute une référence un peu littéraire pour décrire son parcours de carrière jusqu'ici. Peut-être pourrait-on dire que les voies du Seigneur sont impénétrables.

Pour avoir fait le saut d'une carrière d'enseignant à celle d'acteur, ce grand New-Yorkais de souche est passé des lauriers universitaires à ceux que l'on peut piétiner quand on garde le nez en l'air pour observer des objets qui ne seront ajoutés que bien plus tard avec des graphismes synthétisés sur ordinateur.

Son rôle principal dans *Aux frontières du réel* semble désormais lui promettre une carrière brillante dans les films de cinéma à gros budget. Mais là aussi, ce n'est pas la route qu'on aurait pensé le voir suivre initialement. Sa carrière d'acteur avait commencé à démarrer, avec des films comme *Dernier Sacrifice* (*The Rapture*, Michael Tolkin, 1991), *Chaplin* (*id.*, Richard Attenborough, 1992), puis avec un rôle principal face à Brad Pitt et Juliette Lewis dans *Kalifornia* (*id.*, Dominic Sena, 1993). Duchovny se croyait lancé. Par conséquent, l'idée de faire une série télévisée ne le stimulait guère. « C'est comme pour un concours hippique », explique-t-il. Il est habillé d'une chemise d'ouvrier, de boots et d'un jean, devant sa caravane, sur le tournage d'*Aux frontières du réel* à Vancouver, pendant une pause. « Au départ, il y a une quinzaine d'acteurs qui vont devenir le prochain grand nom. À l'arrivée, il n'en reste que trois. Cela dit, je gagnais ma vie. J'aurais eu ma chance tôt ou tard. »

Cette chance, Duchovny était prêt à l'attendre patiemment. Il avait tourné dans des films intéressants et il savait qu'un succès – n'importe lequel – le ferait passer à un niveau supérieur dans l'échelle des acteurs. C'est ainsi que ça se passe, à Hollywood. « J'ai toujours eu la ferme conviction que les choses tourneraient bien pour moi. Je ne sais pas pourquoi. Et voilà que mon agent, qui était d'accord avec moi pour penser que je ne devais pas faire de télévision, me fait passer le script d'*Aux frontières du réel*, parce qu'elle trouvait le scénario vraiment excellent. Elle lit tous les pilotes, et c'est le seul qu'elle m'ait transmis. »

Les épisodes favoris de Duchovny sont « Duane Barry », première partie et « Coma ».

Duchovny se souvient d'avoir pensé qu'il pouvait tourner le pilote – se faire payer à peu près un mois de villégiature à Vancouver – avant de repartir s'occuper du film suivant. En plein milieu d'une nouvelle journée de travail de douze ou quatorze heures, il ne peut que hausser les épaules devant l'ironie de la situation, avant d'ajouter, avec un sourire malicieux : « Ça ne s'est pas déroulé exactement comme prévu. »

Effectivement. Au risque d'abuser de la métaphore, on dira que Duchovny a doublé pas mal des pur-sang de la course, si le nombre d'acteurs qui se sont servis de leur carrière à la télévision comme tremplin vers le cinéma est une bonne indication. Avec sa tendance à l'introspection, cependant, Duchovny sent bien les espoirs qui pèsent sur lui. Il porte le manteau de star avec réticence, après avoir découvert qu'une célébrité rapide n'est pas sans conséquences négatives sur le plan personnel.

Avant toute chose, son accord pour jouer dans *Aux frontières du réel* a donné à l'acteur des défis qu'il ne s'attendait pas à devoir relever, sur le seul plan de la charge de travail. « La première année a été la plus dure, simplement parce que je n'avais jamais eu ce genre d'emploi du temps. La première année, j'ai cherché à survivre – est-ce que physiquement j'allais y arriver ? J'imagine que les triathlètes ressentent ça. Au début, on ne pense qu'à finir, mais au bout d'un moment, on cherche à apprécier l'instant qui passe.

» Souvent, la première année, je rentrais chez moi et je me disais : C'est plus possible. Je ne peux plus y retourner. »

Et bien que la situation ne se soit guère allégée au cours de la deuxième saison, en particulier lorsque la grossesse de sa covedette Gillian Anderson a forcé Duchovny à endosser pendant quelque temps une plus importante part de responsabilités, l'acteur a jugé que les décisions artistiques sur la série soulageaient sa charge. « L'année dernière, je crois que le travail était nettement meilleur. Ça a représenté un encouragement. »

Critique sans complaisance, Duchovny juge que la première saison a présenté quelques bons épisodes et il a apprécié de faire des choses différentes de ce qu'on pouvait voir dans les autres séries. Quant à sa propre participation, il estime qu'il était « parfois plutôt content de ce que j'avais fait ».

Par contraste, durant la deuxième saison, il pense sincèrement que « nous sommes devenus la meilleure série à l'écran ». Il se dit heureux que la série ait survécu pour que les acteurs, les scénaristes et les metteurs en scène aient l'occasion de mûrir ensemble. La troisième saison sera d'un calibre comparable, prédit-il, avant d'ajouter, toujours sarcastique : « Ensuite, on retombera dans la médiocrité. »

En fait, quand on voit comment Duchovny et Chris Carter, le producteur exécutif, abordent la situation, la médiocrité ne semble pas être dans les cartes. Le vedettariat a ses avantages, et Duchovny a pu apposer sa marque artistique sur la série, en suggérant des scénarios et en apportant sa pierre à la mythologie d'*Aux frontières du réel*. Ni Carter (qui est devenu un ami personnel de Duchovny, quelqu'un dont l'acteur dit qu'il continuerait « à le voir, même si je ne travaillais pas avec lui ») ni personne sur le plateau ne prend à la légère les idées, ou l'état d'esprit, de Duchovny. Il dit de Carter : « C'est un producteur merveilleux, très réceptif à mes idées. C'est comme ça que je définis un producteur merveilleux », ajoute-t-il avec le plus grand sérieux.

Quant à leurs relations professionnelles, Duchovny déclare : « Nous cherchons tous deux à faire la meilleure série possible, et donc nous ne discutons pas. Nous savons tous les deux que nous travaillons aussi dur que nous pouvons pour faire de cette série une grande série. »

Un des buts de Duchovny a été de donner plus de vie au personnage de Fox Mulder (lequel, se hâte-t-il de rappeler, a commencé par être flou, ce qui était normal) de façon à davantage apprécier le rôle en tant qu'acteur. « Avoir la possibilité de guider le destin de ce personnage a vraiment été une expérience passionnante, très enrichissante, explique-t-il. Parce que le personnage n'avait aucune destinée. Comme dans n'importe quelle série, on est forcé tôt ou tard d'inventer une histoire pour un personnage qui en est dépourvu. »

Une fois qu'*Aux frontières du réel* a eu survécu aux premiers stades de sélection par l'Audimat et que Carter et lui ont compris que la série allait durer un moment, « il

Q: Que portait Duchovny lorsqu'il a auditionné pour le rôle de Fox Mulder ?

R: Selon Chris Carter, David portait une « cravate constellée de cochons roses ». D'ordinaire, pourtant, il évite les cravates, et s'est même présenté à une cérémonie de remise de prix sans en porter.

est devenu important pour moi, en tant qu'acteur, explique Duchovny, de rendre cette histoire aussi intéressante que possible ».

L'épisode de fin de deuxième saison, « Anasazi », et les révélations qu'il apporte sur la famille de Mulder, révélations développées au cours des deux premiers épisodes de la troisième saison, offrent de tels grands moments de mythe, en explorant le personnage de Mulder, son histoire, et le rôle qu'a joué son père dans des expériences sur les extraterrestres. Ces épisodes jettent également un nouvel éclairage sur l'enlèvement de la sœur de Mulder, Samantha, un moteur capital pour la psychologie du personnage. Pour Duchovny, on retrouve également ce genre de résonances mythiques au cinéma, dans des films comme *La Guerre des étoiles* ou *Les Aventuriers de l'arche perdue*.

Il assure que ces épisodes, associés à des histoires antérieures, ont « donné naissance chez ce personnage à une mythologie unique à la télévision, et je suis très fier de ça – d'avoir été assez lucide pour dire à Chris : "Écoute, j'ai quelques idées, je veux participer à la création de ce mythe." »

Duchovny est d'avis que la grossesse et la brève absence d'Anderson ont involontairement contribué à cette résonance émotionnelle. Quand Mulder la cherchait, on percevait l'écho de ce qu'il avait pu ressentir en perdant sa sœur, tandis que l'enlèvement de Scully a donné à celle-ci une expérience utile. Tout cela, pour Duchovny, a fourni « des matériaux bruts qui serviront à l'avenir ».

S'il faut en croire l'acteur, la densité de ces épisodes leur a fait surmonter « une espèce de formule répétitive vers laquelle nous dérivions au milieu de l'année dernière » avec les épisodes isolés traitant des monstres et/ou des phénomènes paranormaux qui pouvaient venir à l'idée des scénaristes. Pour ces épisodes-là, assure Duchovny, *Aux frontières du réel* était « peut-être une série intéressante, peut-être meilleure que la plupart des autres… mais pour un acteur, ce n'était pas aussi stimulant à interpréter ».

Désormais, la série peut alterner, plonger dans sa mythologie puis en émerger pour des épisodes plus courants, isolés. « C'est trop intense, on pourrait sombrer dans le mélodrame », dit Duchovny du besoin de séparer les segments mythologiques. Il ajoute que les producteurs ont atteint « un équilibre satisfaisant entre les deux, désormais ».

Apparemment aussi perfectionniste que Carter, Duchovny reconnaît qu'il se hérisse parfois quand on lui présente une avalanche de dialogues en galimatias, ces scènes où Mulder se lance dans des explications remar-

Q: Quel est le numéro de l'appartement de Mulder ?

R: 42.

quablement détaillées d'événements ou de séries d'événements appartenant au passé. « Au début, ça m'était presque impossible à dire ; à un niveau musculaire, pratiquement, dit-il. On essaie de rendre ça intéressant, au niveau du jeu... [Mais] parfois, il faut se contenter de retenir toute cette merde avant de la recracher. »

Duchovny avoue qu'il a craint parfois que ces exercices de narration plus longs ne deviennent « la petite histoire que raconte Fox Mulder pour endormir les enfants sages », et il demande à l'occasion aux scénaristes : « Est-ce qu'on ne pourrait pas mieux raconter cette histoire ? » Il reconnaît également que mettre au point l'équivalent d'un film par semaine, dans les délais dont ils disposent, n'est pas chose facile, et qu'il comprend bien, parfois, la nécessité de tels monologues d'exposition. Par conséquent, Duchovny a prévenu les scénaristes. Il se débrouillera avec ces discours, « mais vous avez intérêt à me filer une belle scène par la suite, pour me dédommager ! »

Duchovny peut faire preuve de la même franchise en décrivant ses impressions sur la notoriété, quand on sait qu'Internet flamboie comme un sapin de Noël chaque fois qu'il retire sa chemise, et que les gens le regardent parfois bouche bée ou hurlent « Mulder ! » en le voyant se promener dans la rue. « La célébrité n'est pas drôle », déclare-t-il carrément.

« Elle n'a vraiment aucun avantage. La célébrité, c'est être connu. Et être connu n'a rien de drôle. J'imagine que ça peut l'être quand on est connu pour avoir fait quelque chose de bien, ou quelque chose qui vaille la peine d'être retenu. Malheureusement le genre de célébrité que la télé vous apporte est assez monochrome. »

C'est de toute évidence un sujet auquel Duchovny a beaucoup réfléchi, à la fois pour lui-même et pour les autres. Il décrit par exemple Brad Pitt, sa covedette de *Kalifornia,* comme un type réservé, et suppose que ses fréquentes apparitions dans la presse à scandale ont dû lui être pénibles.

« Je sais bien que ça fait partie d'un tout, reconnaît-il, mais on a parfois du mal à goûter la plaisanterie quand on essaie simplement de vivre sa vie, qu'on n'a pas envie de voir les gens ricaner ou vous montrer du doigt. Dans la culture où nous vivons, tout le monde recherche la gloire, tout le monde voudrait être célèbre. Tant qu'à être célèbre, je préférerais que ce soit pour un motif valable. (Un haussement d'épaules résigné et il ajoute :) Je ne crois pas avoir le choix, au point où j'en suis. »

Le niveau de tolérance de Duchovny envers la célébrité reste bas. Si on lui demande ce qui est le plus pénible quand on vit sous l'œilleton du microscope, il répond

Q: Quelle a été la première affaire dont Mulder se soit occupé en arrivant au FBI ?

R: Il a mené l'enquête sur le réseau de cambriolage dirigé par John Barnett, qu'il a arrêté et a aidé à faire condamner (« Vengeance d'outre-tombe »). Barnett est « mort » en prison le 16 septembre 1989.

simplement : « On n'a pas le droit de faire des bêtises, de se conduire comme un idiot. On doit tout calculer, c'est horrible. On a envie de faire quelque chose, et on commence à se dire : "Je peux faire ça ? Personne ne regarde ?" C'est comme d'être catholique », ajoute-t-il pour plaisanter.

Non que l'expérience acquise sur *Aux frontières du réel* soit un fardeau. Loin de là. « C'est merveilleux, ça me garantit la sécurité financière », tout en lui offrant la possibilité, dit-il, de faire des films de cinéma intéressants, soit après la fin de la série, soit pendant ses périodes de congé. Même si rien n'a été planifié, il aura peut-être l'occasion de tourner un film, à condition de trouver le scénario qui lui convient, pendant la pause qui suivra la saison 1995-1996. « Il y aura assez de temps, mais il faut que tout se déroule parfaitement. »

Hormis les côtés négatifs de la célébrité, tout s'est déroulé, sinon parfaitement, du moins plutôt bien, pour Duchovny. Après tout, y a-t-il beaucoup de gens qui peuvent amener leur chien au travail avec eux ? Blue, une chienne bâtarde bien élevée, mâtinée de colley, se trouve presque constamment aux côtés de son maître et elle se plaint moins souvent que lui. « Elle est surexcitée, tous les matins, au moment de prendre la voiture... nettement plus que moi. Pour elle, c'est sa meute, ici. »

Il a même eu l'occasion de figurer dans sa série TV favorite (enfin, après *The X-Files*), le *Larry Sanders Show*, sur HBO. Il n'a exigé qu'une chose : y jouer le rôle d'un parfait sale type.

Le sens de l'humour de Duchovny est assez proche de celui des répliques que lance Mulder, ce qui s'explique parfois par le fait qu'il est souvent surpris d'être là et de faire ce qu'il fait. Né un 7 août, Duchovny était un enfant tellement sage quand il grandissait à Manhattan que son frère Danny, son aîné de quatre ans, prenait un malin plaisir à raconter à tous ses camarades que David était « retardé ». Duchovny, qui a également une sœur plus jeune, rit en se remémorant les commentaires de son frère. Quand on lui demande ce que fait Danny, il rétorque avec le plus grand sérieux qu'il « s'occupe d'enfants handicapés ». (En réalité, son frère a réussi dans une carrière de directeur commercial.)

Duchovny reconnaît qu'il était un adolescent timide, qu'il sortait peu avec les filles, au lycée. Ses parents ont divorcé alors qu'il avait onze ans et Duchovny a déclaré dans plusieurs interviews que c'est pour cela qu'il a résolu de réussir ses études et sa personnalité en général, qu'on pourrait parfois trouver un peu distante. Quant aux autres piques de son frère, Duchovny était en fait un élève exceptionnel et un athlète-né, qui jouait au base-ball et au

Q: À quel jeu de société jouaient Mulder et sa sœur, quand celle-ci fut enlevée?

R: Au Stratego (les échecs, dans la version française).

Q: Puisque David écrit des poèmes, qui sont ses auteurs préférés?

R: Il a évoqué John Ashbery, Wallace Stegner et tout particulièrement Charles Bukowski; il a adapté une nouvelle de Bukowski pour une pièce off-Broadway.

basket. Carter et lui ont d'ailleurs été partenaires de squash, à l'occasion, jusqu'à ce que le producteur ait dû abandonner à la suite d'une élongation d'un muscle de la jambe.

Après avoir suivi les cours d'un lycée pour garçons, en compagnie de gens comme John F. Kennedy Jr., et les acteurs Zach Galligan (*Gremlins*) et Jason Beghe (qui tient un rôle dans l'épisode « Quand vient la nuit »), la carrière scolaire de Duchovny l'a conduit jusqu'à l'université de Princeton, où il a joué au base-ball et s'est retrouvé pendant un an dans l'équipe de basket de l'école – un talent qu'il a démontré face à Wirth en personne, dans l'épisode pilote de *Fantasmes* (*Red Shoe Diaries*). De là, il a gagné Yale, décroché une maîtrise en littérature anglaise et a commencé dans l'enseignement. Il continue à lire beaucoup, réservant ses faveurs à des auteurs comme Norman Mailer et Thomas Pynchon. Parmi ses distractions, en plus du yoga et du basket, a pendant un temps figuré la lecture de ses poésies dans des clubs – une activité pour laquelle son emploi du temps surchargé ne lui laisse plus guère de loisir.

Duchovny a débuté dans la carrière d'acteur un peu par plaisanterie. Il a suivi un cours d'art dramatique pour se documenter pendant qu'il écrivait un scénario. Beghe, son meilleur ami depuis le lycée, s'était lancé dans ce domaine et réussit à le persuader de passer une audition pour une publicité, afin d'arrondir ses fins de mois. Tous deux avaient travaillé comme barmen à l'occasion ; il y a donc une certaine justice au fait que le spot publicitaire que Duchovny a fini par décrocher ait vanté les mérites de la bière Löwenbrau.

En 1987, alors qu'il allait obtenir son doctorat d'anglais à Yale (son sujet de thèse était : *Magie et technologie dans la poésie et la prose contemporaines*), Duchovny commença à s'intéresser réellement à l'art dramatique – un choix qui allait avoir des répercussions non seulement sur Duchovny, mais aussi sur des milliers de surfeurs au long des autoroutes de l'information.

« Je n'ai jamais réellement eu de décision à prendre, déclare Duchovny en regardant son parcours. Je faisais deux choses à la fois » – enseigner tout en travaillant à son doctorat et à son métier d'acteur – « et je suppose que j'ai tout d'un coup compris que je n'avais pas envie de devenir prof. »

Duchovny partit s'installer à New York, mais sans obtenir beaucoup de travail pendant les premières années. « Ce fut probablement la période la plus difficile de ma vie », avoue-t-il. Il remettait en question à la fois les motifs qui l'avaient poussé à devenir acteur et ses capacités à l'être.

Il finit par apparaître dans des pièces off-Broadway, donc des petites productions, et a tenu de petits rôles

Q: Qui est « Danny » ?

R: Depuis les débuts d'*Aux frontières du réel*, Mulder puis Scully passent des coups de téléphone à un mystérieux « Danny », encore jamais vu à l'écran. Danny Valodella est un membre omniscient et très serviable du FBI, qu'on peut acheter (avec un des tickets de Mulder pour un match des Redskins de Washington) afin d'accélérer les recherches sur les plaques d'immatriculation, les enquêtes sur les dossiers d'adoption et autres services. Interrogé un jour sur le sujet, Chris Carter a répondu : « Danny est un petit lutin qui vit dans le tiroir du bureau de Mulder. »

dans des films comme *Working Girl* (*id.,* Mike Nichols, 1988) et *New Year's Day* (*id.,* Henry Jaglom, 1989) avant de se voir offrir le rôle d'un agent travesti du FBI, Dennis/Denise Bryson dans la deuxième (et dernière) saison de *Twin Peaks.* Certes, le bon sens aurait déconseillé à un jeune premier romantique d'aller à la rencontre du public de la télévision vêtu d'une robe et de talons hauts, mais Duchovny déclare que de telles considérations ne l'ont jamais beaucoup inquiété. « Pour briser ma carrière, à l'époque, il aurait fallu que j'en aie une. »

« C'était un rôle tellement épatant dans une série tellement épatante, même si elle était sur le déclin, que tout le monde était ravi que j'aie décroché le rôle. Ma seule inquiétude, c'était de ne pas savoir comment le jouer, comment m'y préparer. »

Duchovny a également joué dans le téléfilm *Red Shoe Diaries,* qui lui a valu le rôle récurrent du narrateur dans la série anthologie érotique *Fantasmes* de Zalman King. « Je ne savais pas où elle allait, mais le pilote était bon. J'en suis fier. C'est là que j'ai commencé à savoir quelle direction je voulais prendre. »

De la même façon, tous les films auxquels Duchovny a participé ont été des films originaux, à défaut d'avoir été des succès commerciaux. On relève un rôle face à Mimi Rogers dans un film singulier et troublant de Michael Tolkin, *Dernier Sacrifice* ; un autre, en call-boy, dans *Julia a deux amants* (*Julia Has Two Lovers,* Bashar Shbib, 1991) ; et un emploi de confident du personnage-titre dans *Chaplin.* Dans un registre plus léger, Duchovny a interprété un machiavélique yuppie pour la comédie tous publics *Beethoven* (*id.,* Brian Levant, 1992).

Selon Duchovny, *Fantasmes* a eu une influence déterminante en lui permettant de présenter une facette différente de ses capacités. De plus, il a commencé à trouver ses marques dans le métier d'acteur ; avant cela, il décrit *Dernier Sacrifice* comme un tournage difficile et *Twin Peaks* comme une expérience comparable à aucune autre. Après être apparu dans des films à petit budget qui ne réclamaient de lui rien d'extraordinaire, *Fantasmes* lui a enfin offert un premier rôle. « Savoir que j'en étais capable a beaucoup compté. »

À sa façon habituelle, Duchovny serait probablement le premier à dire que l'emploi du temps lié à une production comme *Aux frontières du réel* est écrasant, frustrant parfois, mais sa foi en la série et son engagement pour sa qualité le motivent, quand bien même il aimerait maugréer des critiques sur les dialogues imprononçables et le rythme épuisant du tournage. Comme il le dit, avec son don de la périphrase : « On s'épuise tout autant à faire une mauvaise série. »

Q: Comment David Duchovny a-t-il rencontré sa compagne ?

R: Il voulait acheter un costume (le premier depuis des années) et a demandé à Perrey Reeves, qui venait d'entrer pour s'acheter des sous-vêtements, quel costume elle préférait: le gris ou le bleu ? Elle lui conseilla d'acheter les deux.

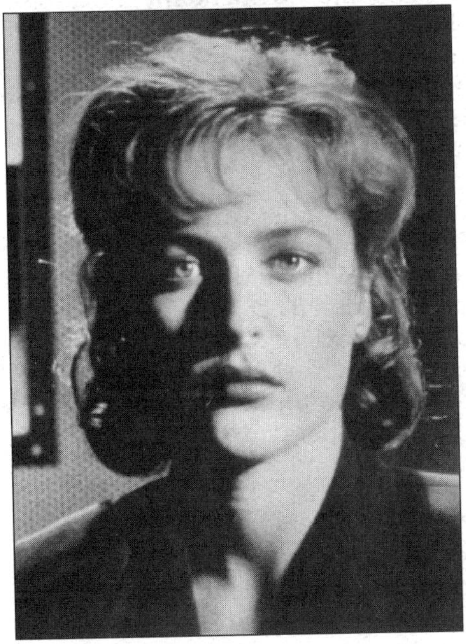

Gillian Anderson
(Dana Scully)

Gillian Anderson a suivi son propre chemin et, la plupart du temps, sans le secours d'un plan du territoire.

Son travail sur *Aux frontières du réel* a non seulement changé sa carrière professionnelle (même si décrocher ce rôle a été, de toute évidence, une de ces chances comme on n'en rencontre qu'une fois dans sa vie), mais également toute son existence, d'une façon qu'elle n'aurait jamais pu imaginer à l'époque.

C'est aussi l'histoire d'une réussite impressionnante, racontée par quelqu'un qui commence juste à assimiler la vague d'événements qui l'a fait passer du stade où elle se préparait à reprendre son emploi de serveuse à celui de la gloire télévisuelle.

« À l'époque, ça m'a paru très long, dit-elle. Ce n'est qu'en me remémorant ce qui s'est passé et en lisant le parcours que d'autres ont dû faire que je comprends l'ampleur de ma chance. »

L'odyssée d'Anderson, née un 9 août à Chicago, a commencé quand elle a décidé de passer une audition pour un spectacle de classe, pendant ses années de lycée, à Grand Rapids, dans le Michigan. Elle avait déjà pas mal voyagé, à l'époque. Après sa naissance, sa famille était partie s'installer à Porto Rico, puis à Londres, où elle devait vivre les neuf années suivantes. Les Anderson (le père, Edward, dirige une petite compagnie

Quand elle est venue s'installer à Vancouver, Gillian Anderson a vécu dans un appartement qui était la propriété de Steven Williams, le futur énigmatique Mr. X, lorsqu'il vivait en ville et qu'il était une des vedettes de la série *21 Jump Street*.

Q: Pour quelle mode Gillian Anderson avait-elle opté, quand elle était plus jeune?

R: Elle portait un anneau dans le nez et, pendant un certain temps, s'était teint les cheveux en bleu, mauve et noir.

de mixage de films et la mère, Rosemary, est analyste en informatique) rentrèrent aux États-Unis pour se fixer à Grand Rapids. Gillian, l'aînée de trois enfants, avait onze ans.

De tempérament assez fantasque pendant son adolescence, Anderson aspirait cependant à une carrière scientifique, avant d'être atteinte au lycée par le virus du théâtre. « Je ne sais pas vraiment comment s'est opérée la transition entre ma vocation d'archéologue ou de spécialiste en biologie marine, et ma décision d'être actrice, mais c'est arrivé tout d'un coup », dit-elle.

Anderson revint à Chicago étudier l'art dramatique à la Goodman Theater School de l'Université DePaul, où des agents new-yorkais de chez Wiliam Morris la remarquèrent au cours d'une présentation d'acteurs. Ils lui offrirent de la représenter dans une carrière d'actrice, à condition qu'elle vienne s'installer à New York. Peu après, elle chargeait ses possessions dans sa voiture et partait vivre dans la Grosse Pomme. Elle avait vingt-deux ans.

Travaillant comme serveuse pour vivre, Anderson eut sa première chance quand l'actrice Mary-Louise Parker quitta la pièce off-Broadway *Absent Friends* après deux semaines de répétition pour accepter un rôle dans le film *Grand Canyon.* Les producteurs devaient remplacer Parker de toute urgence. Anderson finit par obtenir le rôle, et remporta à terme un Theatre World Award pour son interprétation.

Tenant deux emplois de serveuse après ce qu'elle qualifie avec modestie de « petit succès » dans *Absent Friends,* l'actrice continua à courir les auditions et, après une décourageante période creuse, se vit offrir trois rôles différents le même jour : une nouvelle pièce off-Broadway ; un film à petit budget qui finit par s'appeler *The Turning* (L. A. Puopolo, 1992) et dont les vedettes étaient Tess Harper et Karen Allen ; et *The Philanthropist,* une pièce de Christopher Hampton (auteur de l'adaptation théâtrale des *Liaisons dangereuses*) qui devait se jouer dans un théâtre de New Haven, dans le Connecticut.

La pièce à New York créait des conflits d'emploi du temps avec d'autres projets, et Anderson opta pour un échange : deux contre un. Elle accepta les deux autres rôles, tourna le film puis joua dans *The Philanthropist.* En fin de compte, la pièce la mena jusqu'à Los Angeles, après une relation avec un autre acteur de la pièce qu'elle suivit sur la côte Ouest, pour finir par vivre avec lui. « Je ne sais pas si je serais sur *Aux frontières du réel* sans ces décisions-là », se demande-t-elle.

Toujours déterminée à faire carrière au cinéma, Anderson dut affronter des frustrations considérables à son arrivée dans La Mecque du cinéma. « J'avais commencé par jurer que je ne m'installerais jamais à Los Angeles, reconnaît-elle. Lorsque je l'ai fait, je me suis juré de ne jamais tourner pour la télévision. C'est seulement au bout de presque un an de chômage que j'ai commencé à me rendre [à des auditions] sur des projets pour lesquels je priais qu'on ne me retienne pas, parce que je ne voulais pas y tremper. »

Malgré ce qu'elle qualifie maintenant de « préjugés très snobs sur la télévision par rapport au cinéma », Anderson lut le scénario du pilote d'*Aux frontières du réel* et se sentit immédiatement séduite à la fois par le personnage de Dana Scully et par ses relations avec le personnage de Fox Mulder.

En fait, *Aux frontières du réel* fut le seul pilote pour lequel elle passa une audition en 1993, sans bien savoir à l'époque ce que tout le processus pouvait entraîner. Elle dut même demander à son agent ce qu'était un pilote et ignorait complètement que chaque chaîne commande environ quatre fois plus de pilotes que de séries effectives. « Naïvement, j'avais supposé que la série allait suivre », dit-elle. Elle avait l'espoir d'obtenir le rôle, et pensait que tourner treize épisodes d'une série TV (le nombre que les chaînes commandent pour commencer) lui conférerait un statut plus prestigieux lors de futurs castings. Elle s'imaginait passer un an sur ce projet.

Anderson avait juste vingt-quatre ans, à l'époque, et le rôle de Scully – un docteur en médecine qui choisit d'entrer au FBI – était censé être celui d'une personne de vingt-neuf ou trente ans. Les agents de l'actrice trichèrent un peu et prétendirent qu'elle en avait vingt-sept.

Ne sachant pas trop si elle devait reprendre son emploi de serveuse, Anderson apprit qu'elle avait décroché le rôle, le jour où elle percevait son dernier chèque d'allocation chômage. Deux jours plus tard, elle prenait l'avion pour Vancouver, afin de commencer à tourner le pilote d'*Aux frontières du réel* – soulagée de retravailler, mais mal préparée à ce vers quoi cet avion l'entraînait.

« Je n'ai pas du tout prévu le succès que la série a remporté », avoue-t-elle. Elle n'avait jamais imaginé, même après la mise en route de la production, que la série dépasserait deux ou trois saisons. « Je me suis souvent demandé : " Où est-ce que j'ai mis les pieds ? " La première année a été la plus dure, à cause des horaires exténuants, du manque de sommeil et de la nécessité de tourner sans arrêt, jour après jour.

» Maintenant, mon corps et mon esprit s'y sont accoutumés, mais l'idée que nous puissions atteindre une cinquième ou sixième année continue à échapper à mon entendement. Je ne veux même pas y réfléchir, parce que je commence à paniquer », ajoute-t-elle en riant, après

Les épisodes favoris de Gillian Anderson sont « Le Message » et « Le Fétichiste ».

Q: Quel est le numéro de dossier de Dana Scully dans les archives de Mulder ?

R: Dans « Les Vampires », nous avons vu Mulder ouvrir un dossier d'affaire non classée, portant sur la disparition de sa collègue. Il glisse ses lunettes et son insigne dans la chemise qui porte le matricule X73317.

avoir pourtant négocié (tout comme David Duchovny) un contrat qui la lie au moins jusqu'à la fin de la cinquième saison.

Dans un conte de fées ou un film hollywoodien des années trente, l'histoire pourrait s'arrêter là. Mais les tribulations d'Anderson ne faisaient que débuter. En cours de production, elle commença à sortir avec Clyde Klotz, un des directeurs artistiques de la série. Tous deux se marièrent au cours de vacances à Hawaii, après s'être fréquentés pendant environ quatre mois. Lorsque Anderson découvrit qu'elle était enceinte, elle savait quelle décision elle voulait prendre, mais avoue « ne pas avoir envisagé toutes les conséquences que [sa] décision allait entraîner ».

Q: Quelle œuvre littéraire a inspiré les surnoms que se donnent Scully et son père ?

R: *Moby Dick*, de Herman Melville. Dana Scully appelle son père « Achab », comme le capitaine tyrannique qui poursuit la baleine blanche; lui appelle sa fille « Starbuck », comme le lieutenant compétent qui sert sous les ordres d'Achab.

Inquiète (pour avoir surpris des rumeurs) qu'on puisse exercer des pressions pour trouver une nouvelle actrice, Anderson se confia tout d'abord à Duchovny, puis au producteur exécutif, Chris Carter. On prit presque immédiatement la décision de continuer le tournage de telle façon que sa grossesse ne paraisse pas. Pourtant, plusieurs mois allaient s'écouler avant qu'elle n'ait le feu vert pour révéler sa condition au reste de l'équipe et à la presse.

Restreindre la participation d'Anderson sur la série n'était pas une mince affaire. À la différence des séries collectives, où un personnage peut se fondre dans le décor en laissant le reste de la distribution se répartir la charge, *Aux frontières du réel* est une série à deux personnages qui exige parfois de ses vedettes des journées de travail de quatorze ou seize heures, ne leur laissant qu'un demi-samedi et un demi-dimanche de congé.

Pourtant, Anderson força l'admiration de presque tous les membres de l'équipe à chaque niveau de la production en continuant à travailler selon un calendrier écrasant jusqu'à la semaine précédant un accouchement un peu tardif. La logistique des tournages, selon elle, a sans doute posé davantage de problèmes aux metteurs en scène et à leurs assistants, qui devaient décider quels angles de caméra employer pour masquer son évolution physique. Mais Anderson avoue que les derniers mois ont été une épreuve.

« J'avais les pieds qui gonflaient, j'étais éreintée, je dormais entre chaque prise », se souvient-elle. Elle se rappelle avec gratitude que les membres de l'équipe lui apportaient des cageots de pommes pour qu'elle puisse s'asseoir. « C'est quasiment devenu la grossesse de toute l'équipe, parce que tout le monde s'associait pour que ça marche. »

Piper, la fille d'Anderson, naquit en septembre 1994 par césarienne, un imprévu qui contraignit l'actrice à passer les six jours suivants à l'hôpital. Quatre jours plus tard, elle était de retour sur *Aux frontières du réel,* pour tourner les scènes de l'épisode « Coma ». Dans le scénario, Scully, après son enlèvement et sa disparition deux épisodes plus tôt dans « Duane Barry », deuxième partie, réapparaît de façon inexplicable dans un centre médical de Washington, plongée dans le coma, vêtue d'une tenue de malade, tandis que son défunt père et une mystérieuse infirmière exhortent son esprit (qui flotte dans une barque amarrée à peu de distance de la rive) à retourner parmi les vivants.

Bien que l'épisode ait été conçu pour limiter les exigences physiques qui lui étaient imposées, Anderson confesse que « ce fut probablement une de mes périodes les plus pénibles, parce que, en tant que jeune mère, votre cerveau est entièrement focalisé sur votre bébé, que vous le vouliez ou non ». Au lieu de cela, elle se retrouvait attachée sur un lit, et ne pouvait s'extraire d'un écheveau de tubes qu'avec les plus grandes difficultés. Il lui était donc impossible de se retrouver entre les prises auprès du bébé, et elle devait parfois rester couchée ainsi pendant des heures entières.

« Psychologiquement, c'était terrible. En même temps, je savais qu'il fallait que je le fasse pour eux. Pour me permettre de réaliser mon souhait, ils avaient pris pour moi des mesures tout à fait exceptionnelles. »

Malgré ses aspirations d'enfance à une carrière scientifique, l'actrice avoue qu'un des aspects les plus exigeants de son rôle porte sur le dialogue scientifique et médical qu'elle doit souvent prononcer. « Ce genre de texte est difficile à assimiler. Jusqu'à un certain point, on ne peut en saisir et en comprendre qu'une certaine partie, au jour le jour, et mémoriser les répliques. Ensuite, il faut se laisser porter et espérer que le travail de l'acteur saura rendre le dialogue crédible, et qu'on peut faire croire qu'on sait de quoi on parle. »

À cause de la nécessité de toujours avancer, elle ajoute : « On n'a pas le temps de se tracasser à apprendre les répliques par cœur. » De plus, Duchovny possède une véritable mémoire photographique, et donc Anderson s'astreint à rester à son niveau.

Malgré la maxime de la série : *Ne faites confiance à personne,* pour les acteurs, placer leur foi dans les producteurs assure un certain niveau de tranquillité d'esprit. Même si elle avait admiré le script du pilote, Anderson pense qu'il se situait un cran en dessous de ce que Carter et ses complices en écriture ont pu réussir par la suite, et elle ressent la plus grande affinité pour des épisodes comme « Le Message » et « Le Fétichiste », qui ont fourni une palette plus large à ses capacités d'actrice. « Les scénarios définissent bien les degrés d'émotion que nous allons pouvoir communiquer », dit-elle, en notant que les

Q: Quel était le grade du père de Scully ?

R: Dans le script, on évoque le grade de capitaine. Pourtant, dans « Coma », il apparaît à Dana revêtu d'un uniforme d'amiral (une étoile sur l'épaule). Peut-être que dans l'esprit de Scully, son père était amiral.

deux épisodes cités « demandaient davantage, sur le plan émotionnel, et exigeaient plus de travail technique, de la part de l'acteur ».

Durant la première saison, Anderson faisait régulièrement de l'exercice et « adorait exécuter ses propres cascades », une pratique qui a stoppé net avec sa grossesse. En fait, Anderson se souvient d'une scène de l'épisode « Vengeance d'outre-tombe » où John Barnett, un tueur en série, tire sur Scully, qui porte un gilet pare-balles. L'actrice a tourné une prise après l'autre, se jetant en arrière sur le dos, et a une fois manqué d'un cheveu le rebord d'une balustrade en marbre, derrière elle. Qui plus est, ajoute-t-elle, « je n'ai appris que plus tard que j'étais déjà enceinte ».

Avant la série, Anderson n'avait jamais eu d'arme à feu en main. Elle admet que les premiers contacts ont été maladroits. « Ma main recouvrait pratiquement toute l'arme, sourit-elle, mais tout le monde me répétait qu'il ne fallait pas faire ça. »

Le succès de la série a soulevé d'autres problèmes qui ont demandé un traitement tout particulier. Bien qu'elle prétende avoir une allure très différente quand elle n'interprète pas le rôle de Scully, Anderson (qui avoue mesurer un mètre soixante et donner parfois l'impression, quand elle marche à côté du mètre quatre-vingt-deux de Duchovny, de « ne lui arriver qu'au nombril ») est désormais une figure célèbre. Elle le concède, rares sont les endroits où elle peut aller sans être reconnue ; elle a apprécié l'anonymat dont elle a bénéficié dans certains pays d'Europe lors d'un voyage.

En dépit du rythme précipité des événements, les gens qui travaillent sur *Aux frontières du réel* affirment que cette gloire soudaine n'a pas changé Anderson. Sa célébrité n'a pas été importune, mais l'actrice avoue être plus réservée et plus nerveuse en public. « J'ai tendance à être assez renfermée et je veux ne laisser les gens approcher que quand je le souhaite, pas quand eux le souhaitent. »

Cela dit, Anderson est reconnaissante de la façon dont les fans ont réagi à son personnage, et même du fait qu'il existe une Brigade de la Testostérone Gillian Anderson – le pendant du fan-club féminin de Duchovny, la Brigade des Œstrogènes David Duchovny. Elle se sent tout autant flattée de voir que ceux que sa personnalité de TV a conquis sont des « mordus d'ordinateurs », comme elle dit, qui écrivent un courrier de fans sérieux, sans les hurlements de loups qui peuvent saluer des stars de télévision plus spectaculaires. « Il y a de l'intelligence dans cette attirance », observe-t-elle, en ajoutant avec un certain orgueil qu'on l'a surnommée « le canon pour intellos ».

Q: Comment s'appelle le seul homme avec lequel Dana Scully soit sortie?

R: Rob, dans «Le Diable du New Jersey».

Q: Quel a été le premier rôle de Gillian Anderson à la télévision?

R: Elle a eu un petit rôle dans la série *Promo 96*.

« Je suis ravie, en fait, de ne pas recevoir des lettres de types qui me disent : “Oh, que vous êtes belle, je veux vous épouser, il me tarde de vous voir vous déshabiller”, poursuit-elle en éclatant de rire, imitant un maniaque du téléphone rose. Je crois bien que si je recevais ce genre de lettres, ça me donnerait la nausée. »

Même si elle apprécie que la série repose sur deux personnages et les relations intéressantes entre Mulder et Scully, Anderson n'aurait pas d'objections à voir s'ouvrir *Aux frontières du réel* à d'autres protagonistes qui aéreraient la série et permettraient au duo central de disposer de plus de temps libre. Avec si peu de repos chaque semaine et une dizaine de mois de production par an, elle trouve qu'« on n'a pas le temps de voir passer l'année ».

Anderson admet cependant qu'après la cadence effrénée de la première saison elle a eu du mal à se détendre lorsqu'elle a enfin été en congé. « Je ne savais pas quoi faire de moi. J'avais un corps énorme, qui avançait en se dandinant. C'était horrible. » En se surchargeant d'activités entre la deuxième et la troisième saison, elle a peut-être exagéré pour compenser.

Depuis qu'elle s'est installée à Vancouver, passer du temps en famille est à peu près la seule récréation dont Anderson ait besoin. Elle aimerait aussi mettre à profit la période de pause de la production pour tourner dans des films, et a considéré comme un encouragement le fait qu'on lui propose des personnages différents de Scully. « Jusqu'ici, je n'ai pas été étiquetée dans un type de rôle », dit-elle avec un soulagement certain, guettant rêveusement le jour où – après être devenue une vedette de télévision malgré elle – elle pourra avoir le loisir d'aborder l'étape suivante de ce qu'on peut qualifier pour l'heure d'X-cellente aventure.

Même Anderson reconnaît qu'à un certain moment elle a dû faire une pause, reprendre son souffle et assimiler les bouleversements majeurs qu'elle a connus en un laps de temps relativement court. « En fait, dit-elle en revivant ce moment-là, j'ai été rattrapée par les événements de ma vie. »

Q: Que voulait faire Gillian Anderson quand elle serait grande ?

R: Spécialiste en biologie marine ou archéologue.

Mitch Pileggi
(Directeur adjoint Walter Skinner)

Si un acteur peut tirer des enseignements d'une vie bien remplie, alors Mitch Pileggi a à sa disposition plus de bagage que n'en pourraient gérer la plupart des acteurs.

En fait, Pileggi apporte un point de vue neuf à son rôle de Walter Skinner, directeur adjoint du FBI, par le simple fait qu'il a grandi en majeure partie à l'étranger et a travaillé dans tout le Moyen-Orient pour des compagnies associées au Département américain de la Défense, avant de rentrer aux États-Unis et, à l'âge de vingt-sept ans, d'embrasser résolument une carrière d'acteur.

Ne lui demandez pas, cependant, si les idées paranoïaques que développe *Aux frontières du réel* sur les activités secrètes et les conspirations gouvernementales sont proches de la vérité. « Je ne tiens pas à voir les contributions directes s'intéresser de trop près à mes affaires », répond-il en riant.

Si ses activités professionnelles ne lui ont peut-être pas fourni beaucoup d'inspiration, Pileggi a mis à profit une partie de ses expériences – quoique d'une façon à la fois involontaire et extrêmement personnelle – pour créer le rôle de Skinner, un homme qui lutte pour la vérité mais se retrouve souvent pris en porte à faux entre l'obsession inexorable de l'agent Fox Mulder pour démasquer les secrets et les opérateurs puissants et froids qui tentent de saper son travail.

« Je l'ai énormément basé sur mon père, dit Pileggi. Je n'ai pas agi de manière consciente, mais ma mère et mes frères l'ont très vite remarqué. » Son père est mort peu de temps après les débuts de la série. « Je n'avais pas choisi cette approche du rôle de façon délibérée, je suppose. Ma mère m'a appelé un jour et m'a dit : " Tu sais, c'est ton père que je vois. " Ça m'a beaucoup touché. »

Pileggi dit de son père qu'il représentait « une grosse partie de ma vie ». Directeur des opérations pour une société employée par le Département de la Défense, son travail a conduit la famille partout dans le monde. Chez lui, c'était un père de famille aimant, remarque l'acteur tandis que, dans son travail, « il était du genre à botter le train des gens. Mais là aussi, c'était quelqu'un de très rigoureux, de très sévère, mais également de très juste envers ses employés. J'espère que c'est ce qu'on peut sentir chez Skinner ».

Né un 5 avril, à Portland, dans l'Oregon, Pileggi a commencé à voyager avec sa famille à l'âge tendre de sept ans et, selon sa propre expression, « n'a plus arrêté de déménager pendant très longtemps ».

Le travail de son père a fait passer à Pileggi une bonne partie de son enfance en Turquie. Après avoir été au lycée là-bas, il a fait ses études universitaires en Allemagne. Enfin, Pileggi a commencé à travailler en Arabie Saoudite pour la même compagnie, faisant la navette entre l'Arabie et les États-Unis. Plus tard, il a travaillé en Iran pour une autre entreprise.

Pileggi a connu deux coups d'État pendant qu'il était en Turquie et il est souvent passé par Beyrouth, pour des questions de visa, quand il se rendait en Arabie Saoudite. Finalement il a été un des derniers Américains à quitter l'Iran lorsque le gouvernement du Shah est tombé, dans un appareil qui avait juste assez de carburant pour atteindre l'aéroport d'Athènes. « C'était une situation assez moche, explique Pileggi. Je me suis dit : " Ça va plus du tout. Je ne suis pas sûr d'avoir envie de continuer à faire ça. " »

Pileggi rentra aux États-Unis et, comme il avait joué la comédie au lycée et au collège, se mit « à grenouiller dans ce domaine ». Il alla s'installer à Austin, au Texas, joua avec une compagnie théâtrale avant de revenir en Californie et de décrocher des rôles dans des séries télé comme *Dallas, Agence tous risques* et *Hooperman/Un flic pas comme les autres,* ou des films comme *Trois heures, l'heure du crime* et *Le Retour des morts-vivants.*

Cet acteur athlétique mesure un mètre quatre-vingt-cinq et se dit bon à enfermer si on le prive d'exercice quotidien. Il adore patiner sur rollerblades ; le spectacle doit être assez impressionnant. Rien d'étonnant à ce qu'on lui ait confié le rôle principal de *Shocker,* un film dirigé par Wes Craven, un maître de l'horreur. Les producteurs cherchaient quelqu'un de « diabolique, mais quand même sexy » pour jouer le rôle du tueur psychopathe Horace Pinker, et Pileggi remporta la partie sur une cinquantaine de candidats. Son audition, en fait, se révéla si terrifiante que la productrice Marianne Maddalena prit sa chaise et alla s'installer à l'autre bout de la pièce. « Elle transpirait. C'était vraiment très drôle. »

Shocker devait être le premier volet d'une série à succès, qui aurait dû rivaliser avec celle des *Freddy,* du même Wes Craven. Mais le concept s'effondra dès le premier film. Même si Pileggi avait apprécié sa collaboration avec Craven (il apparaît dans un autre film du même metteur en scène, *Un vampire à Brooklyn,* avec Eddie Murphy), son rôle était celui d'un individu tellement dément qu'il ne lui ouvrit guère de portes et a pu lui en fermer certaines auprès de gens qui l'ont vu dans cet emploi.

Pourtant, des engagements au cinéma et à la télévision ont suivi, notamment des apparitions dans la série *Models Inc.* ou le film *Basic Instinct.* « J'apparais dans la scène de l'interrogatoire de Michael Douglas... malheureusement », commente Pileggi, sarcastique, une allusion à la scène bien plus connue du film où figurait Sharon Stone. Il ajoute : « Je n'arrêtais pas d'essayer de lui faire écarter les jambes. »

L'épisode préféré de Mitch Pileggi est « La Colonie », deuxième partie.

Pileggi postula deux ou trois fois sans succès pour *Aux frontières du réel* avant de décrocher le rôle de Skinner. Avant cette séance de casting, il n'arrêtait pas de se demander : « " Pourquoi est-ce qu'ils me rappellent ? Ils ne m'ont pas pris la dernière fois. " Je me suis donc rendu à leur convocation avec une certaine morgue, pour cette audition [pour le rôle] de Skinner. J'étais plutôt rogue, pas de très bonne humeur et j'ai eu de la chance. Carter a cru que j'interprétais un rôle, parce que ça collait exactement avec le personnage. »

Ce n'est qu'ensuite que Pileggi a appris qu'il n'avait manqué les rôles précédents que d'un cheveu, ou plutôt d'un manque de cheveux. À l'époque, cet impressionnant gaillard (qui reste à ce jour la « découverte » dont est le plus fier Rick Millikan, le directeur du casting à Los Angeles, et qui est très remarqué par ces dames sur le plateau) se rasait le crâne. C'est pour cela que le producteur exécutif, Chris Carter, n'arrivait pas à l'imaginer dans ces rôles. Avec le recul, Pileggi se dit qu'il a eu de la chance de ne pas être retenu pour des personnages épisodiques qui l'auraient empêché d'avoir Skinner.

Pileggi apporte une intensité considérable au rôle de Skinner, un homme pris entre deux feux : les agents Mulder et Scully d'un côté, l'Homme à la cigarette et les forces qu'il représente de l'autre. « Jusqu'ici, c'est la situation dans laquelle il s'est retrouvé », dit-il. Il suggère que Skinner cherche la vérité, lui aussi, mais qu'il emploie pour ce faire des moyens plus réglementaires que ses subordonnés.

Un épisode lui a offert plus de liberté : dans « La Colonie », deuxième partie, Skinner sort de son personnage pour sauver Mulder en livrant un combat mémorable contre X (joué par Steven Williams). « Steven a eu des idées épatantes. C'est lui qui a suggéré que Skinner le fasse reculer d'un coup de boule, et dès qu'il a eu dit ça, j'ai déclaré : " Oui, c'est génial. " Je crois que c'est dans le personnage de Skinner. " Tu me fiches un coup de boule, *à moi* ? Tiens, attrape ! " »

Pileggi se souvient également que le metteur en scène, Rob Bowman, lui avait demandé de déployer plus de puissance pour repousser Williams contre la paroi de l'ascenseur. À la prise suivante, il a failli la traverser. « Tout le fond de la cage a commencé à s'arracher. On a bien failli le démolir. »

Pileggi a également reçu nombre de lettres de vétérans du Viêt-nam, suite à l'histoire qu'il raconte sur son service là-bas, au cours de l'épisode « Coma ». L'acteur trouve cette réaction particulièrement gratifiante. Visiblement, le personnage commence à avoir ses propres fans, bien que Pileggi, après avoir passé quelque temps avec David Duchovny et Gillian Anderson, se hâte de faire remarquer que tout est relatif. « Lorsque je vais au restaurant en compagnie de David, on dirait que je deviens invisible pour tout le monde, ce qui me convient tout à fait », dit-il avec un petit rire.

L'acteur professe un respect considérable pour les deux vedettes de la série qui, dit-il, sont extrêmement concentrées. « Quand j'écoute le charabia qu'ils doivent parfois réciter, je me demande comment ils font pour y arriver », s'émerveille Pileggi, qui ajoute : « On s'amuse ensemble. On rit, on se marre, on fait les idiots. Il le faut, de temps en temps. »

Pileggi a désormais un contrat à long terme sur la série, et il se dit stimulé par les plans conçus pour Skinner au fur et à mesure que la série avancera. Il ajoute qu'il adore Vancouver et qu'il ne voit aucun inconvénient à y résider tant que Skinner – pour citer le personnage – peut rester sur la ligne que Mulder franchit sans cesse.

Après tous les voyages qu'il a faits, finalement, Pileggi ressemble à quelqu'un qui a enfin trouvé sa place. « C'est de ça que rêve tout acteur – soit une carrière au cinéma, soit décrocher un personnage sur une série de qualité comme celle-ci. Rien ne pourrait me faire plus plaisir. »

William B. Davis
(L'Homme à la cigarette)

Pour répondre immédiatement à la question que tout le monde se pose : non, dans la vie de tous les jours, William B. Davis ne fume pas… mais le rôle qu'il tient à la télé exige qu'il le fasse.

Certes, il a été fumeur, mais il a arrêté longtemps avant d'apparaître dans *Aux frontières du réel* et, lorsqu'il interprète le sinistre individu qu'on a surnommé l'Homme à la cigarette, l'Accro du tabac ou (sans doute au grand dam de l'industrie du tabac) Cancer Man, il consomme des cigarettes médicinales. C'est un rôle que son créateur, Chris Carter, reconnaît n'avoir jamais conçu pour dire tant de choses, ni pour devenir un élément si essentiel de la série.

Davis, un acteur et professeur d'art dramatique qui a beaucoup voyagé, est apparu dans l'épisode pilote d'*Aux frontières du réel* – il campait un énigmatique personnage qui aide à faire disparaître certains éléments mis au jour par les agents Mulder et Scully –, mais il fallut attendre l'épisode « Le Retour de Tooms », vingt épisodes et plusieurs mois plus tard, pour l'entendre prononcer ses premiers mots. Davis a été metteur en scène et professeur d'art dramatique pendant la majorité de sa vie professionnelle, jusqu'à ce qu'il suive à son tour des cours d'art dramatique, une technique de mise à niveau pour aider ses propres cours. « J'ai commencé à me dire que j'avais peut-être appris quelque chose, à force d'expliquer aux gens ce qu'il fallait faire. » C'est vers 1980 qu'il a commencé à prendre au sérieux sa carrière d'acteur.

Né un 13 janvier à Toronto, Davis commença à jouer la comédie tout enfant, avant d'entrer à l'Université de Toronto puis à l'Académie de Musique et d'Art Dramatique de Londres. Après avoir été cinq ans metteur en scène en Angleterre, il est rentré au Canada, où il s'est mêlé de théâtre, puis de radio, pour la Canadian Broadcasting Co.

Davis a continué d'enseigner. Il est resté directeur du William Davis Centre for Actor's Study (Centre d'études dramatiques William-Davis), après s'être installé à Vancouver pour diriger une école d'acteurs, le Vancouver Playhouse Acting School, en 1985. Il s'est également occupé en jouant dans des productions telles que *Ça* d'après Stephen King, *MacGyver* et la série *Heart of a Child,* de même que dans les films *Allô maman, ici bébé* et *Dead Zone.*

L'Homme à la cigarette n'a quasiment aucun passé sur lequel baser son personnage, et, selon Davis, guère de vie personnelle sur laquelle hasarder des conjectures. « Je crois qu'il est totalement grillé, dit-il. *Drogué du travail* serait un terme trop doux pour lui. Il n'a aucune autre existence, aucun autre but dans la vie, que ce qu'il cherche à accomplir. »

Les épisodes favoris de William B. Davis sont «La Colonie», deuxième partie, et «Anasazi».

Davis rit quand on lui demande si le personnage a un nom plus conventionnel, mais voit un symbolisme fort dans la façon dont on le représente, en particulier dans cette juxtaposition du feu et du mal. Bien qu'il répugne à avouer franchement qu'il interprète le rôle du diable, il demande avec un sourire patelin : « Quel autre nom que Lucifer pourrais-je porter ? » avant d'ajouter rapidement que l'Homme à la cigarette ne se considère pas comme quelqu'un de mauvais, mais juge plutôt qu'il mène « une croisade pour sauver le monde ».

Notre Canadien reconnaît que le rôle constitue un défi permanent, car cet acteur de grande taille, très distingué, possède un léger accent qu'il doit masquer pour interpréter un éternel bureaucrate de Washington. « Il faut que je me concentre tout le temps et que je surveille le son de mes voyelles », dit-il.

Maintenant que sa carrière d'acteur lui prend plus de temps, Davis a un peu restreint ses activités d'enseignant. Pour leur part, ses élèves ont pris de l'intérêt pour son travail à l'écran et en ont conçu une fascination indéniable. L'un d'entre eux a même suggéré que l'Homme à la cigarette était un extraterrestre qui respire du monoxyde de carbone. Davis balaie tout cela d'un haussement d'épaules. « À l'époque où j'étais encore muet, dit-il avec un sourire qui ne ressemble guère à son personnage, on me demandait de faire des cours sur la façon de *paraître* sinistre. »

Steven Williams
(X)

Si vous voulez vraiment tout savoir sur *Aux frontières du réel,* inutile de demander quoi que ce soit à Steven Williams : non qu'il refuse de répondre, mais il en est incapable.

« Je suis aussi perdu que les téléspectateurs, sur le compte de X, dit-il, en parlant du personnage qu'il a commencé à interpréter dans la série en début de deuxième saison, une source gouvernementale haut placée qui aide l'agent Fox Mulder à la place de Gorge Profonde, bien qu'à contrecœur et de façon absolument impitoyable. On me tient si peu au courant de ce qui se passe que ça devient vraiment une honte. »

Pourtant, cet acteur sympathique qui, à la différence du sinistre personnage qu'il interprète, a un rire facile et désarmant, ne souhaiterait pas qu'il en aille autrement – sauf, peut-être, pour qu'on l'avertisse plus tôt quand il doit venir jouer, et pour recevoir l'assurance qu'il ne connaîtra pas le sort de son prédécesseur, Gorge Profonde. Manifestant les mêmes dons que X pour l'instinct de conservation, Williams n'hésite pas à inciter le public à réclamer son maintien sur la série.

Après cinq ans passés à jouer le capitaine Fuller dans la série à succès de la Fox, *21 Jump Street,* Williams retrouve un domaine qu'il connaît bien, autant que les sites de tournage de Vancouver, où se filmait également *Jump Street*. Il a obtenu son rôle dans

Aux frontières du réel à la dernière minute (à l'origine, le personnage devait être une femme), en partie grâce à ses relations avec quelques anciens de *Jump Street,* dont le producteur/metteur en scène David Nutter, et les coproducteurs exécutifs Glen Morgan et James Wong (Peter DeLuise, qui jouait également dans *Jump Street,* avait surnommé le groupe « les frères Wong »), avec lesquels il avait également travaillé sur une série éphémère de chez Disney, *The 100 Lives of Black Jack Savage.*

Williams affirme que sa nature joviale ne l'empêche pas le moins du monde d'adopter l'état d'esprit rigide qui convient pour X, le trouble et réticent contact de Mulder à l'intérieur du gouvernement. « C'est un simple automatisme. On me dit "Action" et paf ! Je suis M. X. Je peux passer de l'un à l'autre comme ça, et tromper mon monde. »

Bien que l'acteur ait eu au départ envie de connaître les motivations de X, il a fini par juger qu'il valait mieux entretenir le mystère. « Moins j'en sais sur lui, plus il devient intéressant. C'est comme ça que je le joue. L'élément le plus important chez lui, c'est un instinct de conservation à toute épreuve. Il l'a déjà dit : "Je ne veux pas mourir." Il a beau être froid, glacé, on peut sentir la peur chez ce type.

» J'avais pensé faire tout un tas de choses pour me préparer, et puis je me suis dit : "Non, ça marche bien comme ça, pour moi." » Voilà pourquoi Williams accomplit son travail de façon traditionnelle. Selon ses propres termes : « On lit le texte, on juge de la situation et on se plonge dans le contexte. »

Jouer la comédie a plongé Williams dans nombre de contextes. Né un 7 janvier à Memphis, dans le Tennessee, il a surtout été élevé par ses grands-parents, jusqu'à l'âge de neuf ans (ses parents étaient divorcés), et il a vécu dans une communauté rurale où son grand-père était prêtre baptiste.

Après un séjour dans l'armée, Williams fut vendeur de chaussures à Chicago, et quitta son travail en 1972 pour commencer une carrière de mannequin, avant de travailler dans un groupe théâtral pour enfants. Sa carrière de mannequin le conduisit à la publicité, au théâtre et finalement à deux nominations pour le Joseph Jefferson Award.

Williams a décroché son premier rôle au cinéma dans un film de 1975, *Cool,* suivi par les *Blues Brothers* en 1980. C'est à peu près à cette époque que l'acteur alla s'installer à Los Angeles, d'où découla un flot régulier d'emplois au cinéma et à la télévision, parmi lesquels on citera des rôles dans *Corrina, Corrina, Portés disparus II, La Quatrième Dimension : le film* et nombre de séries télé, avant et après son rôle sur *21 Jump Street.* Dans une profession où le chômage est fréquent, Williams constate : « Depuis que j'ai débuté dans ce métier, je n'ai jamais été obligé de faire autre chose, et j'ai toujours pu gagner ma vie en jouant la comédie… Dieu merci. »

Même s'il adorait l'exemple positif que donnait son personnage du capitaine Fuller, Williams apprécie également la veine plus sombre qu'*Aux frontières du réel* lui permet d'exprimer, de l'exécution impitoyablement pratiquée d'un autre opérateur dans l'épisode « Coma » (« J'adore cette froideur, cet abord glacial ») jusqu'à l'affrontement brutal avec le directeur adjoint Skinner dans « La Colonie », deuxième partie. Les plus étonnés par sa composition ont été ses proches, qui lui ont dit : « T'as puisé dans une face cachée de ta personnalité, mec. »

Williams, qui a développé un intérêt pour les arts martiaux et la chorégraphie des combats en travaillant sur *Portés disparus II* aux côtés de Chuck Norris, explique qu'il a participé à la mise en scène du combat entre X et Skinner : « En voyant cet environnement confiné, j'ai dit : " Et si on démarrait par un bon coup de boule ? Skinner est un type du même genre, alors il réplique lui aussi par un coup de boule… Ce ne sont pas des gars qui cherchent à faire durer le combat. Ils ne visent qu'à assommer l'adversaire et à se tirer. " »

Williams a surtout travaillé avec David Duchovny, qu'il qualifie de « type sympathique », même s'ils ne sont pas exactement des compagnons de beuverie. Mais tous deux ne sont pas contre un bon éclat de rire simultané, en particulier quand quelqu'un rate une réplique. « Le contexte est parfois si oppressant qu'on est obligé de considérer les choses sous l'angle diamétralement opposé, ne serait-ce que pour détendre un peu l'atmosphère », explique-t-il.

S'il s'est senti un peu à l'étroit au départ, Williams est satisfait de la façon dont son rôle a évolué et ne se plaint même pas de jouer un des rares personnages réguliers dans une série de *prime time* à ne même pas avoir de nom. Quand on lui demande quel peut être le patronyme de X, l'acteur marque un temps d'arrêt et reconnaît qu'il n'a pas beaucoup réfléchi au problème. « Leroy, finit-il par dire en éclatant de rire. Leroy Williams. Et c'est pour ça qu'il préfère se faire appeler M. X. »

Les épisodes préférés de Steven Williams sont « La Colonie », deuxième partie, et « Coma ».

Les Lone Gunmen

Créés par les scénaristes Glen Morgan et James Wong, ces trois théoriciens des conspirations paranoïaques, éditeurs d'une revue amateur intitulée *The Lone Gunman* (*Le Bandit solitaire* dans la version française), Langly, Byers et Frohike, sont apparus pour la première fois lors de la première saison, dans l'épisode « Entité biologique extraterrestre », et sont devenus depuis des personnages semi-réguliers, à la grande stupeur des acteurs concernés.

Malgré un nombre réduit d'apparitions, le trio a rencontré un grand succès, et aide l'agent Fox Mulder dans sa recherche de la vérité, tandis qu'un de ses éléments, Frohike, passe l'essentiel de son temps libre à fantasmer sur la collègue de Mulder, l'agent Dana Scully. Débarbouillés de leur rôle et exposés aux projecteurs des plateaux de tournage d'*Aux frontières du réel* à Vancouver, les voici.

Tom Braidwood
(Frohike)

C'est une plaisanterie vache et un passage fortuit par les toilettes des hommes à un moment crucial qui a réactivé la carrière d'acteur de Tom Braidwood, alors qu'il était et est toujours heureux de s'être réfugié de l'autre côté de la caméra.

Premier assistant metteur en scène sur *The X-Files,* Braidwood passait par le plus grand des hasards devant les producteurs au moment où ceux-ci cherchaient à distribuer le rôle de Frohike. À ce moment-là, le metteur en scène William Graham, un ami de longue date, le remarqua et la légende veut qu'il ait fait observer : « Il faudrait un type bien glauque... quelqu'un du genre de Braidwood. » En émergeant des toilettes, Braidwood fut salué par un chœur : « Ah, Frohike ! » Une étoile était née.

Braidwood reconnaît volontiers qu'il a apprécié de recommencer à jouer la comédie, même si on ne lui a guère demandé son avis. « Ça m'a toujours manqué », dit-il. Et au cours de l'année écoulée, il a même envisagé de faire de la scène, si son emploi du temps l'y autorise pendant l'été.

Né un 27 septembre, Braidwood a joué au théâtre avant de trouver un emploi régulier en coulisses sur des séries comme *Cap Danger* et *21 Jump Street* – pour cette dernière série, c'est une caractéristique qu'il partage avec les coproducteurs exécutifs Glen Morgan et James Wong, qui ont créé son personnage et ainsi involontairement relancé sa deuxième carrière.

Malgré ses fonctions d'assistant metteur en scène, Braidwood dit que ses apparitions sporadiques réjouissent toujours l'équipe (qui a baptisé le vélo dont il se sert dans le studio la « Frohike Mobile ») et ne lui pèsent pas le moins du monde. « Nous avons tout planifié, explique-t-il. En général, ça passe mieux quand je suis en train de préparer un tournage. Et si je suis en train de diriger, c'est le deuxième assistant metteur en scène qui prend les rênes. »

Les scènes avec les Lone Gunmen, ajoute-t-il, « sont souvent tournées vite fait, bien fait. On demande : " Toutes les répliques sont bien sorties ? Bon, ça va, on passe à la suite. " » Il s'empresse également de signaler que ses associés « font le gros travail. Eux, ils doivent raconter l'histoire. Moi, je me contente de dire des trucs du genre : " Elle est canon " et " Elle est à croquer " », tout en lorgnant l'agent Scully.

Faisant référence à cette nature concupiscente de Frohike révélée au travers des épisodes déjà tournés, Braidwood dit qu'il aime bien se plaindre autour de lui que « ce n'est pas drôle d'être le seul personnage romantique dans une grosse série à succès ».

L'épisode préféré de Tom Braidwood est « Le Vaisseau fantôme ».

Dean Haglund
(Langly)

Il n'y a pas très longtemps, Bruce Harwood est revenu d'une réunion de fans d'*Aux frontières du réel* avec un badge destiné à son complice chevelu, Dean Haglund. Sur le badge, on pouvait lire : « Je ne suis pas Garth. »

Au-delà de sa ressemblance avec le personnage fictif des deux films *Wayne's World,* c'est le rire qui a conduit la carrière de Haglund jusqu'*Aux frontières du réel.* Bien connu sur les circuits des one-man-shows comiques et du théâtre d'improvisation de Vancouver, Haglund a décroché le rôle du plus extravagant des Lone Gunmen, que se disputaient une bonne trentaine de candidats.

Né un 29 juillet, Haglund est encore à ce jour un membre de la Ligue d'improvisation Theatersports – il compte au palmarès de ses spectacles une parodie de *Star Trek : The Next Generation,* et *Sauvez Willy Shakespeare*. Il est également apparu dans nombre de films et de séries télé, dont *The Commish* (inédite en France), *Sliders/Les Mondes parallèles* et *Le Juge de la nuit*.

Haglund ne connaissait pas Harwood avant qu'on lui confie le rôle de Langly. Il avait passé son audition avec différents autres acteurs. « Même l'audition était bizarre, parce que j'en ai passé une bonne partie au téléphone », plaisante-t-il.

Haglund passe en général ses vendredis soir sur les planches, et ne connaissait absolument pas la série.

Par contre, son rôle a attiré quelques X-Philes, les fans acharnés d'*Aux frontières du réel,* venus le voir jouer en personne. « Ils regardent quelques épisodes et se mettent bien en condition avant de venir voir mon spectacle. Ils commencent à hurler et je dois jouer pendant que les autres acteurs me demandent : " Bon sang, c'est qui, ces types ? " » Haglund ajoute que certaines personnes viennent voir le spectacle sans avoir jamais entendu parler de la série. Ce qui fait que lorsque l'animateur le présente en disant par exemple :

« Vous l'avez sans doute déjà vu dans la série *X-Files*. »

« " Ah bon ? fait Haglund, avec sa meilleure imitation d'accent plouc. C'est du porno ? " »

L'épisode préféré de Dean Haglund est « Le Retour de Tooms ».

Bruce Harwood
(Byers)

« On ne me donne jamais la moindre réplique comique », déclare Bruce Harwood à propos de son rôle de Byers, le mieux habillé des Lone Gunmen.

Non qu'il s'en plaigne, car il est visiblement ravi de son rôle dans la série. Né en Colombie britannique, Harwood est apparu dans des séries télé produites dans la région : *21 Jump Street, McGyver* et *Un flic dans la Mafia,* de même que la récente production TV du remake de *Bye bye Birdie.* Il a même joué le rôle d'un spécialiste des ordinateurs dans le film *La Mouche 2,* mais rit quand on lui parle de cette suite. « Le film est plutôt mauvais. Pour le trouver drôle, il faut connaître les gens qui jouent dedans, parce que tout le monde se fait massacrer à la fin. »

Harwood, né un 29 avril, voit dans le personnage de Byers, dont les costumes stricts sont bien connus, un membre du corps enseignant qui a pour hobby les théories sur les conspirations. Comme Haglund, il ne connaissait rien de la série avant qu'on lui offre le rôle et, avant qu'on le convoque pour un deuxième épisode, n'imaginait pas que le trio réapparaîtrait. « Quand je suis arrivé sur le plateau, j'ai commencé à entendre circuler des histoires bizarres sur l'étendue de notre popularité », dit-il.

La garde-robe de Harwood apporte sa contribution à l'intérêt des Gunmen : ils forment un groupe tellement disparate. Langly est un rocker à cheveux longs, Byers passe pour un professeur impeccablement habillé et Frohike est un obsédé sexuel typique. En fait, les scénaristes Glen Morgan et James Wong les ont basés sur un trio accoutré de la même façon au cours d'une réunion de passionnés d'ufologie. « C'est pour cette raison qu'ils fonctionnent, suppute Harwood. Le groupe est défini visuellement, de cette façon. »

Les Gunmen jouent un rôle clairement établi, ajoute-t-il. Ils font avancer l'histoire de façon intéressante, en partageant avec Mulder leurs théories paranoïaques sur les conspirations et en fournissant par la même occasion les explications nécessaires au scénario. Converti assez tardivement à la série, Harwood fait toutefois observer avec un sourire sardonique que lors des premiers épisodes qu'il a regardés, il ne comprenait pas « comment Mulder, avec l'aide de tous ces gens autour de lui, n'est pas plus près de la vérité ».

Cela dit, Harwood est ravi que le trio apporte à Mulder tout le concours dont celui-ci aura besoin, pour aussi longtemps qu'il en aura besoin, de façon à continuer à tourner. « Au moins quatre ou cinq fois par an, s'empresse-t-il d'ajouter. On compte bien là-dessus. »

X

L'épisode préféré de Bruce Harwood est «Faux Frères siamois».

Nicholas Lea
(Agent Alex Krycek)

Malgré un nombre assez réduit d'apparitions, Nicholas Lea, qui s'est fait connaître par le rôle de l'agent du FBI Alex Krycek, une taupe employée par les forces obscures qui cherchent à contrecarrer le travail de Mulder, affirme que son association avec *The X-Files* s'est déjà avérée payante. Maintenant, à Los Angeles, les directeurs de casting le reconnaissent. « Ça rompt tout de suite la glace, surtout pour un acteur comme moi, qui vient de Vancouver et qui ne connaît personne ici. »

Lea n'est devenu acteur à plein temps qu'à l'âge de vingt-cinq ans, après avoir suivi des cours aux Beaux-Arts et chanté dans un groupe. Après que le groupe se fut séparé, Lea a rencontré un professeur d'art dramatique. L'aventure l'avait toujours tenté ; il décida d'y plonger tête la première. « J'ai donné ma démission le lendemain et j'ai commencé à jouer la comédie », dit-il, admettant qu'il se croyait peut-être « un peu invulnérable, à l'époque ».

Après avoir décroché des rôles dans des séries TV basées à Vancouver, Lea a connu son premier rôle régulier dans la série d'ABC, *The Commish,* où il a également rencontré sa compagne, Melinda McGraw, qui a interprété le rôle de Melissa, la sœur de Scully, sur *Aux frontières du réel.*

Lea est apparu dans plus de trente épisodes de *The Commish.* On a pu le voir dans un épisode de la première saison de *The X-Files* : « Masculin Féminin », où il jouait un jeune homme très secoué par sa rencontre avec un tueur qui changeait de sexe. Au cours de ce bref rôle, il a beaucoup impressionné le metteur en scène, Rob Bowman, qui voulait l'employer à nouveau et a tout de suite pensé à lui pour jouer Krycek – un agent double qui devient le partenaire de Mulder dans l'épisode « Insomnies », en début de deuxième saison. À l'insu de Mulder, Krycek travaille en fait pour l'Homme à la cigarette.

Né un 22 juin, Lea a été le seul acteur envisagé à Vancouver pour le rôle, qui ne devait pas s'étendre, croyait-il, sur plus de trois épisodes consécutifs. En apprenant qu'il avait été retenu, Lea se souvient d'avoir couru en hurlant de joie jusqu'au gymnase où Melinda s'entraînait.

Comme beaucoup de personnages secondaires de la série, Krycek a apporté avec lui un passé flou. « En fait, fournir une histoire du personnage, c'est le travail de l'acteur », explique Lea, qui dit s'être documenté sur le FBI et avoir écrit tout un dossier sur « qui était ce type, d'où il venait. Avec un peu de chance, à partir de là, les décisions que l'on prend sur la série sont, comme pour tout le monde, motivées par ce passé. Il y a toute une psychologie qui accompagne tout ça ».

L'épisode préféré de Nicholas Lea est « Duane Barry », première partie.

Les félonies de Krycek lui ont valu le surnom de « Ratboy », le Jeune Rat, sur Internet, en même temps qu'un petit groupe d'admirateurs qui se sont baptisés les Ratnicks. Lea se sent honoré d'avoir mérité ce genre d'attention de la part des fans.

Il a joué la plupart de ses scènes avec Duchovny et tous deux sont devenus amis, encore qu'on aurait du mal à s'en douter en voyant le pugilat qu'ils ont réglé eux-mêmes sur le dernier épisode de la deuxième saison, « Anasazi ». « Le combat était assez vicieux, dit Lea. Ce qui était l'effet recherché : sortir du genre de bagarres qu'on voit d'habitude à la télé. »

Si *Aux frontières du réel* lui a apporté une célébrité toute neuve, Lea, natif du Canada, a aussi pris la décision d'aller s'installer à Los Angeles – un peu à contrecœur. « J'attendais d'avoir vraiment quelque chose à offrir, dit-il en dégustant un soda dans le bureau de production de *The X-Files* à Vancouver. Parce que les rôles principaux, ce n'est pas ici qu'on les distribue. Il fallait que je remonte carrément à la source. »

Mais Lea ajoute qu'il est prêt à endosser le personnage de Krycek – sous tous les sobriquets dont les fans peuvent l'affubler – en un clin d'œil. « Je laisserai toujours tomber tout ce que je fais pour venir ici », affirme-t-il, en insistant sur l'affection qu'il éprouve pour l'équipe d'*Aux frontières du réel*.

« Je n'ai jamais travaillé avec un meilleur groupe de producteurs, et ils m'ont offert une chance immense. C'est facile de faire ce genre de boulot, d'obtenir des rôles et de dire : “ À plus tard. ” Mais ici, on m'a vraiment ouvert une voie, et ça, ça n'a pas de prix. »

Jerry Hardin
(Gorge Profonde)

Sur bien des points, le personnage de Gorge Profonde, tel que Jerry Hardin l'a incarné, a aidé à établir le ton et la gravité qui sous-tendent *Aux frontières du réel,* à mettre en place des ingrédients qui allaient constituer l'épine dorsale de la série.

On pourrait alors considérer comme une ingratitude noire l'assassinat en pleine rue, au cours du dernier épisode de la première saison, de ce personnage anonyme et bien placé – le contact de l'agent Mulder dans les hautes sphères gouvernementales, qui voulait l'aider à découvrir la vérité.

Chris Carter, le producteur exécutif, avait vu là le moyen de montrer qu'il n'y avait pas de vache sacrée dans *The X-Files,* et que tout le monde était en danger. Hardin a pensé que son envie d'apparaître plus régulièrement dans la série n'était peut-être pas étrangère à son élimination, mais il s'est quand même réjoui de faire une sorte de retour – et d'apparaître au cours d'une séquence onirique en début de troisième saison. L'équipe, dit-il, « m'a souhaité une bienvenue extraordinaire ».

Quant à la raison de ce retour, Hardin ajoute : « J'aime à croire que c'est parce que les fans le souhaitaient. C'est incroyable, le nombre de gens qui ont envie de rencontrer Gorge Profonde. Quand on va au fond des choses, sur les sept épisodes que j'ai tournés, je n'apparais pas plus de trois ou quatre minutes chaque fois. Alors je prends ça comme un très grand compliment. »

Cet acteur de composition chevronné s'est également réjoui de retrouver son rôle. « C'est un personnage que j'ai toujours aimé et j'étais à l'aise avec sa nature, dit-il de sa voix douce. Dès le départ, son dialogue était riche en sous-entendus et en ironie sur son propre compte et sur ce qu'il faisait... Tout ça me plaisait terriblement. C'était agréable d'en jouer. »

En signant un contrat pour le deuxième épisode de la série, intitulé « Gorge Profonde », Hardin avait été séduit par le scénario. Mais il avait des doutes sur la longévité du personnage. « On est toujours dans le flou, avec ces personnages semi-réguliers. On m'avait annoncé qu'il reviendrait *peut-être,* mais mon expérience de cette industrie m'a appris à ne pas trop m'y fier, dit-il en riant. Prends le rôle et tire-toi ! »

Les épisodes préférés de Jerry Hardin sont « Les Hybrides » et « Gorge Profonde ».

Cet acteur blanchi sous le harnais a interprété nombre de films et de séries télé, mais il a attiré l'attention de Carter par son rôle d'avocat corrompu, dans *La Firme,* un emploi pas très éloigné de celui de Gorge Profonde. Avant cela, on avait pu voir Hardin au cinéma dans *Reds* ou *La Tempête,* et à la télévision dans de nombreux épisodes de *Star Trek : The Next Generation* (notamment dans le rôle de Mark Twain !) et de *Star Trek : Voyager,* de même que dans *Loïs & Clark, les nouvelles aventures de Superman.*

Hardin reconnaît bien volontiers son attirance pour les personnages de méchants, qui sont « généralement les personnages les plus stimulants à créer. Dans ce genre de situation, c'est surtout l'action qui exprime vos motivations. Dans *Aux frontières du réel,* ce sont le dialogue ou la psychologie qui déterminent ce qu'on doit interpréter ». Pourtant, il juge : « Je suis ravi de voir que ça marche dans de telles conditions, comme pour *Star Trek.* »

En fait, Hardin voit un point commun dans le succès de ces deux univers, qu'ils doivent, l'un comme l'autre, à des scénarios solides qui stimulent l'imagination des téléspectateurs. « À mon avis, c'est là aussi la preuve d'un intérêt pour et d'une concentration sur le texte, suggère-t-il. Quand on y réfléchit, *Star Trek* se résume souvent à deux ou trois types en train de discuter ensemble sur le pont de l'*Enterprise...* C'est très basé sur le langage, et un langage souvent très opaque. »

De ce point de vue, jouer Gorge Profonde était souvent une tâche ingrate, si l'on considère que le personnage devait fournir des explications complexes en un temps de présence limité, tout en restant énigmatique, délibérément dans le vague. De cette nature ténébreuse de Gorge Profonde, Hardin dit qu'« elle pose de passionnants problèmes d'interprétation. L'acteur se voit offrir un peu de champ libre pour sa contribution personnelle, voire pour une participation plus importante. Je ne trouve pas ça difficile. C'est un défi qui m'amuse ».

Ce genre de défi amuse Jerry Hardin depuis son plus jeune âge. Né à Dallas un 20 novembre, Hardin a grandi dans une petite bourgade à la périphérie de la ville. Son père tenait un ranch, et sa croissance s'est passée au rythme des chevauchées et des rodéos ; à faire, comme il le dit, « tout ce que font les jeunes cow-boys ».

Mais Hardin a participé à des soirées théâtrales au patronage et à l'école, concouru régulièrement dans des épreuves d'art oratoire et de déclamation au cours de ses années de lycée, et fini par remporter une bourse pour la Southwestern University de Georgetown, Texas. Ensuite vint une des prestigieuses bourses Fullbright qui lui permit d'aller étudier à la Royal Academy of Dramatic Art à Londres.

Personne ne comprenait cette vocation, se souvient-il. « L'opinion communément répandue dans cette région du Texas voulait qu'il soit " un fieffé crétin, mon gars. Ça rapporte pas un fifrelin, ce truc ! " » répète Hardin en riant, avec sa meilleure imitation de l'accent nasillard du Texas.

Hardin revint au bout de deux ans passés en Europe et commença à travailler à New York, avant de séjourner presque douze ans dans les compagnies régionales. « Ma pauvre famille me suivait de son mieux », dit-il. Sa femme, actrice elle aussi, a souvent joué en sa compagnie au cours de leurs tribulations à travers le pays.

Même si Hardin en plaisante, ses parents (son père, quatre-vingt-onze ans, et sa mère, quatre-vingt-neuf, vivent toujours au Texas) ont dans l'ensemble soutenu sa décision de jouer la comédie, tout en en reconnaissant les pièges. Hardin avoue avec un éclat de rire que lui-même a fait de son mieux « pour décourager les enfants de suivre mon exemple », sans grand succès. En fait, sa fille Melora Hardin est actrice. On a pu la voir dans les films *Soul Man* et *Rocketeer.* Son fils travaille pour la chaîne NBC. Quant à son épouse, elle est désormais professeur d'art dramatique, et s'occupe de jeunes acteurs, en sus.

Hardin, qui a tourné l'essentiel de ses scènes sur *The X-Files* en compagnie de David Duchovny, s'est dit impressionné par la façon dont la vedette « accepte les étrangers » ; son comportement de mettre les nouveaux venus et les visiteurs occasionnels sur le plateau à leur aise. Cette habitude s'est révélée particulièrement précieuse pour Hardin, quand on considère que ce dernier arrivait généralement par avion, jouait ses scènes le lendemain et repartait le jour d'après.

Même en peu de temps, Hardin a donné vie à des scènes mémorables sur *Aux frontières du réel* : celle, dans l'épisode « Entité biologique extraterrestre », où Gorge Profonde avoue être une des trois personnes à avoir exécuté un *alien,* et son propre assassinat dans « Les Hybrides ». Les derniers mots que souffle Hardin à l'agent Dana Scully sont restés gravés dans la mémoire de tous les assidus de la série.

Hardin est fier de pouvoir dire que, lorsqu'il rencontre des fans : « Ils sont des centaines à me demander d'écrire : *Ne faites confiance à personne.* Il faut bien croire que ma façon de prononcer cette réplique en a fait quelque chose qui leur tient profondément à cœur, et qu'ils se sont reconnus dans le personnage. »

LES ÉPISODES X

première saison

première saison

les sites

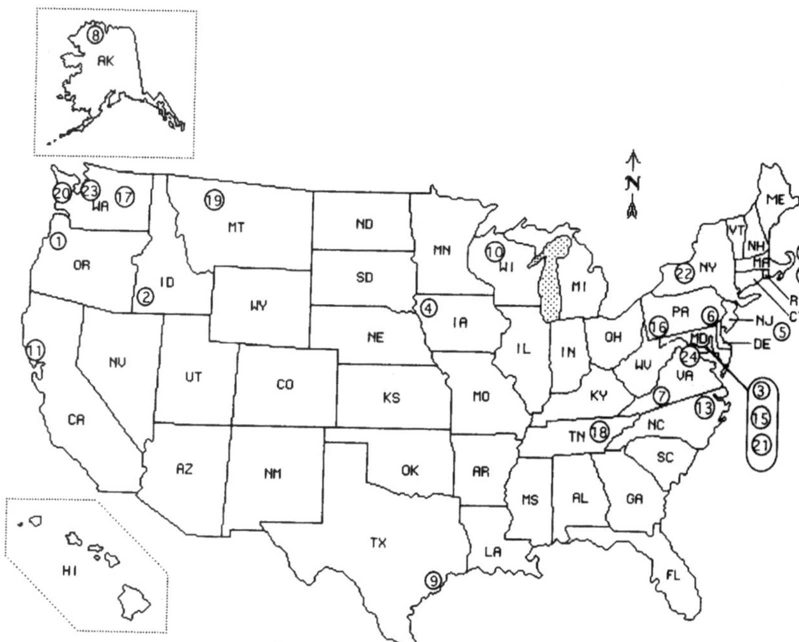

Légende

1. Bellefleur, Oregon (« Nous ne sommes pas seuls »)
2. Base aérienne d'Ellens, Idaho (« Gorge Profonde »)
3. Baltimore, Maryland (« Compressions »)
4. Sioux City, Iowa (« L'Enlèvement »)
5. Atlantic City, New Jersey (« Le Diable du New Jersey »)
6. Philadelphie, Pennsylvanie (« L'Ombre de la mort »)
7. Crystal City, Virginie (« Un fantôme dans l'ordinateur »)
8. Icy Cape, Alaska (« Projet Arctique »)
9. Houston, Texas (« Espace »)
10. Townsend, Wisconsin (« L'Ange déchu »)
11. Marin County, Californie («Ève »)
12. Cap Cod, Massachusetts (« L'Incendiaire »)
13. Raleigh, Caroline du Nord (« Le Message »)
14. Steveston, Massachusetts (« Masculin Féminin »)
15. Baltimore, Maryland (« Lazare »)
16. Prison de Tashmoo, Pennsylvanie (« Vengeance d'outre-tombe »)
17. Mattawa, Washington (« Entité biologique extraterrestre »)
18. Kenwood, Tennessee (« L'Église des miracles »)
19. Browning, Montana (« Métamorphoses »)
20. Forêt nationale Olympia, Washington (« Quand vient la nuit »)
21. Baltimore, Maryland (« Le Retour de Tooms »)
22. Buffalo, New York (« Renaissance »)
23. Colson, Washington (« Roland »)
24. Georgetown, Maryland (« Les Hybrides »)

NB : Les sites ont été déterminés par le lieu de conflit principal; de nombreux épisodes se déroulent en plusieurs endroits.

Carte établie par Sarah Stegall

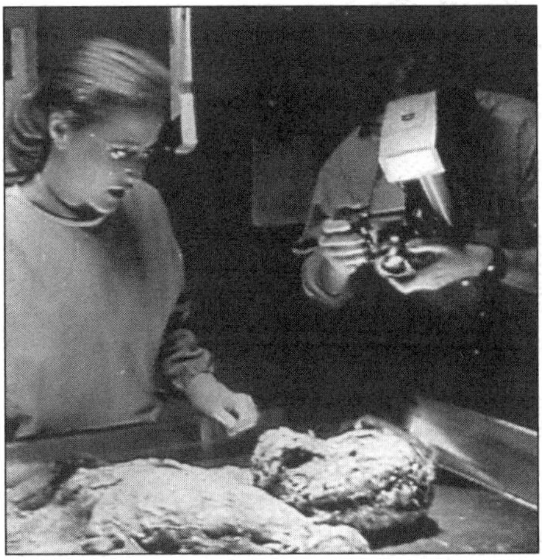

Nous ne sommes pas seuls

(The X-Files : Pilot)

Première diffusion US : 10 septembre 1993
France : 12 juin 1994

Scénario:
Chris Carter

Mise en scène:
Robert Mandel

Distribution:
Charles Cioffi (chef de section Blevins);
Cliff DeYoung (Dr. Jay Nemman);
Sarah Koskoff (Theresa);
Leon Russom (Dét. Miles);
Stephen E. Miller (Truitt);
Zachary Ansley (Billy Miles);
Jim Jansen (Dr. Heitz Werber);
Malcolm Stewart (Dr. Glass);
Alexandra Berlin (infirmière);
William B. Davis (l'Homme à la cigarette);
Katya Gardener (Peggy O'Dell);
J. B. Bivens (chauffeur de camion);
Ric Reid (astronome);
Lesley Ewen (standardiste);
Ken Camroux (troisième homme);
Doug Abrams (policier en patrouille).

Accroche : L'agent du FBI Dana Scully devient la partenaire d'un agent excentrique, Fox Mulder, qui a consacré sa vie à étudier les phénomènes inexpliqués. Tous deux vont enquêter sur la mort mystérieuse d'un certain nombre de lycéens appartenant à la même classe.

Site principal : Nord-ouest de l'Oregon.

Résumé : S'ouvrant sur un texte qui proclame que l'histoire est « inspirée par des documents authentiques », ce premier épisode délimite le territoire que couvrira la série, présente les protagonistes et évoque des intrigues menées au sein du gouvernement. L'épisode commence par un enlèvement extraterrestre. On retrouve une jeune fille morte dans les bois d'Oregon. Dans le dos, elle porte deux mystérieuses blessures.

À Washington, DC, entre-temps, Dana Scully, une doctoresse qui a passé deux ans au FBI, rencontre ses supérieurs (l'un d'entre eux est l'Homme à la cigarette, qui reste muet). On demande à Scully si elle a entendu parler de Fox Mulder, un psychologue qui a fait ses études à Oxford, le meilleur enquêteur criminel du Bureau, mais auquel son obsession pour le paranormal a valu le sobriquet du « Martien ». Mulder, explique-t-on à Scully, a pris en charge les affaires non classées, en marge des compétences habituelles du Bureau. On demande à Scully de devenir la nouvelle partenaire de Mulder et de rédiger un rapport sur la validité de ses travaux.

Ce dernier commence par se méfier de Scully, et lui dit

qu'il avait « plutôt l'impression [qu'elle était] là pour [l'] espionner ». Il a déjà vérifié ses états de service, et mentionne son sujet de thèse : « Einstein et la courbure de l'espace-temps : nouvelle interprétation. » Quand elle lui demande avec un peu de mauvaise humeur s'il a pris la peine de la lire, il lui assure que oui. « Sauf qu'en général, dans mon travail, les lois de la physique sont rarement respectées », ajoute-t-il, pince-sans-rire. Le lendemain, ils partent enquêter sur une série de meurtres d'adolescents en Oregon, dans le Dakota du Sud et au Texas que Mulder croit liés à des enlèvements et expériences extraterrestres.

En Oregon, quatre membres d'une même classe ont été découverts morts près des bois, chacun porteur des deux marques caractéristiques. On exhume un des corps pour découvrir dans le cercueil une forme rabougrie, non humaine, presque simiesque, dotée d'un curieux objet métallique logé dans la cavité nasale. L'un des jeunes gens survivants, le fils du shérif, est dans un état quasi végétatif, et l'autre, une jeune femme, est clouée dans un fauteuil roulant.

Mulder expose sa théorie de l'enlèvement, tandis que Scully rétorque qu'« il y a forcément une explication » plus rationnelle. Plus tard, ils sont tous deux aveuglés par une lumière brutale, neuf minutes se sont écoulées de façon inexplicable et un nouvel adolescent est retrouvé mort.

De retour à l'hôtel, Scully remarque sur son propre dos des blessures proches de celles qu'ils ont observées. Redoutant qu'elles ne soient de même nature que celles découvertes sur la victime qu'elle a examinée, elle se précipite dans la chambre de Mulder. Il lui assure que ce ne sont que des piqûres de moustiques, et continue en lui expliquant la source de ses obsessions – comment sa sœur a été enlevée à l'âge de huit ans, comment l'événement a « déchiré sa famille ». Ses réussites comme enquêteur et ses « relations au Congrès », dit-il, lui ont permis de « garder sa place et de continuer à faire [s]on travail » malgré tous les efforts faits pour lui mettre des bâtons dans les roues. Peu après, l'hôtel est dévasté par un incendie, qui détruit les preuves concernant le corps exhumé et vient justifier la paranoïa de Mulder.

Mulder et Scully montrent que le fils du shérif, Billy, est bel et bien la force qui a provoqué la série de morts. Les extraterrestres ont implanté un objet dans sa tête qui l'a plongé dans un léger coma, dont on peut l'éveiller au besoin. Les agents rencontrent Billy et son père dans les bois. Dans un éclair lumineux, l'adolescent redevient normal – et les deux marques ont disparu.

Scully annonce à ses supérieurs qu'elle croit à la théorie de Mulder, mais qu'elle ne possède aucune preuve, sinon la dernière pièce à conviction : le cylindre découvert dans le nez du cadavre, que Scully avait conservé dans la poche de sa veste. Quand on l'interroge sur les convictions de son nouveau partenaire, Scully répond simplement : « L'agent Mulder pense que nous ne sommes pas seuls dans l'Univers. »

Mulder appelle Scully au téléphone pour lui apprendre que toute trace de l'affaire a disparu, tandis que nous voyons l'Homme à la cigarette ranger le dispositif extraterrestre confié au Bureau par Scully dans un réceptacle, en compagnie d'éléments de même nature, dans une immense salle du Pentagone. Il semble bien qu'une partie de la vérité, à défaut de la totalité, soit ici.

Dans le scénario original, à un moment donné, Mulder et Scully hurlaient littéralement à la lune.

Coulisses : Dans sa plus grande concession aux reality-shows, le pilote s'ouvre sur un texte qui annonce : « L'histoire suivante a été inspirée par des documents authentiques. » Le producteur exécutif, Chris Carter, considère que la scène où Scully vient se réfugier dans la chambre de Mulder, en robe de chambre, comme un moment clé pour « exprimer de façon nette ce que je voulais établir », c'est-à-dire la nature platonique de leurs relations. « J'adore cette scène », dit-il. Dans le scénario original de Carter, Scully était au lit avec un petit ami, baptisé Ethan Minette (!), une scène supprimée du montage final. Le réveil durant cette scène affiche clairement

l'heure : 11 h 21 du soir – un chiffre qu'on reverra souvent durant la série, puisque c'est la date de l'anniversaire (21 novembre, suivant la graphie américaine) de la femme de Carter, Dori.

Il n'est peut-être pas inutile de signaler également que le Dr. Heitz Werber, l'hypnothérapeute qui interroge Billy à la fin, est celui qui a fait subir à Mulder une hypnothérapie régressive pour avoir accès à ses souvenirs de l'enlèvement de sa sœur Samantha.

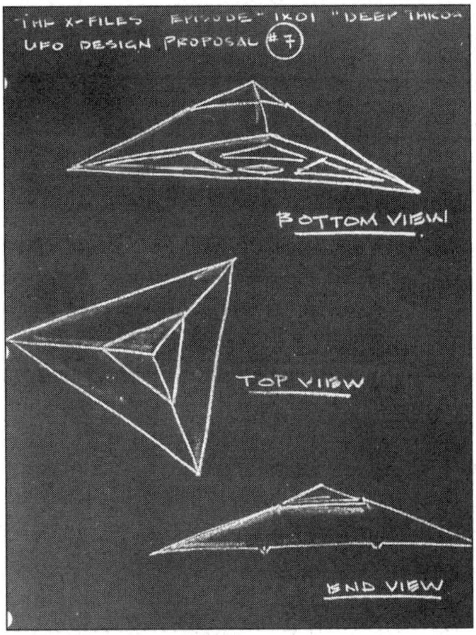

Gorge Profonde
(Deep Throat)

Première diffusion US : 17 septembre 1993
France : 19 juin 1994

Scénario : Chris Carter

Mise en scène : Daniel Sackheim

Distribution :
Jerry Hardin (Gorge Profonde) ;
Charles Cioffi (chef de section Scott Blevins) ;
Michael Bryan French (Paul Mossinger) ;
Andrew Johnston (colonel Budahas) ;
Seth Green (Emil) ;
Lalaina Lindejerg (Zoe) ;
Vince Metcalfe (Kissell) ;
Gabrielle Rose (Anita Budahas) ;
Monica Parker (Ladonna) ;
Doc Harris (Mr. McLennen) ;
Sheila Moore (Verla McLennen) ;
John Cuthbert (officier commandant) ;
Brian Furlong (officier en charge) ;
Michael Puttonen (gérant du motel).

Accroche : Agissant sur une information donnée par un initié (Gorge Profonde), Mulder et Scully se rendent en Idaho pour enquêter sur la disparition mystérieuse de nombreux pilotes d'essai de l'armée.

Site principal : Sud-ouest de l'Idaho.

Résumé : Mulder fait jouer ses relations pour enquêter sur la disparition d'un pilote d'essai de la base aérienne d'Ellens ; le sixième à être porté disparu sur cet établissement depuis 1963. Le dossier, dit-il à Scully, « sent le paranormal ».

Avant qu'ils ne partent, un inconnu – Gorge Profonde – vient rejoindre Mulder dans les toilettes, affirme qu'il « a le plus grand intérêt pour votre travail » et lui recommande de « laisser tomber ce dossier ».

Mulder et Scully rencontrent l'épouse du pilote, qui raconte qu'il s'est conduit de façon imprévisible : il a saupoudré son repas de mélange pour les poissons rouges au cours d'une soirée entre amis, il traitait ses enfants de façon très dure et était parfois pris de grelottements, comme s'il avait eu une attaque. Plus tard, les agents visitent le café The Flying Saucer (La Soucoupe volante), à la recherche d'obsédés des OVNIs. Là, Mulder trouve une photo d'OVNI qui ressemble énormément à un cliché réputé pris en 1947 à Roswell, au Nouveau-Mexique. « J'en connais un qui ne sera pas très content en voyant mon rapport », annonce Scully, agacée. La nuit venue, ils observent deux lumières filant dans le ciel nocturne.

Mulder explique qu'Ellens, selon la rumeur, est une des six bases où ont été transférés des fragments d'épave de l'OVNI de Roswell. Il pense que le gouvernement teste des appareils construits avec une technologie extraterrestre, et que les tensions des tests sont peut-être à l'origine de la conduite des pilotes.

Le pilote disparu réapparaît de façon inexplicable, mais sa femme affirme qu'il a changé. « Ce n'est pas mon mari. Ils lui ont fait quelque chose. »

Pour Mulder, la mémoire du pilote a pu être « reprogrammée » pour lui faire oublier certaines informations, de crainte qu'il ne constitue un risque pour la sûreté de la base. Peu après, Mulder et Scully sont arrêtés par un groupe d'hommes armés, qui leur intiment l'ordre de quitter la ville immédiatement, sans quoi ils assumeront les conséquences de leur curiosité mal placée. Scully incite son partenaire « à se tirer d'ici pendant [qu'il est] encore agent du FBI ». Mais il se livre à une expédition solitaire et se fait capturer après avoir observé un des OVNIs.

Mulder est sanglé sur une civière et on lui injecte des drogues. Résolue à le récupérer, Scully prend un des membres de la sécurité en otage et se rend sur la base, où on lui amène Mulder, sonné, les yeux vitreux. « Comment je suis arrivé là ? » demande-t-il.

Mulder rencontre Gorge Profonde une nouvelle fois pendant qu'il fait son jogging. Gorge Profonde lui dit qu'il peut aider Mulder, mais qu'ils risqueront peut-être leur vie et que « prudence et discrétion vont désormais devenir impératives ». Ce qui l'intéresse, déclare-t-il à Mulder, c'est « la vérité ». Quand l'agent lui demande : « Ils sont là, n'est-ce pas ? » Gorge Profonde répond : « Monsieur Mulder, ça fait très, très longtemps qu'ils sont là. »

Première apparition de Gorge Profonde.

Cet épisode est aussi le premier sur lequel ait travaillé l'assistant régisseur Clyde Klotz. Mr. Klotz a par la suite épousé Gillian Anderson, le jour de l'an 1994.

Coulisses : La narration par Scully en voix off est un ajout de Carter au script original, un compromis avec la Fox Broadcasting, qui voulait que la fin de l'épisode soit plus décisive. Bien que Carter ait continué à se battre pour refuser les conclusions trop définitives, l'emploi de la narration en voix off est devenu régulier.

Compressions
(Squeeze)

Première diffusion US : 24 septembre 1993
France : 26 juin 1994

Scénario:
Glen Morgan et James Wong

Mise en scène:
Harry Longstreet

Distribution:
Doug Hutchison (Eugene Victor Tooms);
Donal Logue (Tom Colton);
Henry Beckman (dét. Frank Briggs);
Kevin McNulty (Fuller);
Terence Kelly (George Usher);
Colleen Winton (technicienne du détecteur de mensonges);
James Bell (Johnson);
Gary Hetherington (Kennedy);
Rob Morton (Kramer);
Paul Joyce (Mr. Werner).

Accroche : Mulder et Scully essaient d'arrêter un tueur mutant, Eugene Tooms, qui peut se faufiler par les plus petits interstices et sort de son hibernation tous les trente ans pour commettre des meurtres.

Site principal : Baltimore, Maryland.

Résumé : Un homme d'affaires est assassiné dans son bureau par un tueur qui s'est introduit par le conduit d'aération. Tom Colton, un camarade de promotion de Scully, lui parle de l'affaire ; trois victimes découvertes mortes sans aucun moyen d'accès visible, leur foie apparemment arraché à main nue.

Mulder se mêle de l'enquête, malgré le mépris dont témoigne Colton à son égard, et il découvre sur les lieux du crime, à proximité de la grille d'aération, une empreinte digitale bizarre, toute en longueur. « Avec des doigts de vingt-cinq centimètres, tout est possible », juge Mulder. Ces singulières empreintes correspondent à celles qu'on a pu découvrir après certains meurtres dans le passé. Des meurtres commis par groupes de cinq, tous les trente ans depuis 1903.

Mulder comprend que le tueur va encore commettre deux meurtres. En surveillant le lieu d'un des crimes précédents, les agents capturent un suspect, Eugene Tooms, qui s'est glissé dans un conduit d'aération. Tooms, un dératiseur, affirme qu'il s'y était introduit pour localiser un cadavre d'animal, suite à des plaintes selon lesquelles une mauvaise odeur sortait des bouches d'aération. Tooms passe un test au détecteur de mensonges et on le relâche, avant que Mulder n'ait découvert que ses empreintes, étirées par ordinateur, correspondent à celles relevées sur les précédents lieux du crime.

Tooms ne tarde pas à tuer encore, descendant par une cheminée pour commettre son crime. Maintenant qu'il ne manque plus qu'un assassinat pour compléter le cycle, Mulder annonce : « Si on ne le coince pas tout de suite, notre prochaine chance sera en… 2023. » Mulder et Scully rencontrent un détective qui avait enquêté sur les meurtres en 1963. Il affirme avoir su que le coupable était le même que pour ceux de 1933 et leur montre une photo de Tooms prise trente ans plus tôt. L'homme n'a pas vieilli.

Doug Hutchison, qui interprète le rôle d'un mutant dévoreur de foie, est en fait végétarien.

En se rendant dans le bâtiment condamné où Tooms avait élu domicile dans les années soixante, Mulder et Scully trouvent un curieux nid fait de journaux agglutinés par une sorte de bile gluante. Mulder suppute que Tooms est un mutant qui doit satisfaire ses besoins en foies humains tous les trente ans, avant d'entrer en hibernation. Tooms, qui conserve un petit souvenir de chacune de ses victimes, les observe d'en haut et découvre un collier que Scully a laissé tomber.

Q: Quelle a été l'adresse d'Eugene Tooms pendant soixante ans?

R: 66 Exeter Street.

Scully rentre chez elle, suivie par Tooms. Quand Mulder revient à la tanière de Tooms et y trouve le collier, il comprend soudain que le mutant a jeté son dévolu sur Scully, qui sera sa prochaine victime. Il se précipite à son appartement et arrive juste à temps. Tooms est capturé au terme d'un bref combat.

Dans sa cellule, Tooms commence à édifier un nouveau nid. Lorsqu'un garde lui fait passer son repas par un étroit guichet, il contemple l'ouverture et sourit.

Coulisses : Les deux premiers épisodes parlaient d'OVNIs. Fox voulait que celui-ci ait un sujet différent. En ce sens, « Compressions » a aidé à montrer qu'*Aux frontières du réel* pouvait parler d'autre chose que d'extraterrestres chaque semaine. Bien qu'il existe des similitudes avec *The Night Strangler* – le deuxième téléfilm de la série *Night*

Stalker, qui mettait en scène un homme qui revenait commettre des crimes tous les vingt et un ans –, les scénaristes, Glen Morgan et James Wong, ont tiré leur inspiration du personnage de Jack l'Éventreur et d'un gros conduit d'aération situé près de leur bureau. Selon les souvenirs de Morgan, l'épisode a commencé sur des bases simples, quand il a demandé à Wong : « Et si on travaillait tard, ici, un soir, et qu'un type arrivait *par là* ? »

Morgan admet que lorsque Doug Hutchison est venu auditionner, il l'a trouvé trop jeune pour interpréter Tooms, et qu'il a pensé : « Non, ce type ne va pas, on dirait qu'il a douze ans. » Mais l'acteur les a gagnés à sa cause, par sa réaction improvisée à la proposition assez sibylline du metteur en scène Harry Longstreet de « passer d'une position neutre à une position d'attaque ». Hutchison a surpris tout le monde en devenant le personnage et en claquant des dents d'un air menaçant à l'adresse du metteur en scène. Il a fallu persuader Longstreet, mais les producteurs avaient trouvé leur homme.

Chris Carter dit que sa contribution s'est limitée à un retour de France où il avait mangé énormément de foie gras, ce qui lui a fait se demander ce qui se passerait si quelqu'un commençait à apprécier le goût du foie humain. Morgan affirme que le choix s'est porté sur le foie, parce que « c'est l'organe le plus marrant du corps humain ».

Couverture du script de tournage de « Compressions ».

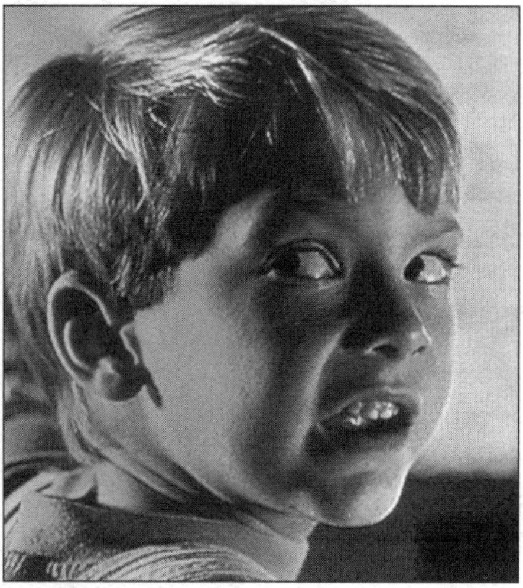

L'Enlèvement
(Conduit)

Première diffusion US : 1er octobre 1993
France : 3 juillet 1994

Scénario :
Alex Gansa et Howard Gordon

Mise en scène :
Daniel Sackheim

Distribution :
Carrie Snodgress (Darlene Morris);
Joel Palmer (Kevin Morris);
Charles Cioffi (chef de section Blevins);
Taunya Dee (Ruby Morris);
Michael Cavanaugh (shérif);
Shelley Owens (Tessa);
Don Thompson (Holtzman);
Don Gibb (Kip);
Akiko Morison (Leza Atsumi);
Anthony Harrison (quatrième homme);
Glen Roald (l'homme des urgences);
Mauricio Mercado (médecin légiste).

Accroche : Une adolescente est enlevée par des extraterrestres, ce qui oblige Mulder à affronter ses sentiments vis-à-vis de l'enlèvement de sa sœur.

Site principal : Sioux City, Iowa.

Résumé : Une adolescente qui dort à côté de son petit frère disparaît d'un terrain de camping, en bordure du lac Okobogee, que Mulder décrit comme le « coin rêvé pour [...] observer des OVNIs ». L'agent se fait attribuer l'affaire et Scully apprend par la voie officielle l'histoire de l'enlèvement de la sœur de Mulder, vingt et un ans plus tôt.

L'adolescente disparue, Ruby, est la fille d'une femme qui avait signalé une apparition d'OVNI en 1967. Le jeune frère, pour sa part, s'est mis à agir de façon bizarre et écrit des séquences de nombres binaires que Mulder transmet à Washington. Peu après, des agents viennent arrêter la mère et l'enfant : le code serait une transmission satellite top secret du Département de la Défense.

Mulder et Scully vont examiner l'emplacement où campait la famille et découvrent le cadavre du petit ami de Ruby. Pour Scully, l'homme et l'adolescente disparue ont été tués par un proche, et elle exhorte Mulder à tout arrêter : « Tu cours après le souvenir de ta sœur. » De retour à la maison, ils s'aperçoivent que le jeune garçon a disposé des pages et des pages couvertes de chiffres sur le plancher, qui, vues d'en haut, composent une image de Ruby, grande comme une fresque. Mulder parle de sa sœur, et dit à Scully qu'il se « revoit

entrer dans cette chambre chaque jour de ma vie ».

Quand ils retournent dans les bois, les agents sont aveuglés par une lumière qui se révèle être des phares de motos. Ils trouvent Ruby, inconsciente mais vivante. À l'hôpital, elle manifeste les symptômes de quelqu'un qui a été soumis à une apesanteur prolongée, mais sa mère dit qu'elle ne veut pas voir sa fille ridiculisée en racontant ce qui lui est arrivé.

Mulder est assis seul dans une église et pleure sa sœur, tandis que Scully écoute l'enregistrement des séances d'hypnothérapie régressive qu'il a subies, où il se souvient d'avoir entendu une voix lui affirmer que tout se passerait bien. Quand on lui demande s'il pense que la voix dit vrai, Mulder ne sait que répondre : « Je veux y croire. »

Coulisses : Greg Loewen, assistant décorateur, a conçu l'immense dessin représentant Ruby, mais c'est sa collègue Vivien Nishi qui a dû reprendre les sorties d'ordina-

Fox Mulder a ouvert le dossier de l'affaire non classée n° X-40253 consacrée à sa sœur presque six mois *avant* d'avoir subi l'hypnothérapie régressive qui lui a rendu ses souvenirs disparus.

L'adresse qu'on voit dans le dossier de Samantha Mulder, 2790 Vine Street, est l'ancienne adresse du bureau de production d'*Aux frontières du réel* à Vancouver.

teurs et recopier méticuleusement à la main tous ces « 0 » et ces « 1 » pour donner l'impression qu'ils avaient été tracés par un enfant de huit ans. L'entreprise a demandé plusieurs jours de préparation pour une scène qui ne dure que quelques secondes.

On apprend également dans cet épisode que la ville natale de Mulder est Chilmarc, Massachusetts. L'orthographe deviendra « Chilmark » quand le nom apparaîtra, presque un an plus tard, au cours de l'épisode d'ouverture de la deuxième saison, « Les Petits Hommes verts ».

Le Diable du New Jersey
(The Jersey Devil)
Première diffusion US : 8 octobre 1993
France : 31 mars 1995

Scénario :
Chris Carter

Mise en scène :
Joe Napolitano

Distribution :
Michael MacRae (agent forestier Peter Boulle) ;
Gregory Sierra (Dr. Diamond) ;
Wayne Tippit (dét. Thompson) ;
Claire Stansfield (diable du New Jersey) ;
Jill Teed (Glenna) ;
Tamsin Kelsey (Ellen) ;
Andrew Airlie (Rob) ;
Bill Dow (père) ;
Hrothgar Mathews (Jack) ;
Jayme Knox (mère) ;
Scott Swanson (premier policier) ;
Sean O'Byrne (deuxième policier) ;
David Lewis (jeune officier) ;
D. Neil Monk (officier de l'équipe du SWAT).

Accroche : Scully et Mulder enquêtent sur des meurtres attribués à un être légendaire, mi-homme, mi-bête, qui vivrait dans les forêts du New Jersey.

Site principal : New Jersey.

Résumé : En 1947, un homme est entraîné loin de sa voiture. On le retrouve avec la jambe dévorée. La police fait une battue dans les bois, accule et tue une créature de grande taille que nous ne verrons pas.

Retour au présent. Un sans-abri est retrouvé. On lui a dévoré certaines parties du corps et il porte des traces de morsures qui semblent d'origine humaine. Mulder évoque le diable du New Jersey, que Scully tient pour une simple légende populaire, et elle laisse Mulder enquêter seul pendant qu'elle se rend à la fête d'anniversaire de son filleul.

Mulder s'entretient avec quelques sans-abri qui lui apprennent qu'ils ont vu la créature dans les parages. La police serait au courant. Prenant l'affût, Mulder aperçoit la bête, mais se fait arrêter. L'incident le convainc que la police cherche à étouffer l'affaire, de peur que la vérité ne fasse fuir les touristes.

Mulder souhaite que Scully l'aide à poursuivre l'affaire, mais celle-ci a un rendez-vous qu'elle se refuse à annuler. « Contrairement à toi, je veux avoir une vie intime », lui dit-elle. Plus tard, un des agents forestiers révèle à Mulder qu'il a découvert le cadavre d'une créature de sexe mâle dans les bois et qu'il l'a remis aux autorités. Mulder pense que la compagne de la créature, depuis sa mort,

Secrets de cuisine: comme *Aux frontières du réel* est tournée à Vancouver, Mulder ne visite pas les casinos d'Atlantic City. En fait, Duchovny a été filmé devant un écran bleu, et des images d'archives montrant un casino ont été rajoutées par la suite. Un procédé nettement moins coûteux qu'un tournage sur place dans le New Jersey.

Nous apprenons que la meilleure amie de Scully s'appelle Ellen, et son filleul Trent.

est venue en ville chercher de quoi se nourrir.
Mulder se jette à la poursuite de la bête, qui le prend au piège, mais est mise en fuite par l'arrivée de Scully. La créature va trouver refuge dans les bois, où la police finit par l'abattre. Au cours de l'autopsie, on retrouvera un os humain dans son système digestif.
Scully laisse passer un second rendez-vous pour enquêter sur l'affaire avec Mulder. Sa décision est prise. Quand Mulder lui demande : « Tu n'as pas de vie intime ? » elle rétorque vertement : « Encore un mot là-dessus et je t'arrache ton autre poumon, Mulder. »

Entre-temps, un père et un fils font une randonnée dans les bois, et nous voyons l'enfant des deux créatures dissimulé dans les fourrés.

Coulisses : Carter voulait présenter le diable du New Jersey comme un caprice de l'évolution, plutôt que comme un yéti ou un *bigfoot* velu. « L'idée était de ne pas en faire un monstre au sens habituel, mais plutôt un chaînon manquant. »

Claire Stansfield, qui mesure environ un mètre quatre-vingt-deux, a interprété la femme sauvage et a dû passer une grande partie du tournage à courir un peu partout toute nue. « C'était assez excitant », dit Carter en riant, avant d'ajouter que l'actrice devait également avoir les cheveux attachés en travers des seins et porter une sorte de string, dans certaines scènes, de façon que ces séquences ne donnent pas au public un aperçu plus complet de la nature que la télévision américaine ne le tolère en *prime time*.

Une intrigue secondaire montre Scully tenter de maintenir un semblant de vie personnelle par contraste avec le dévouement (proche de l'obsession) que Mulder consacre à son travail. Elle rend visite à une amie mariée. Ellen a un enfant et lui demande si Mulder est quelqu'un avec lequel Dana pourrait avoir une aventure. Bien qu'elle aille à un rendez-vous galant, Scully finira par choisir d'enquêter aux côtés de Mulder plutôt que de prendre l'autre voie.

Le but de ces scènes, explique Carter, était de « montrer quelle vie elle laisse filer. Je voulais simplement présenter un peu le personnage de Scully au public ». Sur une note plus humoristique, Mulder durant une scène brandit le poster central d'une revue et annonce que le modèle photographié prétend avoir été enlevé par un vaisseau spatial et avoir passé trois jours dans un état de totale apesanteur. « C'est sans gravité, si je puis dire », répond Scully du tac au tac.

L'Ombre de la mort
(Shadows)

Première diffusion US : 22 octobre 1993
France : 10 juillet 1994

Scénario :
Glen Morgan et James Wong

Mise en scène :
Michael Katleman

Distribution :
Lisa Waltz (Lauren Kyte);
Barry Primus (Robert Dorland);
Lorena Gale (Ellen Bledsoe);
Veena Sood (Ms. Saunders);
Deryl Hayes (Webster);
Kelli Fox (médecin légiste);
Tom Pickett (policier);
Tom Heaton (concierge);
Janie Woods-Morris (Ms. Lange);
Nora McLellan (Jane Morris);
Anna Ferguson (Ms. Winn).

Accroche : Mulder et Scully enquêtent sur des meurtres étranges, commis par une force inconnue qui protège une jeune femme.

Site principal : Philadelphie, Pennsylvanie.

Résumé : Lauren Kyte pleure la mort par suicide de son patron, Howard Graves. Peu de temps après, elle est attaquée par deux hommes, qui sont tués par une puissance invisible.

Les agents du gouvernement appellent Mulder et Scully pour examiner les cadavres. Les corps présentent une charge électromagnétique résiduelle et semblent avoir eu le larynx broyé de l'intérieur. Mulder suggère que la psychokinèse aurait pu produire de tels résultats.

Les enregistrements des caméras de surveillance conduisent les deux agents à Lauren, qui répugne à leur parler. Lorsqu'ils quittent son domicile, leur voiture démarre de façon inexplicable et dévale la rue comme de sa propre volonté.

En filant Lauren, ils apprennent que la fille de Graves était morte jeune et qu'elle aurait eu à peu près le même âge que Lauren si celle-ci avait vécu. Une photo développée spécialement montre l'image de Graves, invisible autrement, qui se tient derrière Lauren. La jeune femme est réveillée par la voix de Graves, et du sang s'écoule par la bonde de sa baignoire. La jeune femme comprend que le suicide de Graves était en fait un meurtre.

Lauren va confronter l'associé de Graves, Dorland : elle sait que son patron a été assassiné, lui annonce-t-elle. Peu après, deux assaillants font irruption chez elle mais se font tuer, tout comme les deux premiers.

D'autres agents, appartenant à la CIA, apprennent à Mulder et à Scully que la compagnie de Graves est soupçonnée d'avoir vendu des armes à un groupe extrémiste basé au Moyen-Orient, dont étaient membres les deux premiers agresseurs de Lauren. Dorland a fait exécuter Graves parce qu'il craignait que ce dernier ne dénonce l'opération. Quand ils veulent interroger Lauren, Mulder les avertit, sarcastique : « Je vais vous donner un conseil : n'y allez pas trop fort. »

Dans le script d'origine, Mulder dit à Scully ce qu'il aimerait voir sur sa pierre tombale: *Je ne regrette rien*.

Les agents du Bureau font un raid sur l'usine, sans trouver de preuves, jusqu'à ce que Lauren s'en prenne à Dorland dans son bureau. Soudain, l'homme est cloué au mur, la porte se verrouille, les tableaux volent en tous sens et un couteau vient se ficher dans le mur pour révéler la présence d'une disquette d'ordinateur renfermant les preuves du crime de Dorland.

Lauren change de travail et de ville. Quand une collègue commence à la morigéner, la tasse à café de la jeune femme semble prise de trépidations. Ce n'est qu'un camion qui passe dans la rue... probablement.

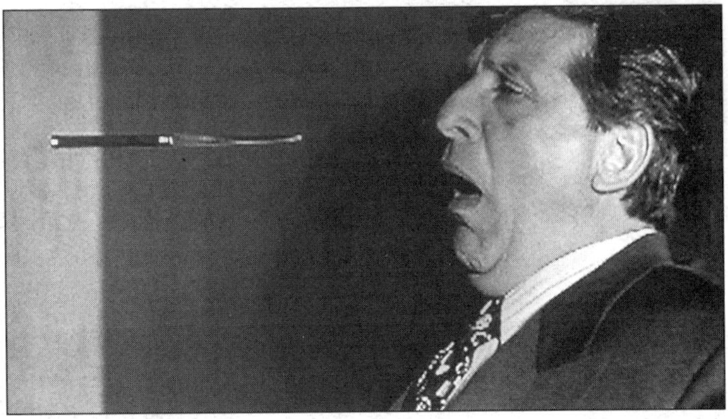

Coulisses : Selon Glen Morgan, la Fox harcelait les producteurs pour qu'ils écrivent plus souvent des épisodes où, pour résumer, « Mulder et Scully enquêtent sur le paranormal et viennent en aide aux gens ». Par conséquent, il reconnaît que la motivation derrière « L'Ombre de la mort » était de faire un épisode où les agents se comportaient exactement de cette façon pour « qu'ils nous lâchent un peu » et que les producteurs puissent se concentrer sur des idées plus originales qu'ils avaient en tête. Morgan et Wong sont également de grands amateurs d'histoires de fantômes, et la Fox avait suggéré qu'un épisode pourrait mettre en scène des esprits frappeurs.

Le goût de la série pour les clins d'œil apparaît clairement dans cet épisode : le nom de l'assistant metteur en scène, Tom Braidwood (longtemps avant qu'il ne devienne célèbre en jouant Frohike, des Lone Gunmen), est utilisé pendant la scène où l'employé du parking repeint ce nom sur la place réservée au défunt.

Un fantôme dans l'ordinateur
(Ghost in the Machine)

Première diffusion US : 29 octobre 1993
France : 17 juillet 1994

Scénario :
Alex Gansa et Howard Gordon

Mise en scène :
Jerrold Freeman

Distribution :
Wayne Duvall (Jerry Lamana) ;
Gillian Barber (Nancy Spiller) ;
Rob Labelle (Brad Wilczek) ;
Jerry Hardin (Gorge Profonde) ;
Blu Mankuma (Claude Peterson) ;
Marc Baur (l'homme en costume) ;
Bill Finck (l'homme aux sandwiches) ;
Theodore Thomas (Clyde) ;
Tom Butler (Benjamin Drake).

Accroche : Un ordinateur doté d'une intelligence artificielle commence à tuer pour préserver son existence.

Site principal : Crystal City, Virginie.

Résumé : Le P-DG d'une compagnie spécialisée en technologie de pointe, Eurisko, est électrocuté après avoir annoncé qu'il voulait mettre un terme au projet COS (Central Operating System : système central d'opérations).

Un ancien partenaire de Mulder, Jerry Lamana, vient lui demander son aide dans cette affaire, et s'approprie le profil psychologique du meurtrier établi par Mulder. Quand on leur annonce que le tueur a dû réussir à contourner le système électronique du bâtiment, Scully et Mulder vont interroger Brad Wilczek, le créateur du système, qui a quitté la firme après une dispute avec le P-DG assassiné, Benjamin Drake.

Sur la foi de l'analyse vocale qui montre que Wilczek a été le dernier interlocuteur de Drake, Lamana va l'arrêter. Mais il est tué quand l'ascenseur tombe en chute libre, sous les yeux de Wilczek qui assiste à la scène sur un écran de contrôle, sans pouvoir intervenir. Wilczek avoue tout, bien que Mulder doute qu'il soit véritablement mêlé aux faits. L'agent se voit refuser par les autorités tout accès à Wilczek.

Gorge Profonde explique que Wilczek intéresse le Département de la Défense, parce qu'il a créé une intelligence artificielle. « Une machine douée de réflexion » qui, suppute-t-il, a assassiné Drake par esprit de conservation.

Mulder demande à Wilczek comment on peut arrêter COS, et va implanter un virus dans le système. Scully se présente à son tour, après qu'un appel téléphonique lui a révélé qu'on avait piraté son ordinateur à partir d'Eurisko. Au moment où ils pénètrent dans le bâtiment, une caméra de sécurité les suit et les lumières s'éteignent. Projetée dans une bouche d'aération, Scully est aspirée vers les pales d'un énorme ventilateur, tandis que Mulder s'introduit dans le système. Un agent de sécurité du bâtiment, en réalité un espion dépêché par le Département de la Défense, arrête Mulder. Mais Scully, qui a réussi à se tirer d'affaire, le prend à revers, ce qui permet à Mulder d'introduire le virus. « Pourquoi, Brad ? Pourquoi ? » demande COS, tandis que la neutralisation s'achève.

Gorge Profonde annonce la disparition de Wilczek. Le gouvernement s'est emparé de lui pour lui soutirer ses secrets. Entre-temps, pendant que des ouvriers s'activent sur COS en sommeil, un voyant s'allume.

Le matricule FBI de Scully est le 2317-616.

Coulisses : Pour le producteur Howard Gordon, qui a écrit l'épisode avec son collègue Alex Gansa, « Un fantôme dans l'ordinateur » fait toujours « partie de mes plus grosses déceptions ». Il estime n'avoir pas aussi bien établi l'intelligence de l'ordinateur qu'il aurait fallu le faire, par comparaison avec ses prédécesseurs dans *2001: L'Odyssée de l'espace* ou *Génération Protéus*.

« La Fox trouvait l'histoire un peu trop terre à terre pour figurer dans *The X-Files*, dit Gordon, qui est un critique sévère de ses propres épisodes, et pour une fois, je suis obligé d'être d'accord avec eux. »

L'épisode présente une scène spectaculaire avec Scully face au ventilateur qui l'aspire, rajoutée en fait à la dernière minute quand la scène d'action initialement prévue, dans un puits d'ascenseur, fut jugée trop onéreuse. Les pales en mouvement « fonctionnaient d'un point de vue visuel, explique Gordon, et se sont avérées bougrement moins chères ».

Wayne Duvall, un des acteurs secondaires, est le neveu de l'acteur Robert Duvall. Pour les amateurs de chiffres, le numéro de téléphone de Scully est le (202) 555 6431. 555 est le préfixe couramment utilisé dans les films et les séries télé américaines. N'étant pas utilisé par les compagnies téléphoniques, il évite tout risque d'appels importuns.

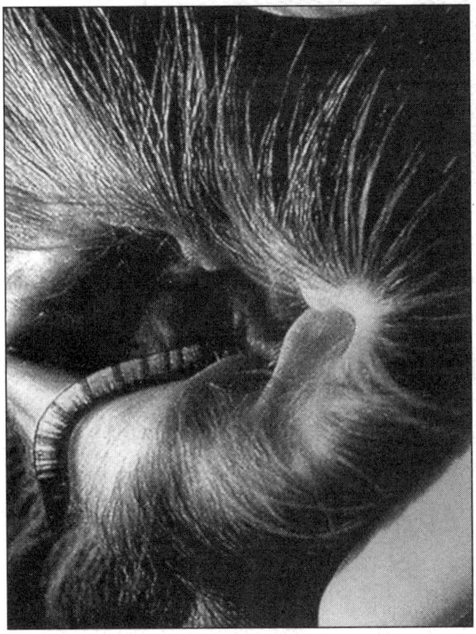

Projet Arctique

(Ice)

Première diffusion US : 5 novembre 1993
France : 29 août 1994

Scénario:
Glen Morgan et James Wong

Mise en scène:
David Nutter

Distribution:
Xander Berkeley (Dr. Hodge);
Felicity Huffman (Dr. Da Silva);
Steve Hytner (Dr. Denny Murphy);
Jeff Kober (Bear);
Ken Kirzinger (Richter);
Sonny Surowiec (Campbell).

Accroche : Mulder, Scully et une petite expédition sont prisonniers dans l'Arctique, après la mort inexpliquée d'une équipe de chercheurs en mission.

Site principal : Icy Cape, Alaska.

Résumé : Une expédition partie forer la calotte glaciaire en Alaska interrompt toute transmission après qu'un des membres, lors du dernier contact, a annoncé à la caméra : « On n'est pas ce qu'on a l'air d'être. On n'ira pas beaucoup plus loin [*en fait, le texte original dit : « Il ne faut pas que ça aille plus loin » – NdT*]. » Puis il est attaqué par un autre homme. Ils se retrouvent face à face, chacun pointant son arme sur l'autre, avant de retourner les canons vers eux et de faire feu.

Mulder et Scully prennent avec eux trois docteurs et savants – Da Silva, Murphy et Hodge – et un pilote, Bear, et s'envolent avant la prochaine tempête arctique. À leur arrivée, ils découvrent les savants morts et un chien, qui attaque Mulder et mord Bear quand il s'interpose. Après avoir anesthésié le chien, ils découvrent qu'une petite créature se déplace sous sa peau. Bear constate qu'il est porteur désormais des mêmes nodules sombres que ceux observés chez le chien.

Scully découvre la présence d'ammoniaque dans le sang des victimes, ainsi que d'une créature unicellulaire qui pourrait être, selon elle, le stade larvaire d'un animal plus grand. Mulder déclare que, s'ils ont été exposés à un organisme inconnu, ils doivent appliquer les consignes de quarantaine. Mais Bear s'y oppose, assom-

mant Mulder avant que Scully ne riposte. On maîtrise Bear. Sous sa peau, à la base de la nuque, se déplace un étrange ver. On parvient à l'extraire, ce qui provoque le décès du pilote.

Mulder essaie d'obtenir de l'aide par radio, mais on lui annonce que la tempête va les isoler pendant plusieurs jours. Le ver, comprennent-ils, pénètre dans l'hypothalamus et entraîne chez son hôte une conduite agressive. Mulder se demande s'il faut le tuer, et suppute que le ver est probablement venu d'une autre planète – où la vie était basée sur l'ammoniaque – quelque deux cent cinquante mille ans auparavant, avant de se trouver enfoui sous la banquise. Scully affirme qu'il faut l'arrêter tout de suite.

Les cinq survivants s'observent avec défiance, en se demandant qui parmi eux a pu être contaminé. À son réveil, Mulder trouve dans un placard le cadavre de Murphy, la gorge tranchée, et devient le suspect numéro un. À l'issue d'un affrontement arme au poing, Scully se joint aux autres pour enfermer Mulder dans une pièce. « Ici, je serai plus en sécurité que toi », l'avertit-il.

En examinant un échantillon de sang, Scully constate que lorsque deux vers différents envahissent le même hôte, ils s'entre-tuent. Elle prouve sa théorie en insérant un ver adulte dans le chien, et en le guérissant.

Bien que Hodge et Da Silva veuillent employer la même technique sur Mulder, Scully est convaincue qu'il n'est pas contaminé et le libère. Mais les autres les séparent et attaquent Mulder à l'improviste. Ils se préparent à introduire le dernier ver survivant dans son oreille, quand Hodge remarque un mouvement sous la peau de Da Silva. Mulder l'assomme et ils implantent la créature en elle.

Après leur sauvetage, Mulder veut retourner sur la base pour étudier la créature, mais on lui explique que les militaires ont incendié les lieux après l'évacuation. La créature est encore là, dit-il à Scully, enfermée depuis deux cent cinquante mille ans dans la glace. « Qu'elle y reste », répond-elle.

Coulisses : Cet épisode présente des ressemblances avec *La Chose d'un autre monde* et le court roman de John W. Campbell, « *Who Goes There ?* » sur lequel ont été basés *La*

X

Le colley de David Duchovny, Blue, est la fille du chien qui apparaît dans cet épisode.

X

En faisant attention, dans la version originale, on peut entendre à la fin de l'épisode Scully prononcer, dans un contexte très différent, la phrase de Richter, au début. Cette phrase devient dans la traduction française: « Ça se termine ici, une fois pour toutes. »

Chose d'un autre monde de Christian Nyby et son remake, *The Thing* de John Carpenter. Comme eux, « Projet Arctique » cloître des personnages dans un lieu confiné en compagnie d'un tueur qui peut être n'importe lequel d'entre eux. Pourtant, l'idée de base de l'épisode a commencé en fait quand Glen Morgan a lu un article dans le magazine *Science News* qui parlait « de types au Groenland qui avaient trouvé sous la glace quelque chose vieux de deux cent cinquante mille ans ». De façon à justifier l'intervention du FBI, le site fut déplacé en Alaska.

L'épisode s'est révélé crucial pour la carrière de Toby Lindala, le magicien des effets spéciaux. C'est en effet son premier travail important sur la série. Il devait devenir par la suite l'expert en résidence de ce département de la production. Lindala se souvient d'avoir transpiré abondamment quand les prothèses conçues pour simuler les déplacements sous-cutanés des vers ont commencé à se déchirer. « Il était tellement nerveux que ses mains tremblaient », se souvient Morgan.

Le ver venu de l'espace reste placé très haut à l'écœuromètre de la série, en partie parce que les producteurs ont réussi à faire passer davantage que ce qu'ils croyaient possible. Morgan reconnaît qu'ils avaient décidé au départ de faire durer une des scènes avec les vers un peu plus longtemps (quatre secondes) en pensant que le département d'autocensure de la Fox la raccourcirait, « et ils n'y ont pas touché ».

Espace
(Space)

Première diffusion US : 12 novembre 1993
France : 24 juillet 1994

Scénario :
Chris Carter

Mise en scène :
William Graham

Distribution :
Ed Lauter (Lt. Col. Marcus Aurelius Belt); Susanna Thompson (Michelle Generoo); Tom McBeath (savant); Terry David Mulligan (contrôleur de mission); Tyronne L'Hirondelle (responsable de la banque de données); Norma Wick (journaliste); Alf Humphreys (deuxième contrôleur); David Cameron (jeune savant); French Tickner (prêtre); Paul DesRoches (infirmier des urgences).

Accroche : Une force mystérieuse sabote le programme de la navette spatiale américaine et Mulder et Scully doivent l'arrêter avant le prochain lancement.

Site principal : Houston, Texas.

Résumé : En 1977, des photographies de la surface martienne montraient la présence d'une sorte de visage sculpté. C'est le point de départ de cet épisode. Le Lt. Col. Belt, désormais superviseur du programme navette, faisait partie de cette mission et revoit une sortie dans l'espace où ce même visage le contemplait.

Pour leur part, Mulder et Scully sont contactés par Michelle Generoo, superviseur des communications à la NASA durant le contrôle des missions. Elle leur révèle qu'un décollage récent a été annulé à quelques secondes de la mise à feu. Elle craint qu'un élément de l'équipement n'ait été saboté. Elle souhaite que les agents l'aident à élucider l'affaire avant que son fiancé ne parte avec la mission suivante.

Belt leur assure qu'il n'y a aucun souci à se faire, et la navette décolle sans incident. Mais bientôt les communications avec le vaisseau sont interrompues, et la voiture de Generoo quitte la route, lorsque l'étrange visage se précipite sur elle à travers le brouillard.

Malgré les dommages subis par la navette, Belt demande aux astronautes de mettre la cargaison en orbite, de peur que des millions de dollars ne soient perdus et le programme spatial amputé, s'ils ne mènent pas leur mission à bien. Mul-

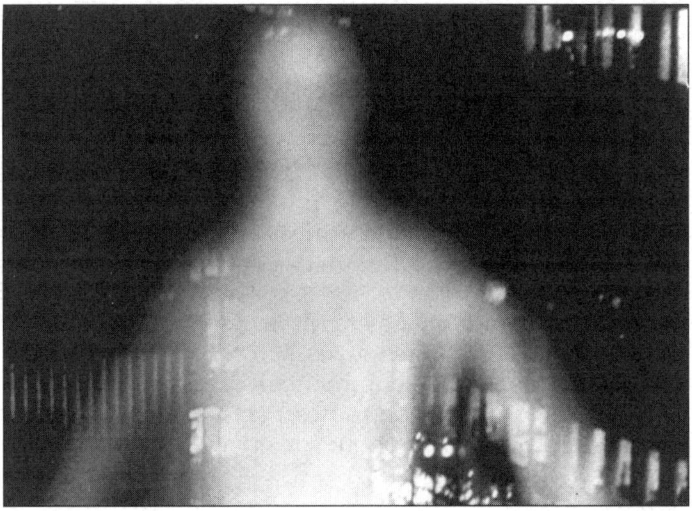

der est déçu, mais Belt lui explique que la situation a changé. « De nos jours, pour faire la une, il faut être ou un martyr ou une victime. »

Seul, Belt a une autre vision. Il hurle quand la forme spectrale s'échappe de son corps, en direction des cieux. La navette ressent un choc sourd, et une fuite d'oxygène se déclare... exactement ce qui s'était passé quelques années plus tôt, lors de la mission de Belt. « Il y a comme une espèce de fantôme à l'extérieur du vaisseau ! » annoncent les astronautes à Houston.

Les agents examinent les archives, qui montrent que Belt était au courant des défauts de soupape, et peut-être aussi de la faiblesse du joint circulaire de *Challenger.* Belt s'effondre, avoue que la force astrale « vit en moi », et le contrôle. À sa demande pressante, on modifie la trajectoire de la navette, ce qui évite au vaisseau de se carboniser au retour sur Terre. Belt lui-même, en résistant à l'entité, se défenestre et meurt.

Mulder, un fan de Belt depuis longtemps, admire son sacrifice. « Quelque chose le possédait. Quelque chose qu'il a dû voir là-haut dans l'espace. » Quelque chose qui, de toute évidence, ne voulait pas de compagnie.

Coulisses : Chris Carter n'est pas entièrement satisfait de cet épisode, conçu autour de la célèbre photographie du « visage martien ». Le producteur se rappelle avoir songé, alors qu'il était étendu sur son lit, dans une chambre d'hôtel à Vancouver : « Est-ce que ça ne serait pas bizarre si ce visage descendait sur moi ? » Exactement l'image reprise avec le colonel Belt.

Certaines contraintes logistiques ont accentué la frustration de Carter vis-à-vis de cet épisode, en particulier l'impossibilité de montrer les astronautes attaqués dans la navette spatiale, et l'obligation de traiter toute cette partie en coulisses. « C'est totalement impossible avec un budget de série hebdomadaire », concède-t-il.

« Espace » a été en partie conçu comme un épisode peu coûteux (la série avait dépassé son budget sur quelques-uns des épisodes précédents). On pouvait utiliser des films d'archives de la NASA pour un prix raisonnable. Mais finalement, la reconstitution de l'immense décor de la salle de contrôle en a fait un des épisodes les plus chers de la première saison.

Carter reconnaît qu'il a été un peu dépassé en cours de production. L'épisode se tournait en septembre, alors que la diffusion de la série commençait à peine. Critiques et suggestions affluaient de toutes parts. « Tout arrivait en même temps, dit-il. À l'époque, on essayait juste de mettre le navire à flot. »

L'Ange déchu
(Fallen Angel)

Première diffusion US : 19 novembre 1993
France : 31 juillet 1994

Scénario:
Alex Gansa et Howard Gordon

Mise en scène:
Larry Shaw

Distribution:
Frederick Coffin (chef Joseph McGrath); Jerry Hardin (Gorge Profonde); Marshall Bell (cdt Henderson); Scott Bellis (Max Fenig); Alvin Sanders (shérif Wright); Sheila Paterson (Gina Watkins); Tony Pantages (Lt. Fraser); Jane MacDougall (Laura Dalton); Bret Stait (Cpl Taylor); Freda Perry (Mrs. Wright); Michael Rogers (Lt. Griffin); William McDonald (Dr. Oppenheim); Kimberly Unger (Karen Koretz).

Accroche : Scully et Mulder enquêtent sur le lieu présumé d'un crash d'OVNI, que Mulder soupçonne le gouvernement de vouloir étouffer.

Site principal : Townsend, Wisconsin.

Résumé : Un vaisseau extraterrestre s'écrase dans les bois, mais un commandant de l'armée ordonne au technicien radar de ne parler dans son rapport que du passage d'un météore. Bientôt, le gouvernement fait évacuer tout le secteur, en prétextant un accident avec une cargaison toxique.

Gorge Profonde apprend à Mulder qu'une équipe de récupération rapide a été dépêchée sur les lieux. L'agent dispose donc de vingt-quatre heures pour mettre au jour des preuves avant que le cordon sanitaire ne soit levé et toutes traces effacées. Mulder s'infiltre dans l'opération en cours, baptisée Opération Faucon, mais on le surprend en train de prendre des photos de l'épave, tandis que les soldats traquent le pilote en fuite de l'OVNI. « Je vous suggère d'oublier ce que vous avez vu – ou ce que vous croyez avoir vu », lui conseille le commandant. En détention, Mulder rencontre Max Fenig, un membre de NICAP – le Noyau d'Investigation des Choses Aériennes Pas normales (!). Fenig révèle à Mulder qu'il connaît bien son travail et que tout ceci « ressemble à une réédition de l'étouffement de l'affaire Roswell ». [*En français : « Ça doit être vachement grave pour qu'ils veuillent étouffer cette affaire » – NdT.*]

Scully vient tirer Mulder de sa prison, et lui apprend qu'il a de gros

L'avertissement que Gorge Profonde adresse à Mulder est une réplique de Don Corleone, dans *Le Parrain* : « Gardez vos amis près de vous, et vos ennemis plus près encore. »

ennuis à Washington, qu'on va peut-être fermer la section des affaires non classées. Entre-temps, les militaires localisent le pilote extraterrestre, mais les soldats qui ont affaire à cette entité translucide sont horriblement brûlés.

Mulder, à son retour, trouve Fenig en proie à une sorte de crise d'épilepsie et remarque une incision bizarre derrière son oreille. Une cicatrice qu'il a précédemment vue chez des gens soi-disant enlevés par des extraterrestres. Mulder est désormais persuadé que la présence de Fenig n'est pas une coïncidence. Les radars de l'armée, pendant ce temps, ont capté la trajectoire d'un nouveau « météore », beaucoup plus grand que le premier, et qui, comme le fait remarquer l'opérateur radar, « semble planer au-dessus d'une petite ville de l'est du Wisconsin ».

Sur les traces de Max, Mulder découvre d'autres soldats carbonisés. Quant à Fenig, il commence à saigner par les oreilles. Remontant sa piste jusqu'à un hangar, Mulder est catapulté à travers la pièce par la présence étrangère et voit Max un instant suspendu en l'air, avant qu'il disparaisse dans un éclair lumineux, enlevé une nouvelle fois.

De retour à Washington, Mulder est soumis à un interrogatoire par un comité. « On ne combat pas des mensonges portant l'estampille gouvernementale », réplique Mulder, en les défiant, et il ajoute : « Aucune loi, aucun gouvernement sur Terre n'aura jamais le droit de manipuler la vérité. »

Gorge Profonde explique au président du comité qu'il y a plus de risques à couper les ponts avec Mulder, à lui laisser dévoiler au public ce qu'il sait, « ce qu'il croit savoir », qu'à le laisser poursuivre son travail.

Coulisses : En un sens, le personnage de Max Fenig, à la tête de son organisation, NICAP, préfigure un peu les Lone Gunmen. L'épisode annonce la fermeture du service des affaires non classées qui interviendra en fin de saison, même si les scénaristes « n'avaient pas la moindre idée » que cela se produirait un jour, selon le producteur Howard Gordon.

Gordon affirme que le but de l'épisode était de « rappeler aux téléspectateurs la mission initiale de Scully » : jouer le rôle d'une sceptique, pour contrebalancer la foi de Mulder dans le paranormal et, du point de vue du Bureau, discréditer son travail autant que possible.

Lynne Carrow, directrice du casting, est particulièrement fière d'avoir « découvert » l'acteur canadien Scott

Bellis, qui joue Fenig. Gordon reconnaît que, pour les rôles principaux, les acteurs de Los Angeles bénéficient souvent d'un préjugé favorable. Par conséquent, lorsqu'un acteur de Vancouver empoche un tel rôle, « vous pouvez être sûr que nous avons été soufflés par son audition », comme ce fut le cas pour Bellis. S'il est parti, il n'en est pas oublié pour autant, et les producteurs parlent encore de lui trouver un nouveau rôle, ou même de le faire revenir en tant que Max. Après tout, constate Gordon, « les enlevés reviennent toujours ».

Sur un plan plus technique, ce sont de minces cordes de piano qui soutiennent Bellis durant la scène de l'enlèvement, sans emploi d'effets spéciaux en postproduction.

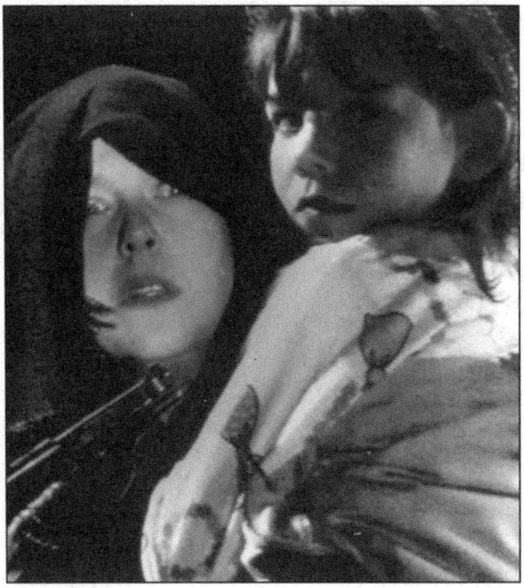

Ève
(Ève)

Première diffusion US : 10 décembre 1993
France : 12 mai 1995

Scénario :
Kenneth Biller et Chris Brancato

Mise en scène :
Fred Gerber

Distribution :
Harriet Harris (Sally Kendrick) ;
Erika Krievins (Cindy Reardon) ;
Sabrina Krievins (Teena Simmons) ;
Jerry Hardin (Gorge Profonde) ;
George Touliatos (Dr. Katz) ;
Janet Hodgkinson (serveuse) ;
Tasha Simms (Ellen Reardon) ;
Tina Gilbertson (Donna Watkins) ;
David Kirby (Ted Watkins) ;
Christine Upright-Letain (Ms Wells) ;
Gordon Tipple (détective) ;
Garry Davey (chasseur) ;
Joe Maffei (premier garde) ;
Maria Herrera (deuxième garde) ;
Robert Lewis (officier).

Accroche : Deux meurtres bizarres sont commis en même temps sur les deux côtes américaines. Dans les deux cas, une petite fille étrange y est mêlée.

Site principal : Greenwich, Connecticut ; San Francisco, Californie.

Résumé : Deux hommes, pères de fillettes de huit ans, sont assassinés au même instant, en Californie et dans le Connecticut. Chaque fois, la victime est exsangue.

La première petite fille, Teena, s'exprime de façon curieusement adulte et explique aux agents que « les hommes qui venaient des nuages » sont allés chercher son père pour « lui retirer tout son sang ». Lorsqu'elle est ensuite enlevée d'un établissement de l'assistance sociale, Mulder et Scully se rendent en Californie du Nord et sont stupéfaits de constater que la deuxième petite fille, Cindy, est le parfait sosie de la première. Les deux familles ont eu affaire au Dr. Sally Kendrick, renvoyée d'une clinique pour s'être livrée à des expériences interdites d'eugénisme – une science qui veut améliorer les caractéristiques génétiques de l'espèce humaine, en général par la reproduction.

Gorge Profonde apprend à Mulder l'existence du projet Litchfield : un programme d'eugénisme top secret remontant aux années cinquante, qui a donné naissance à des jeunes garçons identiques appelés Adam et des petites filles prénommées Ève. Sur ses indications, Mulder et Scully se rendent dans une prison pour les fous criminels, où ils rencontrent

Ève 6, une copie parfaite de Sally Kendrick. Les Adam et les Ève possédaient des chromosomes surnuméraires, dit-elle, qui leur ont conféré une force et une intelligence supérieures à la normale, mais ont aussi suscité chez eux des accès de folie homicide. « Vous venez mesurer mon QI ? Vous serez pas déçus. Il doit atteindre au moins 265, se rengorge-t-elle. Nous sommes très fortes, nous les Ève. »

Deux clones d'Ève, dont Kendrick, sont encore en liberté. Des photos remontant à leur enfance montrent qu'elles sont les sosies de Cindy et de Teena. Mulder et Scully surveillent la maison de Cindy, mais une autre Ève réussit à fuir avec l'enfant. Réunies, les deux petites filles admettent qu'elles connaissaient leur existence mutuelle et qu'elles ont toutes deux tué leur père. Leurs prédispositions criminelles se sont manifestées plus tôt que chez leurs congénères. Ève, qui tentait de leur venir en aide, se fait empoisonner.

Les autorités retrouvent les petites filles et, tandis que Mulder et Scully les raccompagnent, Mulder comprend brutalement que ce sont elles qui ont tué, juste avant qu'elles ne l'empoisonnent à son tour, en même temps que Scully. Les enfants cherchent à s'échapper, mais sont rattrapées et enfermées en compagnie d'Ève 6. Dans la dernière scène, elles reçoivent une visite : Sally Kendrick, Ève 8.

« Comment saviez-vous que je viendrais ? demande-t-elle.

– On le savait, c'est tout. »

Teena et Cindy doivent leur prénom aux femmes des producteurs Glen Morgan et Jim Wong, scénaristes et producteurs de l'épisode.

Coulisses : Le rôle étrange tenu par les jumelles Erika et Sabrina Krievins rappelle *Ces garçons qui venaient du Brésil.* Les producteurs avaient commencé à chercher des jumelles à Los Angeles, mais les lois sur le travail des enfants y sont si draconiennes qu'envoyer les fillettes à Vancouver, compte tenu du nombre restreint d'heures de travail autorisées chaque jour, aurait rendu l'épisode « pratiquement impossible à tourner », explique Carter. En conséquence, l'équipe dut employer des talents autochtones à Vancouver et a eu la chance de dénicher les sœurs Krievins. « C'est arrivé plusieurs fois, ajoute le producteur, en faisant référence à des situations où la série devait trouver des acteurs dans des délais très brefs ou pour des raisons logistiques, et en a trouvé d'excellents. On a eu beaucoup de chance. »

L'épisode offre encore un dialogue anodin mais mémorable entre Mulder et Scully, quand il dit qu'une des petites filles a été « enlevée » et que Scully le corrige en disant :

« Kidnappée.

– Bonnet blanc, blanc bonnet, rétorque Mulder. »

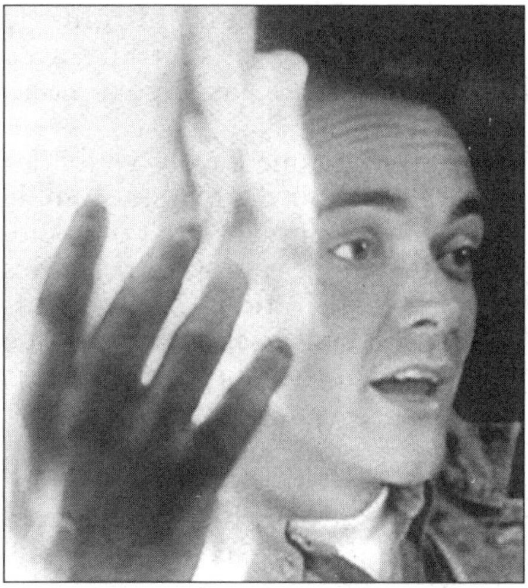

L'Incendiaire
(Fire)

Première diffusion US : 17 décembre 1993
France : 7 août 1994

Scénario:
Chris Carter

Mise en scène:
Larry Shaw

Distribution:
Mark Sheppard (Cecil L'ively/Bob);
Amanda Pays (Phoebe Green);
Dan Lett (Sir Malcolm Marsden);
Duncan Fraser (Beatty);
Lynda Boyd (cliente du bar);
Laurie Paton (Lady Malcolm);
Phil Hayes (premier conducteur);
Christopher Gray (Jimmie);
Alan Robertson (homme aux cheveux gris);
Keegan Macintosh (Michael).

Accroche : Mulder et Scully affrontent un assassin capable de déclencher des incendies d'un simple contact de la main.

Site principal : Boston, Cap Cod, Massachusetts.

Résumé : Mulder reçoit la visite d'une ancienne petite amie, Phoebe Green, qu'il a connue à Oxford et qui est chargée de la protection d'un lord anglais en vacances dans le Massachusetts. Quelqu'un a tué plusieurs membres du Parlement, provoquant chaque fois l'incinération de la victime. Mulder, qui avoue une phobie du feu contractée quand il était enfant, se demande si ce ne serait pas là la marque d'un don de pyrokinésie – la capacité pour une personne de déclencher et de contrôler le feu.

En prévision de l'arrivée de sir Malcolm, l'assassin tue le gardien de la propriété et prend sa place. Lors d'une visite dans un bar local, il fait brûler son bras et boute le feu à tout l'établissement. Puis il empoisonne toute la famille du chauffeur avec des médicaments, de façon à pouvoir conduire tout le monde à une réception, à Boston.

Entre-temps, Scully fait établir un profil psychologique du tueur, et en conclut qu'il agit « de façon impulsive comme pour satisfaire un besoin sexuel », tandis que Mulder et Phoebe ressuscitent leur vieille histoire d'amour. Scully se précipite à l'hôtel où se tient le dîner, et les voit ensemble, avant de découvrir qu'un des étages supérieurs où se trouvent les enfants de sir Malcolm est la proie des flammes. Le gardien gagne la confiance de la famille en aidant à les secourir.

Scully a appris qu'un Anglais, Cecil L'ively, qui travaillait pour deux des précédentes victimes, vient d'entrer aux USA. Puis elle reçoit un portrait-robot de l'incendiaire du bar : c'est le gardien.

Mulder trouve le cadavre du chauffeur à la résidence du Cap Cod et la demeure commence à s'embraser. Mulder évacue les enfants tandis que Scully affronte le tueur, qui est englouti par les flammes et s'écroule, avec un rire de dément, après que Phoebe l'a aspergé de combustible.

En voix off, Scully nous apprend que L'ively a subi des brûlures aux cinquième et sixième degrés sur tout le corps, mais qu'il récupère vite et devrait être complètement remis d'ici à un mois, laissant les autorités perplexes quant aux modalités de son incarcération. Quand l'infirmière demande au suspect carbonisé s'il désire quelque chose, celui-ci marmonne : « J'avoue que j'en grillerais bien une petite. »

La fameuse scène où Mulder porte un caleçon en soie noie était à l'origine une scène en slip kangourou…

Coulisses : On avait averti Carter du coût et des risques qu'entraîne tout tournage avec le feu, bien que le seul problème se soit produit pendant une scène où Duchovny a bel et bien souffert d'une brûlure assez sévère pour lui laisser une cicatrice sur la main.

Le personnage de Phoebe Green – interprété par Amanda Pays, déjà vue dans les séries *Flash* et *Max Headroom* – avait été envisagé comme un rôle semi-régulier, car Carter adore cette actrice et a un amour profond pour Sherlock Holmes. L'idée de faire intervenir une inspectrice de Scotland Yard dans la série le titillait. Mais l'alchimie n'a pas fonctionné comme espéré, constate-t-il, bien que Phoebe ait obtenu l'effet escompté, en devenant un personnage que « les fans sur Internet adorent haïr ».

Le lord britannique, Malcolm Marsden, doit son nom au coiffeur principal de la série.

Dans le script original figurait un dialogue final où Scully constatait : « Eh bien, on ne pourra pas dire que tu ne te jetterais pas au feu pour une femme, Mulder. » Ce à quoi il répliquait : « Et on ne pourra pas dire que je ne le referais pas pour toi, Scully. »

Le Message
(Beyond the Sea)

Première diffusion US : 7 janvier 1994
France : 28 août 1994

Scénario:
Glen Morgan et James Wong

Mise en scène:
David Nutter

Distribution:
Brad Dourif (Luther Lee Boggs);
Don Davis (cpt William Scully);
Sheila Larken (Margaret Scully);
Fred Henderson (agent Thomas);
Lisa Vultaggio (Liz Hawley);
Chad Willett (Jim Summers);
Lawrence King (Lucas Jackson Henry);
Don Mackay (gardien Joseph Cash);
Katherynn Chisholm (infirmière);
Randy Lee (infirmier aux urgences);
Len Rose (docteur aux urgences).

Accroche : Pour arrêter un tueur en liberté, Scully et Mulder font appel à un condamné à mort, Luther Lee Boggs, qui prétend posséder des dons psychiques.

Site principal : Raleigh, Caroline du Nord.

Résumé : Scully s'éveille pour voir son père assis dans son salon. En un éclair, l'image a disparu, et sa mère l'appelle au téléphone pour lui annoncer que son père vient de mourir d'un infarctus.

Entre-temps, deux étudiants sont kidnappés, et Luther Lee Boggs, un tueur en attente d'être exécuté – condamné à la chaise électrique en partie à cause du profil psychologique qu'a établi Mulder sur lui –, affirme détenir des pouvoirs extrasensoriels et qu'il aidera à retrouver les adolescents en échange d'une grâce. Mulder, incrédule, pense que Boggs a orchestré le kidnapping pour sauver sa vie. « Comprenez-moi bien, Luther, je ne demande pas mieux que de vous croire », déclare Mulder, avec un mépris certain.

Scully, pour sa part, lorsque Boggs chantonne « La Mer », est prête à s'ouvrir à ce que Mulder appelle des « hypothèses extrêmes » : c'était la chanson interprétée à l'enterrement de son père. De plus, Boggs l'appelle Starbuck, le sobriquet que lui avait donné son père. Agissant sur des indications du criminel, Scully découvre la trace des victimes à l'endroit qu'il a décrit. « Pourquoi vous ne me croyez pas ? demande Boggs à Mulder, après que ce dernier l'a trompé avec un faux journal affirmant que les étudiants enlevés avaient été retrouvés. L'agent Scully, elle, me croit. »

Boggs avertit également Mulder de prendre garde à une croix blanche. Quand le FBI lance un assaut sur le lieu où étaient détenus les otages, Mulder reçoit une balle, et son sang coule sur une croix blanche. La jeune fille est sauvée, mais le garçon et le suspect – Lucas Henry, un complice fréquent de Boggs – sont toujours introuvables.

Scully confronte Boggs, qui raconte un souvenir d'enfance de la jeune femme. Pour échapper à l'exécution, il lui permettra de parler à son père et aidera à sauver le garçon. Mais « personne ne parlera à personne tant que je serai condamné ».

Scully accepte le marché. Tout en sachant qu'elle lui ment, Boggs lui révèle l'endroit où est détenu l'adolescent. Le jeune homme est sauvé, Henry tué, et Scully doit en partie sa survie à un avertissement de Boggs.

Boggs annonce à Scully qu'il lui transmettra le message de son père juste avant l'exécution. Elle choisit plutôt de se rendre au chevet de Mulder. Mulder s'éveille et lui demande pourquoi elle n'a pas été voir Boggs, pourquoi elle ne veut pas s'ouvrir à la possibilité de croire. « J'ai peur, sans doute », lui confie-t-elle. Quand Mulder lui rétorque qu'en n'y allant pas, elle n'a pas pu savoir quel était le message de son père, elle répond :

« Mais je le sais.

– Comment ?

– Il était mon père, c'est tout. »

Coulisses : Sheila Larken, qui tient le rôle de Margaret, la mère de Scully, dans plusieurs épisodes, est mariée au coproducteur exécutif de la série, R. W. Goodwin. Don Davis, qui interprète le père de Scully, fait partie des cinq anciens de *Twin Peaks* à être apparu sur *The X-Files,* au cours des deux premières saisons, avec David Duchovny, Jan D'Arcy (« Le Retour de Tooms »), Michael Horse (« Métamorphoses ») et Michael Anderson (le nain de « Faux Frères siamois »). Duchovny a baptisé Horse et Anderson « le grand Michael et le petit Michael ».

Dans la scène où le capitaine Scully apparaît dans l'appartement de sa fille et articule des mots en silence, l'acteur Don Davis récite en fait le « Notre Père ».

Les deux noms des deux tueurs en série, Luther Lee Boggs et Lucas Henry, évoquent celui d'un véritable assassin en série, Henry Lee Lucas. « Le Message » reste un des épisodes préférés à la fois de Chris Carter et de Gillian Anderson. Pour cette dernière, c'est à cause des profondes émotions que le scénario a permis à son personnage d'exprimer.

Masculin Féminin
(Genderbender)

Première diffusion US: 21 janvier 1994
France: 26 novembre 1994

Scénario:
Larry Barber et Paul Barber

Mise en scène:
Rob Bowman

Distribution:
Brent Hinkley (Frère Andrew);
David Thomson (Frère Oakley);
Kate Twa (Marty féminin);
Peter Stebbings (Marty masculin);
Mitchell Kosterman (dét. Horton);
Michele Goodger (Sœur Abigail);
Aundrea MacDonald (jolie femme);
John R. Taylor (mari);
Grai Carrington (homme de grande taille);
Tony Morelli (policier);
Lesley Ewen (premier agent);
Nicholas Lea (Michael);
Paul Batten (Frère Wilton);
Doug Abrahams (deuxième agent).

Accroche : Scully et Mulder cherchent le fin mot d'une étrange série de meurtres perpétrés par une personne qui tue sous une apparence tantôt masculine, tantôt féminine.

Site principal : Germantown, Maryland ; Steveston, Massachusetts.

Résumé : Un homme est pris de convulsions et meurt après avoir été séduit par une femme dans un bar. Bien que ce soit indéniablement une femme qui est entrée dans la chambre, c'est un homme qu'on en voit sortir.

Mulder explique que cette mort est la cinquième du genre, trois femmes et deux hommes morts d'embolies massives en pleine passion amoureuse. On a trouvé dans leur corps d'énormes quantités de phéromones, les sucs de l'attirance animale, qui contiennent des traces d'ADN – ce qui pousse Mulder à décrire l'assassin comme « un véritable aphrodisiaque » et « une sex-machine ambulante ».

Les indices conduisent les agents aux Âmes Sœurs, une mystérieuse secte isolationniste. Quand l'un d'entre eux, Andrew, touche la main de Scully, elle paraît perturbée. Les deux agents rencontrent la communauté mais n'en obtiennent que de maigres réponses. Ils reviennent en cachette sur la propriété des Âmes Sœurs et les voient placer l'un des leurs dans une crypte étrange, et le ranimer après un singulier rituel.

Andrew parle à Scully du Frère Martin, qui a abandonné les Âmes Sœurs « pour devenir l'un des vôtres ». Il commence à la séduire, mais Mulder intervient, perplexe quant aux raisons qui ont poussé Scully à se conduire comme elle l'a fait – elle semblait prête à « faire des folies de son corps avec le premier venu ».

Cependant, le tueur fascine une nouvelle victime potentielle, mais est interrompu par l'arrivée d'un policier. D'un seul coup, « elle » se change en homme, assomme le policier et s'enfuit. « Dans le temps, dans les boîtes, y avait pas ce genre de plan », constate la victime, hébétée, à l'hôpital.

Mulder et Scully remontent la piste du tueur jusqu'à un motel, où ils découvrent un autre cadavre. Au terme d'une brève lutte, il/elle est capturé/e, mais les Âmes Sœurs le/la font évader. Selon Andrew, les humains ont des plaisirs qui sont inconnus des Âmes Sœurs. Quand leur ferme est fouillée, les lieux sont déserts. Un cercle immense est visible dans le champ de blé. « Ils sont partis », dit Scully. Partis sans utiliser de moyen de transport… terrestre.

La musique utilisée dans la scène de la discothèque, au début, est celle du générique d'un téléfilm, *In the Line of Duty: Street War*, composée par Mark Snow.

Coulisses : Écrit par le tandem fraternel de Larry et Paul Barber, cet épisode est passé par différentes conceptions au cours de son écriture, et a subi au moins un remaniement important, motivé par des inquiétudes quant à son contenu. La séquence prégénérique montrait initialement une scène où un bas-ventre subissait une décomposition rapide. Elle a promptement été édulcorée, lorsque le coproducteur exécutif R. W. Goodwin a déclaré : « Si j'étais en train de regarder ça avec mon gamin, je couperais tout de suite la télé. »

Nicholas Lea reviendra jouer le rôle semi-régulier d'Alex Krycek, mais il interprète ici une victime potentielle du tueur. Quant à Kate Twa (la moitié féminine du tueur), on l'a revue par la suite dans un rôle plus important, celui du détective d'« Ombre mortelle ».

Rob Bowman, le metteur en scène, inaugure avec cet épisode sa participation à la série, après avoir travaillé sur *Star Trek : The Next Generation*. Bowman, devenu un des directeurs les plus prolifiques de la série, a trouvé particulièrement problématique le tournage dans les tunnels des Âmes Sœurs, qu'il a fallu construire entièrement. L'étroitesse des boyaux exigea un jour de tournage supplémentaire pour obtenir la maniabilité requise.

Quand on lui demande s'il ne craint pas de voir établir des parallèles entre les Âmes Sœurs et les Amish (une secte qu'on a vue dans le film *Witness*, qui refuse de la même façon le confort moderne et qui s'habille de façon très voisine), Carter répond avec malice : « Ils ne regardent pas la télé, je ne me suis donc pas fait de souci. »

Lazare
(Lazarus)

Première diffusion US: 4 février 1994.
France: 14 août 1994

Scénario:
Alex Gansa et Howard Gordon

Mise en scène:
David Nutter

Distribution:
Christopher Allport (agent Jack Willis);
Jason Schombing (Warren James Dupre);
Cec Verrell (Lula Philips);
Callum Keith Rennie (Tommy);
Peter Kelamis (O'Dell);
Jay Brazeau (prof. Varnes);
Jackson Davies (agent Bruskin);
Lisa Bunting (premier docteur);
Russell Hamilton (policier Daniels);
Brenda Crichlow (journaliste);
Alexander Boynton (homme propre et net);
Mark Saunders (deuxième docteur).

Accroche : Un agent du FBI et un voleur de banque sont tous deux abattus durant un braquage. Le voleur décède, mais l'agent commence à endosser la personnalité du criminel.

Site principal : Maryland ; Washington, DC.

Résumé : Durant une planque, Scully abat un braqueur, tandis qu'un de ses collègues, Jack Willis, un ancien instructeur avec lequel elle avait eu une liaison, est grièvement blessé. En salle de réanimation, on tente de ramener l'agent à la vie, mais le corps du voleur, Warren Dupre, est agité par des convulsions synchrones. Willis, après avoir présenté des tracés plats pendant un moment, finit par revenir à la vie, tandis que Dupre expire.

Willis se réveille, mais c'est la conscience de Dupre qui habite son corps. Il se rend à la morgue et sectionne trois doigts de Dupre pour récupérer son alliance. Puis il disparaît, au moment où un tatouage qui figurait sur l'avant-bras de Dupre s'imprime sur le sien.

L'agent avait passé un an à traquer Dupre, responsable avec sa complice et épouse, Lula, de sept meurtres au cours d'une série d'attaques de banques. Devant l'étrange conduite de Willis, Mulder fait remarquer que deux hommes sont morts et que « l'un d'eux est revenu à la vie. La question est : Lequel des deux ? »

Convaincu que le frère de Lula l'a dénoncé, Willis/Dupre l'assassine, avant de réapparaître brusquement sur le lieu du crime. Mettant sa théorie à l'épreuve, Mulder demande à Willis de signer une carte de vœux destinée à Scully. Pourtant, Willis et elle ont la même date de naissance, et leur anniversaire est encore éloigné de plusieurs mois.

Willis prétend avoir retrouvé Lula, et Scully l'accompagne. Ils capturent la criminelle, mais Willis s'empare de Scully, et fournit à Lula des détails prouvant qu'il est Dupre. Quand Scully essaie d'en appeler aux souvenirs de Willis, Dupre lui répond : « C'est toi qui m'as tiré dessus, c'est toi. Et ensuite, tu m'as laissé crever ! »

Willis s'évanouit : il est diabétique et a besoin d'une injection d'insuline. Mais Lula refuse de la lui laisser prendre, et avoue que c'est elle qui l'a trahi : elle voulait garder l'argent pour elle seule. Elle téléphone au FBI et exige une rançon d'un million de dollars en échange de Scully.

En isolant les bruits d'ambiance, les enquêteurs repèrent l'endroit où est détenue Scully. Feignant d'être mort, Willis s'empare de l'arme de Lula et l'abat, avant de mourir, tandis que le tatouage de Dupre s'efface. Scully découvre que la montre de Willis a cessé de fonctionner à l'heure exacte de son arrêt cardiaque, mais n'est pas sûre de ce qu'il faut en conclure. « Ça veut dire exactement ce que tu veux », lui dit Mulder pour l'apaiser.

Nous apprenons ici que l'anniversaire de Scully tombe le 23 février.

Astrologie chinoise: dans le scénario original, Dupre affirmait être né en l'année du Dragon dans le calendrier chinois, ce qui correspond à 1964: la même année que Scully. En définitive, il parle de l'année du Rat, 1960, la même année que Mulder (et Duchovny).

Coulisses : Tel que le script était conçu à l'origine, « Lazare » faisait entrer Dupre dans le corps de Mulder, plutôt que dans celui d'un ancien amant de Scully. Mais la Fox et le studio se sont opposés à cette idée. Les producteurs consentirent à la modification avec une certaine réticence, bien que le scénariste Howard Gordon reconnaisse, avec le recul, qu'elle était sans doute pertinente. « Nous voulions que Mulder ressente le basculement des âmes », dit-il. Mais à l'époque, le concept exigeait qu'aucun des protagonistes n'ait une expérience personnelle du paranormal.

Gordon note qu'en présentant une ancienne liaison de Scully on pouvait approfondir un peu plus son passé. De plus, l'épisode laissait habilement la place à un certain nombre d'explications rationnelles, en plus de la solution paranormale : c'était ainsi que la série avait été initialement conçue, bien qu'elle ait parfois dévié de sa course. Vu sous cet angle, « l'opinion de chacun est en fait très bien défendue et raisonnée », dit Gordon, particulièrement lors du dialogue final entre Mulder et Scully, quand il lui dit qu'elle peut interpréter l'heure de la mort de Willis comme elle le voudra.

Scully se fait enlever pour la première fois de la série au cours de cet épisode. Ce ne sera pas la dernière.

X

Vengeance d'outre-tombe
(Young at Heart)

Première diffusion US: 11 février 1994
France: 21 août 1994

Scénario:
Scott Kaufer et Chris Carter

Mise en scène:
Michael Lange

Distribution:
Dick Anthony Williams (Reggie Purdue); Alan Boyce (John Barnett jeune); David Petersen (John Barnett vieux); Graham Jarvis (docteur du NIH); William B. Davis (Homme à la cigarette); Merrilyn Gann (procureur); Jerry Hardin (Gorge Profonde); Robin Mossley (Dr. Joe Ridley); Gordon Tipple (Joe Crandall); Courtney Arciaga (victime de la progéria); Robin Douglas (expert en ordinateurs); Christine Estabrook (agent Henderson).

Accroche : Mulder découvre qu'un criminel qu'il avait contribué à arrêter et qu'on affirmait mort en prison est de retour et qu'il le nargue au fil d'une nouvelle vague de crimes.

Site principal : Washington, DC.

Résumé : Un ancien collègue de Mulder, l'agent Reggie Purdue, le convoque sur le lieu d'une bijouterie cambriolée. On y a laissé un message qui dit : « Fox le renard est dans le poulailler. » C'est la carte de visite de John Barnett, que Mulder a aidé à mettre sous les verrous quelques années auparavant.

Selon les archives, Barnett est mort en prison quatre ans plus tôt, mais l'analyse affirme que l'écriture est la même, avec une certitude de quatre-vingt-quinze pour cent. Barnett a juré vengeance contre Mulder durant son procès, et l'agent trouve sur sa voiture un mot qui annonce : « Quand on traque Fox le renard, on finit par le tuer. » Lorsque Barnett l'appelle au téléphone, pour Mulder, le doute n'est plus permis : il s'agit bien du criminel. Il contacte Purdue, mais l'agent est étranglé pendant la conversation. Un message annonçant : « Funérailles pour les amis de Fox – et bientôt pour Fox » est retrouvé sur le lieu du crime.

Une enquête plus poussée révèle que le Dr. Ridley, qui avait signé l'acte de décès de Barnett, s'est vu interdire de pratiquer la médecine pour faute professionnelle. Ridley effectuait des expériences sur le renversement du processus de vieillissement, ce qui laisse entendre que Barnett a peut-être l'air plus jeune que normalement. Ridley se présente chez Mulder. Barnett est son dernier patient encore en vie. Il a fait des expériences sur lui, lui coupant une main pour en recréer une à partir de cellules de salamandre. Ridley, qui se meurt des suites de ses propres expériences, raconte à Mulder que le gouvernement subventionnait ses recherches.

Au cours d'une entrevue avec Gorge Profonde, Mulder apprend que le gouvernement est en pourparlers avec Barnett pour récupérer les documents qu'il a volés sur les recherches de Ridley. Barnett appelle Mulder pour lui annoncer qu'il va assassiner tous ses amis les uns après les autres.

John Barnett a représenté la toute première affaire de Mulder dans la Section des Crimes violents.

Scully a découvert les empreintes digitales de Barnett sur son répondeur téléphonique. Les messages ont dû apprendre au criminel qu'elle devait assister à un récital de contrebasse. Les agents se mettent en planque sur les lieux. Barnett tire sur Scully, que sauve l'emploi d'un gilet pare-balles. Mulder poursuit le tueur jusque dans la salle de concert, où il prend un otage. Mulder, qui avait hésité à tirer sur Barnett lors de sa première arrestation, causant la mort d'un collègue du Bureau, fait feu et l'abat. Les officiels du gouvernement tentent vainement de sauver le criminel, en espérant avoir accès aux documents volés.

Mulder songe à l'ironie d'un remède qui pourrait lui sauver la vie, caché à portée de main, tandis que la caméra s'approche d'une banale consigne de gare. Il marmonne également qu'il a « l'impression qu'on entendra encore parler de John Barnett ».

Coulisses : Encore une fois, Carter s'est battu avec le département d'autocensure de la Fox, à propos de la scène où l'agent Purdue se fait étrangler par la main de salamandre de Barnett. Le producteur reconnaît avoir perdu la bataille, quand la Fox, arguant de ses inquiétudes sur le chapitre de la violence, exprima son malaise face à un meurtre qui s'éternisait. Carter a donc raccourci la scène de façon considérable.

C'est le premier épisode où Mulder tue quelqu'un.

Entité biologique extraterrestre
(E.B.E.)

Première diffusion US: 11 février 1994
France: 9 février 1995

Scénario:
Glen Morgan et James Wong

Mise en scène:
William Graham

Distribution:
Jerry Hardin (Gorge Profonde);
Allan Lysell (chef Rivers);
Peter LaCroix (Ranheim/Druse);
Bruce Harwood (Byers);
Dean Haglund (Langly);
Tom Braidwood (Frohike).

Accroche : Quand Scully et Mulder apprennent qu'un OVNI abattu au-dessus de l'Irak a été transféré en secret aux USA, ils découvrent une tentative du gouvernement pour étouffer l'affaire.

Site principal : Reagan, Tennessee ; État de Washington.

Résumé : Un pilote irakien abat un OVNI, qui s'écrase à proximité d'une base américaine, sur la frontière entre l'Irak et la Turquie.

À Reagan, Tennessee, un camionneur perd toute énergie dans son véhicule et raconte qu'il a vu une soucoupe et des lumières. Quand Mulder veut interroger l'homme, le shérif vient le libérer et annonce qu'il refuse de coopérer. Mulder a la conviction que le camion contenait une E.B.E. (entité biologique extraterrestre) qu'il transportait à travers le pays.

À la recherche d'aide, Mulder présente Scully à un trio baptisé les Lone Gunmen, un groupe extrémiste de surveillance du gouvernement… L'un d'eux, Langly, se vante d'avoir pris son petit déjeuner avec « le gars qui a tiré sur John F. Kennedy ». Scully les prend pour des paranoïaques, jusqu'à ce qu'elle découvre un micro-espion dissimulé dans son propre stylo.

Gorge Profonde confie à Mulder un paquet qui oriente l'enquête vers des installations en Géorgie, et lui annonce qu'il est « sur une voie périlleuse ». Scully redoute que Mulder ne soit induit en erreur. Bien que celui-ci professe toute confiance en Gorge Profonde, l'information se révèle sans fondement. « Mulder, je n'ai confiance qu'en toi », lui dit Scully, en le prévenant que sa passion l'aveugle et que d'autres risquent d'en tirer parti contre lui.

Lors d'une nouvelle confrontation, Gorge Profonde admet qu'il a cherché à détourner l'attention de Mulder, prétendant qu'il « existe encore certains secrets qui doivent absolument rester secrets ».

Sur la piste du camion, Mulder et Scully arrivent dans l'État de Washington, où ils sont arrêtés par une lumière aveuglante, et découvrent le camion abandonné. « Je crois qu'on a été les témoins d'une mission de sauvetage », conclut Mulder avant de comprendre qu'il s'agissait encore d'une mise en scène pour leur faire lâcher prise. Ils retrouvent la piste du camionneur, et aboutissent à des installations gouvernementales où ils s'introduisent avec de faux laissez-passer fournis par les Lone Gunmen. Lorsque la sécurité tente de les arrêter, Mulder se rue dans l'escalier.

En bas, il retrouve Gorge Profonde, qui lui apprend l'existence d'un pacte ultra-secret conclu entre les nations après l'incident de Roswell en 1947 : toutes les E.B.E. survivantes doivent être exterminées. Gorge Profonde avoue être un des trois hommes à avoir exécuté cet ordre, lorsqu'il faisait partie de la CIA, au Viêt-nam. Cet incident l'a profondément marqué et lui a inspiré l'idée de se servir de Mulder pour se racheter. « À travers vous, dit-il, la vérité se fera connaître. »

Mulder regarde, mais le réceptacle est vide. « Je me demande quel mensonge je dois croire », dit Mulder à Gorge Profonde, qui disparaît dans les brumes de la nuit.

Coulisses : Même s'il présente une séquence mémorable où Gorge Profonde explique les motifs qui le font aider Mulder (son assassinat d'un extraterrestre pendant qu'il était au Viêt-nam au service de la CIA), l'apport le plus durable et le plus remarquable de l'épisode est la pré-

Byers: Vladimir Jirinovski, le leader russe social-démocrate, a grimpé les marches du pouvoir grâce à la plus odieuse et la plus diabolique des forces de notre siècle.

Mulder: Barney[1]?

1. Barney est l'équivalent du Casimir de *L'Île aux enfants*, ce dinosaure en peluche mauve, chanteur et très sirupeux, est adoré par les enfants et cordialement haï par leurs parents. (*N.d.T.*)

sentation des Lone Gunmen, les théoriciens spécialistes des conspirations et éditeurs du magazine amateur *The Lone Gunman* (en français, *Le Bandit solitaire,* mais la traduction *Le Tireur isolé* serait préférable) qui viennent de temps en temps au secours de Mulder. L'idée est née quand Glen Morgan, le producteur, et Marilyn Osborn, scénariste (« Métamorphoses »), se sont rendus à une convention de passionnés d'OVNIs tenue à Los Angeles, en juin 1993, peu de temps avant que Morgan et James Wong ne commencent à écrire des scénarios pour la série.

Morgan se souvient d'avoir remarqué un trio, habillé de la même façon que Langly, Byers et Frohike, assis à une table et débitant ce qu'il qualifie de « paranoïa sous diverses formes ». Selon Morgan, « ils ont commencé à raconter aux gens qu'il y avait des bandes magnétiques dissimulées dans les billets de vingt dollars, et en moins de temps qu'il n'en faut pour le dire, une demi-douzaine de personnes étaient en train de déchiqueter des billets de dix et vingt dollars ».

Les Lone Gunmen devaient initialement n'apparaître dans cet épisode que pour fournir un contrepoint comique, mais Morgan n'était pas satisfait du résultat, qu'il jugeait un peu bâclé. « On les avait écrits comme des personnages jetables », avoue-t-il. Jusqu'à ce que les producteurs s'aperçoivent de la réaction que suscitaient les Lone Gunmen sur Internet. On envisagea aussitôt leur retour au cours de la deuxième saison, les transformant ainsi en rôles semi-réguliers dans la série.

L'Église des miracles

(Miracle Man)

Première diffusion US: 18 février 1994
France: 4 septembre 1994

Scénario:
Howard Gordon et Chris Carter

Mise en scène:
Michael Lange

Distribution:
R. D. Call (shérif Daniels);
Scott Bairstow (Samuel);
George Gerdes (révérend Cal Hartley);
Dennis Lipscomb (Leonard Vance);
Campbell Lane (père de Margaret);
Chilton Crane (Margaret Hohman);
Howard Storey (chef des pompiers);
Lisa Ann Beley (Beatrice Salinger);
Alex Doduk (Samuel jeune);
Walter Marsh (juge);
Iris Quinn Bernard (Lillian Daniels);
Roger Haskett (shérif adjoint Tyson).

Accroche: Les agents mènent l'enquête sur un jeune guérisseur dont les pouvoirs semblent tantôt bénéfiques, tantôt néfastes.

Site principal: Kenwood, Tennessee.

Résumé: L'histoire commence dix ans plus tôt, quand un jeune garçon ressuscite un homme horriblement brûlé. De nos jours, on demande à Mulder et à Scully d'enquêter sur l'Église des miracles, une église évangélique où un jeune homme, Samuel, manifeste des pouvoirs de guérisseur. Mais il a récemment imposé les mains sur deux personnes qui ont succombé peu après.

Samuel a disparu. On le retrouve dans un bal local. « J'ai corrompu le don [que Dieu] m'avait offert », dit-il, et il stupéfie Mulder en lui parlant de sa sœur disparue, dont Mulder aura des visions pendant tout l'épisode. Le jeune homme est arrêté. Lors de sa comparution pour fixer la caution de sa mise en liberté, la salle d'audience est envahie par une nuée de sauterelles. Remis en liberté, Samuel pose les mains sur une femme en fauteuil roulant. Aussitôt, elle a une attaque et succombe. Scully exprime son scepticisme, en rappelant à Mulder qu'elle a été élevée dans la religion catholique: « Dieu ne laisse jamais le diable gagner la partie. »

L'autopsie révèle que la femme a été empoisonnée au cyanure. Mulder et Scully découvrent que les sauterelles ont été introduites dans la salle d'audience grâce aux conduits d'aération. Le shérif local, de son côté, fait entrer dans la cellule de Samuel deux hommes qui vont le rouer de coups et le tuer.

Remontant la piste des sauterelles, les agents révèlent que Leonard Vance, l'homme que nous avons vu le jeune garçon sauver il y a dix ans, a cherché à le faire accuser. L'homme se suicidera après avoir eu une vision de Samuel. Le corps du jeune homme disparaît de la morgue, et une infirmière prétend l'avoir vu sortir. « Je crois que tous les peuples veulent croire aux miracles, et que ça les amène parfois à ne voir que ce qu'ils veulent bien voir », dit Mulder en apercevant une dernière fois l'image de sa sœur.

Q: Quelle inscription peut-on lire sur la plaque minéralogique personnalisée du révérend Hartley?

R: BHEALD (*Be healed:* soyez guéri).

Coulisses : « L'Église des miracles » est le premier scénario signé en soliste par Howard Gordon, alors superviseur de la production, sans le concours de son complice de longue date, Alex Gansa, avec lequel il avait travaillé sur *La Belle et la Bête* ainsi que sur *Spencer.* Si l'on critique volontiers le traitement de la religion à la télévision, cet épisode montre un respect extrême du sujet. Ainsi, les commentaires de Scully à propos de son éducation religieuse.

Mulder glisse quand même une plaisanterie durant la réunion résurrectionniste, quand Scully lui suggère d'aller s'aventurer dans les coulisses : « Non, je veux voir ça, lui dit-il, il paraît qu'ils vont ressusciter Elvis. »

Dans une interview, Duchovny a déclaré un jour que, jusqu'à ce qu'on lui dise le contraire, il considérerait que Mulder est juif.

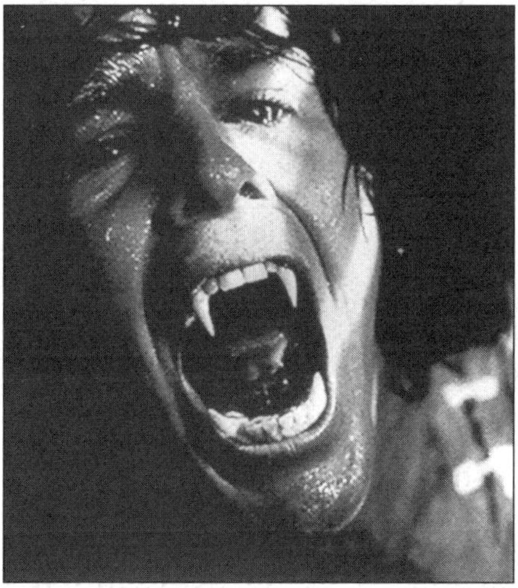

Métamorphoses
(Shapes)

Première diffusion US: 18 mars 1994
France: 11 septembre 1994

Scénario:
Marilyn Osborn

Mise en scène:
David Nutter

Distribution:
Ty Miller (Lyle Parker);
Michael Horse (Charley Tskany);
Donnelly Rhodes (Jim Parker);
Dwight McFee (David Gates);
Paul McLean (Dr. Josephs);
Renae Morriseau (Gwen Goodensnake);
Jim Herman (Ish).

Accroche: Mulder et Scully se rendent dans une réserve indienne pour examiner des morts apparemment causées par une bête fauve.

Site principal: Browning, Montana.

Résumé: Un père et son fils tirent sur un animal féroce. Dans la confusion de l'échauffourée, Lyle Parker, le fils, est blessé par la créature, avant de réussir à la tuer. Le corps s'avère être celui d'un jeune Amérindien.

On explique à Mulder et à Scully que le bétail des ranchers a été victime d'un prédateur et qu'une querelle de clôtures oppose les Parker aux habitants de la réserve locale. L'examen du jeune homme abattu montre qu'il est doté de crocs.

Selon Mulder, la région a été le site de la « toute première affaire non classée, déclenchée par J. Edgar Hoover lui-même en 1946 », à la suite d'une série de meurtres horribles, commis par une bête fauve. On abattit un suspect, mais cela n'empêcha pas une résurgence des meurtres en 1954, 1959, 1963, 1978, et maintenant, en 1994. Mulder explique que même des membres de l'expédition Lewis et Clark, les premiers cartographes du territoire américain, « ont rapporté avoir vu des Indiens prendre physiquement la forme de loups ».

Peu de temps après, on trouve le corps de Parker père, déchiqueté sur son perron. Lyle est auprès de lui, nu et inconscient. Scully le conduit à l'hôpital, tandis que Mulder rend visite à un ancien de la tribu, qui lui raconte les événements de 1946 et la légende du Manitou, un esprit maléfique capable de métamorphoser un homme en fauve.

Mulder contacte l'hôpital et apprend que Scully a raccompagné Lyle au ranch. L'estomac du jeune homme renferme des traces du sang de son père, traces dont la présence ne s'explique que par leur ingestion. Tandis que la nuit tombe, Mulder et le shérif se hâtent vers le ranch et arrivent juste à temps pour abattre une créature qui est en fait Lyle Parker.

C'est l'ancien de la tribu qui conclut sur une remarque sibylline : « FBI ! Rendez-vous dans… disons, huit ans. »

Coulisses : La Fox avait suggéré de tourner une histoire de monstre plus conventionnelle. Glen Morgan et James Wong, qui avaient envie d'utiliser la mythologie des Indiens d'Amérique, proposèrent le Manitou, une approche légèrement différente du thème du loup-garou, de façon à satisfaire les fans de ce genre de monstre, tout en adoptant un angle de vue original, comme le veulent *The X-Files*. « Dans une série d'horreur, on devrait pouvoir traiter de toutes ces légendes qui nous accompagnent depuis le XIVe siècle », estime Morgan.

Quand le vieil homme suggère que le nom de Mulder devrait être « Renard Futé ou Renard Subtil », l'agent répond, dans la version française : « Tant que ce n'est pas Renard Futile ! » Dans la version originale, Mulder répliquait : « Tant que ce n'est pas Renard Martien », une allusion au sobriquet peu flatteur que sa croyance dans le paranormal lui a valu à l'Académie du FBI (sobriquet évoqué dans « Nous ne sommes pas seuls »).

Une scène potentiellement humoristique a finalement été abandonnée : devant une vache qui barrait le passage des agents, Scully moulinait des bras en criant : « Gant de base-ball ! Sac en cuir ! » pour essayer de chasser le ruminant de la route.

Michael Horse (Charley Tskany) interprétait le rôle du shérif adjoint Hawk dans *Twin Peaks* quand David Duchovny jouait le travesti Dennis/Denise Bryson. Son opinion sur David en robe? «La couleur lui allait à merveille.»

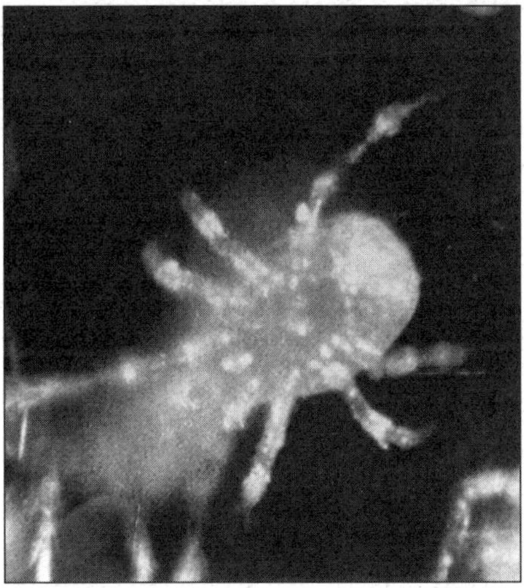

Quand vient la nuit
(Darkness Falls)

Première diffusion US: 1er mars 1994
France: 18 septembre 1994

Scénario:
Chris Carter

Mise en scène:
Joe Napolitano

Distribution:
Jason Beghe (Larry Moore);
Tom O'Rourke (Steve Humphreys);
Titus Welliver (Doug Spinney);
Barry Greene (Perkins);
David Hay (l'homme en costume immaculé);
Ken Tremblett (Dyer).

Accroche : Lorsque des bûcherons disparaissent mystérieusement dans une forêt reculée sur la côte Pacifique nord-ouest, Mulder et Scully sont appelés à la rescousse.

Site principal : Forêt nationale Olympia, État de Washington.

Résumé : Des bûcherons terrifiés tentent de fuir la forêt. Deux d'entre eux se mettent à hurler lorsqu'une nuée luminescente de points verts fond sur eux.

Trente bûcherons ont disparu. Mulder raconte qu'un incident comparable s'est produit dans la même région, soixante ans plus tôt. L'officier des Eaux et Forêts, Larry Moore, et le chef de la sécurité de la compagnie forestière, Steve Humphreys, voient là la marque d'éco-terroristes. Quand les pneus de leur voiture sont crevés par des clous, tous quatre n'ont d'autre ressource que de poursuivre à pied jusqu'au camp. Là, ils découvrent le cadavre d'un homme vidé de ses fluides corporels, à l'intérieur d'un cocon.

Un des éco-terroristes, Doug Spinney, apparaît et raconte qu'une force se manifeste la nuit et dévore les gens vivants. Il les met en garde : « La nuit est notre ennemie. » Les bûcherons étaient en train d'abattre des arbres d'un très grand âge. Ce faisant, ils ont libéré de minuscules créatures vertes, jusque-là en animation suspendue. Pour Mulder, il s'agit d'œufs très anciens, affectés par les radiations entretenues par l'activité volcanique locale. « Si on m'avait fait dormir durant plus d'un siècle, j'aurais vrai-

ment faim en me réveillant », fait observer Spinney.

Humphreys s'en va, mais se retrouve captif dans sa voiture quand surviennent les créatures. Il est emprisonné dans un cocon. Pendant ce temps, Mulder autorise à contrecœur Spinney à aller chercher de l'aide, à la condition qu'il sera de retour à l'aube. Ignorant si leurs réserves de carburant leur permettront de tenir toute la nuit, Mulder, Scully et Moore passent une soirée d'épouvante. Leur générateur rend l'âme au lever du soleil.

Spinney revient enfin les chercher, mais, de nouveau, les clous semés par les terroristes arrêtent la voiture. Spinney disparaît dans la nuit, tandis que les créatures envahissent la voiture en s'infiltrant par les orifices de ventilation. Quelques heures plus tard, on retrouve Mulder, Scully et Larry Moore prisonniers de cocons. Une unité de quarantaine les retrouve et leur porte secours. On explique aux agents qu'une « procédure d'élimination », à base de défoliants chimiques et de pesticides, est en cours. Quand Mulder demande ce qui se passera si les mesures s'avèrent sans effet, l'infirmier lui répond : « Mieux vaut ne pas y penser, monsieur Mulder. »

Même si Carter assure que « Quand vient la nuit » n'a pas été conçu pour promouvoir un message spécifique sur l'écologie, l'épisode a quand même reçu une récompense lors de la remise des Environmental Media Awards.

Coulisses : Au cours du tournage en forêt, dans les environs de Vancouver, les interruptions ont été fréquentes et les pluies diluviennes n'ont pas arrangé la situation. « Les conditions étaient vraiment détestables », se souvient Carter. Les acteurs étaient trempés la plupart du temps, il a fallu ajouter de multiples inserts et des documents d'archives pour pallier les problèmes météo.

L'attribution à Jason Beghe du rôle de Larry Moore, l'officier des Eaux et Forêts, a constitué un des bons points de l'épisode. Ami d'enfance de Duchovny, Beghe avait poussé ce dernier à entamer une carrière d'acteur. Tous deux ont travaillé quelque temps ensemble comme barmen. Sa présence (à la suggestion de Duchovny) a contribué à alléger la tension du tournage, en transformant celui-ci en une sorte de réunion d'anciens élèves, ce qui a un peu adouci l'épreuve.

L'intérêt de Carter pour la dendrologie est à l'origine de cet épisode. La dendrologie, l'étude des cercles de croissance des arbres, est un sujet qui intrigue Carter depuis un cours qu'il a suivi en faculté. Les effets spéciaux des créatures vertes ont été réalisés par ordinateur et rajoutés en post-production, de telle façon qu'ils étaient synchronisés avec les mouvements des acteurs.

Le Retour de Tooms
(Tooms/Squeeze 2)

Première diffusion US: 15 avril 1994
France: 2 octobre 1994

Scénario:
Glen Morgan et James Wong

Mise en scène:
David Nutter

Distribution:
Doug Hutchison (Eugene Victor Tooms);
Paul Ben Victor (Dr. Aaron Monte);
Mitch Pileggi (directeur adjoint Walter Skinner);
William B. Davis (l'Homme à la cigarette);
Timothy Webber (dét. Talbot);
Frank C. Turner (Dr. Collins);
Gillian Carfra (Christine Ranford);
Pat Bermel (Frank Ranford);
Jan D'Arcy (juge Kaan);
Jerry Wasserman (Dr. Plith);
Mikal Dughi (Dr. Karetzky);
Glynis Davies (Nelson);
Steve Adams (Myers);
Andre Daniels (Arlan Green);
Catherine Lough (Dr. Richmond);
Henry Beckman (dét. Frank Briggs).

Accroche : Quand Eugene Tooms, le tueur en série qui arrache et dévore le foie de ses victimes, est libéré de prison, Mulder prend un intérêt personnel à l'affaire.

Site principal : Baltimore, Maryland.

Résumé : Tooms, le mutant qui assassine cinq personnes tous les trente ans pour leur dévorer le foie, est en détention dans un établissement psychiatrique. En fonction des résultats d'une prochaine audience publique, il pourra bénéficier de la liberté conditionnelle.

Son psychiatre, compréhensif, affirme devant le jury que Tooms a été réhabilité et qu'il ne présente plus aucun danger pour la société. Quand vient le tour de Mulder de témoigner, en dépit des signes que lui adresse Scully pour qu'il se calme, il affole la cour en déclarant que Tooms est un mutant plus que centenaire qui doit se repaître de foies humains. Persuadés que c'est Mulder qui serait plus à sa place dans un asile, les jurés décident de rendre sa liberté à Tooms, sans tenir compte de l'avertissement de Mulder, qui les adjure de garder Tooms en détention, pour le bien de tous. « Si vous libérez Eugene Tooms, il va encore tuer, lance-t-il (en vain). C'est inscrit dans ses gènes. »

Tandis que Mulder tient Tooms sous étroite surveillance, le directeur adjoint Skinner prévient Scully (tandis que l'Homme à la cigarette se tient près de lui, en silence) d'agir de façon que « nos règles soient bien respectées ». Reprenant l'affaire, Scully revient voir Frank Briggs, le premier détective à avoir mené l'enquête sur

Tooms. Après quelques recherches, ils exhument les restes d'une victime jamais retrouvée, dissimulée par Tooms soixante ans auparavant.

Mulder, sur la piste de Tooms, s'assoupit, mais s'éveille juste à temps pour déjouer une tentative de meurtre. Tooms s'enfuit en se faufilant par une fenêtre fermée par des barreaux. Bien que lui-même poursuive sa surveillance, Mulder cherche à décourager Scully de continuer. Il craint que le Bureau ne cherche un prétexte pour fermer le service des affaires non classées et qu'elle ne mette sa carrière en péril, par la même occasion.

Sur les instances de Scully, Mulder rentre se reposer. Elle l'appelle même Fox, ce à quoi il répond : « Tu sais, même mes parents m'appelaient Mulder. » Il part à contrecœur – sans savoir que Tooms est tapi dans le coffre de sa voiture. Le mutant s'introduit chez Mulder par un conduit d'aération et profite du sommeil de l'agent pour s'emparer d'une de ses chaussures (la télévision est en train de diffuser *La Mouche noire*). Puis Tooms se blesse au visage et accuse Mulder de l'avoir frappé. Skinner incite Mulder à prendre quelques jours de congé et lui interdit d'approcher Tooms.

Henry Beckman, vu dans « Compressions », reprend ici le rôle du détective Frank Briggs.

L'examen du squelette de 1933 met en évidence la trace des dents de Tooms. Entre-temps, le psychiatre qui avait réussi à faire libérer Tooms passe lui rendre visite, et devient la cinquième victime.

En découvrant le corps, Mulder et Scully comprennent que Tooms va rentrer chez lui pour entamer son hibernation. Le bâtiment à l'abandon où il vivait est devenu un centre commercial. Mulder descend sous l'escalator pour affronter Tooms dans son nid. Mulder se dégage et, poursuivi par Tooms, met l'escalator en marche. Tooms est happé et broyé par le mécanisme.

Skinner lit le rapport et demande à l'Homme à la cigarette s'il y croit. « Bien sûr », répond celui-ci. Dehors, Mulder est en train de contempler une chrysalide de papillon. « Surprenant comme tout change… Ça vient… » fait-il remarquer.

Pour les affaires non classées.

Coulisses : Glen Morgan et James Wong construisent fréquemment des épisodes autour d'un moment particulier ou d'un concept visuel. Par exemple, pour « Compressions », Morgan raconte qu'il faisait ses emplettes de Noël à Los Angeles dans un centre commercial lorsqu'il a vu des ouvriers s'affairer autour d'un escalator, éventré et exposé aux yeux de tous. Cette vision l'a conduit à supputer le potentiel de terreur dans un mythe urbain centré sur un monstre qui vivrait sous les escalators. Et qui serait mieux adapté à un tel habitat qu'Eugene Tooms ? « Tout s'est mis en place à rebours à partir de là », dit-il.

« Le Retour de Tooms » reste à ce jour la seule occasion où un méchant est apparu deux fois. Mais l'épisode mérite également qu'on s'en souvienne pour nous avoir présenté le personnage du directeur adjoint Skinner, interprété par Mitch Pileggi (qu'on ne reverra d'ailleurs plus avant la deuxième saison), et pour nous avoir fait entendre la première réplique de l'Homme à la cigarette. Les producteurs, pour plaisanter, affirment désormais que, jusqu'à cet instant, ils ignoraient même si William B. Davis était doué de la parole, mais ils ont été ravis par ce que l'acteur a fait du rôle.

L'idée de jouer nu la scène finale, dans les entrailles de l'escalator, a été suggérée par Hutchison, l'interprète de Tooms. « On m'a barbouillé de sirop de fruits et de colorants alimentaires, raconte-t-il. Et il faisait un froid de canard ! Je collais tout le temps aux murs. » Sans se laisser impressionner par son effroyable trépas, Hutchison a profité de ses nombreuses apparitions dans les conventions consacrées à *The X-Files* pour militer avec acharnement en faveur d'un retour de son personnage.

Dans cet épisode, nous entendons pour la première fois la voix de l'Homme à la cigarette.

Skinner : Vous y croyez ?

L'Homme à la cigarette : Bien sûr.

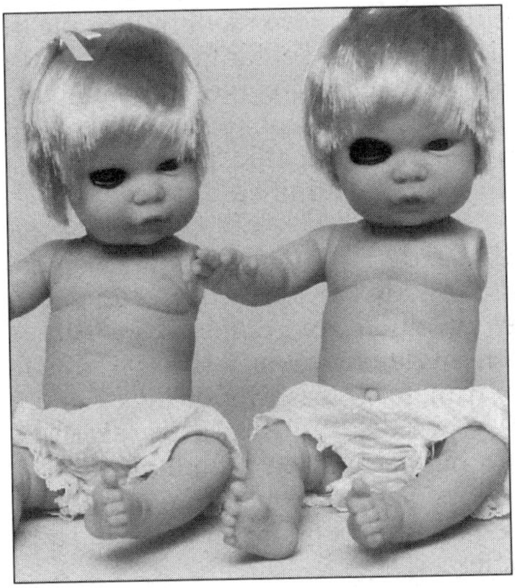

Renaissance
(Born Again)

Première diffusion US: 22 avril 1994
France: 25 septembre 1994

Scénario:
Alex Gansa et Howard Gordon

Mise en scène:
Jerrold Freedman

Distribution:
Brian Markinson (Tony Fiore);
Mimi Lieber (Anita Fiore);
Maggie Wheeler (dét. Sharon Lazard);
Andre Libman (Michelle Bishop);
Dey Young (Judy Bishop);
Leslie Carlson (Dr. Spitz);
P. Lynn Johnson (Dr. Sheila Braun);
Peter Lapres (Harry Linhart);
Richard Sali (Felder);
Dwight Koss (dét. Barbala).

Accroche : Une petite fille, qui pourrait être la réincarnation d'un policier assassiné, semble impliquée dans une série de meurtres.

Site principal : Buffalo, New York.

Résumé : Une petite fille égarée est conduite dans un poste de police et placée dans la salle d'interrogatoire, en compagnie d'un détective nommé Barbala. Quelques instants plus tard, celui-ci se défenestre et meurt.

Mulder et Scully sont appelés sur les lieux par une autre détective, Lazard. Quand ils vont interroger la mère de la petite fille, elle leur déclare avoir déjà changé quatre fois de nurse et déclare : « Parfois, elle me fait peur... Elle dit qu'elle entend des choses, alors que je n'entends rien. »

La petite fille, Michelle, affirme avoir aperçu un homme dans la salle du commissariat. Sa description correspond à celle de Charlie Morris, un détective tué neuf ans plus tôt. « En d'autres termes, cette petite fille a vu un fantôme », suggère Lazard.

Les indices s'accumulent : Michelle, huit ans, pourrait être la réincarnation de Charlie Morris, mort à peu près au moment où elle était conçue. La fillette est douée de pouvoirs psychokinétiques et mutile ses poupées comme Morris l'a été quand on l'a assassiné. Elle se trouve également sur les lieux d'un accident où un ancien policier, le partenaire de Barbala, trouve la mort : son écharpe s'accroche à un autobus, et il est traîné par le véhicule. Le concept de réincarnation, explique Mulder, figure dans de nombreuses religions. Il ajoute qu'ils ne sont « pas bien loin de pouvoir démontrer l'existence de la réincarnation ».

Barbala, son partenaire et le partenaire de Fiore sont tous complices du crime. C'est Fiore qui a commis le meurtre. Utilisant ses pouvoirs, la petite fille le capture et se prépare à le tuer, en anéantissant la maison par la seule puissance de son esprit, quand Mulder et Scully font irruption et réussissent à dissuader Michelle/Morris. Un éclair aveuglant, et tout est fini ; Fiore reconnaît sa participation à la mort de Morris, mais l'enfant n'a plus aucun souvenir de ce qui s'est passé. Les deux morts seront classées dans la rubrique des accidents, et la mère de Michelle refuse qu'on examine sa fille plus avant. En dépit des objections de Mulder, l'affaire est classée.

Pour la première fois, c'est Mulder qui est le narrateur. Au lieu de voir Scully taper son rapport sur son portable, nous voyons Mulder écrire à la main dans un journal; et, au lieu de la conclusion narrée par Scully, c'est la voix de son collègue que nous entendons.

Coulisses : Axée sur l'idée de la réincarnation, « Renaissance » est encore une fois un épisode qui n'atteint pas aux standards que les producteurs s'étaient eux-mêmes fixés. Peut-être l'argument de base était-il trop proche de thèmes comparables, transferts d'esprits ou possession, abordés dans d'autres épisodes diffusés cette saison-là. « Nous étions surtout poussés par la panique, je crois », plaisante Howard Gordon, qui ajoute qu'en fin de compte l'épisode s'est un peu trop approché à son goût de l'ambiance des séries policières.

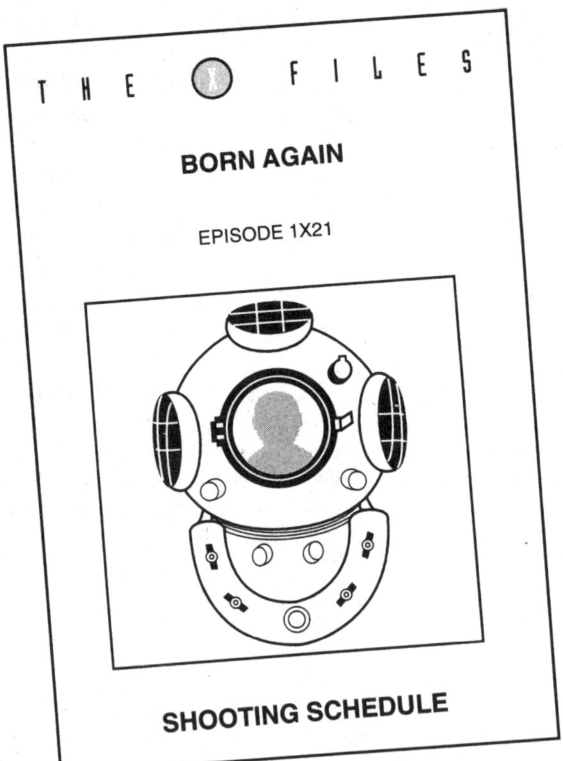

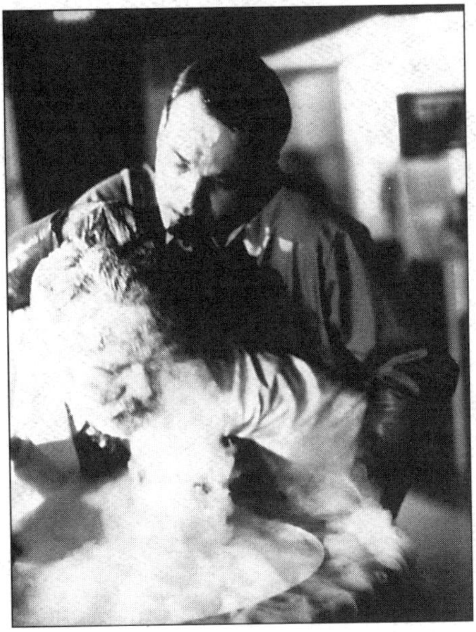

Roland

(Roland)

Première diffusion US: 6 mai 1994
France: 9 octobre 1994

Scénario:
Chris Ruppenthal

Mise en scène:
David Nutter

Distribution:
Zeljko Ivanek (Roland Fuller);
Garry Davey (Dr. Keats);
James Sloyan (Dr. Nollette);
Matthew Walker (Dr. Surnow);
Dave Hurtubise (Barrington);
Sue Mathew (Lisa Dole);
Micole Mercurio (Mrs. Stodie);
Kerry Sandomirsky (Tracy).

Accroche : Mulder et Scully enquêtent sur le décès de deux chercheurs dans un laboratoire de propulsion, des affaires auxquelles un employé retardé ne serait pas étranger.

Site principal : Colson, Washington.

Résumé : Un chercheur est aspiré par un réacteur expérimental. Une seule autre personne se trouve sur les lieux : Roland, un agent d'entretien retardé, a manipulé les commandes qui provoquent le drame.

Des quatre spécialistes travaillant sur le projet, ce chercheur est le deuxième à mourir, après Arthur Grable. Sur place, Mulder remarque que deux écritures différentes sur le tableau noir s'associent pour former l'équation du réacteur.

Rencontrant Roland, Mulder s'empare d'un papier sur lequel le concierge a griffonné des nombres. De retour au laboratoire, Roland s'attaque à un autre chercheur, le Dr. Keats, et le pousse dans de l'azote liquide. Quand sa tête heurte le sol, elle se fracasse comme un bloc de verre.

Après le décès de Keats, quelqu'un a poursuivi les calculs sur la formule du réacteur en employant le code personnel de Grable. Le mot de passe correspond aux nombres inscrits par Roland. En fait, il est clair que les recherches ont été mises à jour depuis la mort de Grable, six mois auparavant. Quand ils reviennent parler à Roland, celui-ci déclare : « Il ne faut pas que je parle avec ces gens. » Une enquête sur leur passé montre que Roland et Grable sont nés le même jour, dans la même ville. En fait, ils sont jumeaux.

Mulder raconte à Roland un rêve qu'il a fait: il plongeait dans une piscine pour remonter son père à la surface. Dans le script, c'était à la recherche de *sa sœur* que plongeait Mulder.

Bien qu'il soit mort, la cryogénie a permis de conserver la tête de Grable. Mulder avance la théorie d'un rapport psychique privilégié entre Grable et Roland, un lien que le processus a pu magnifier. Grable aurait pu atteindre à « des facultés extranormales... Il pourrait alors contrôler son frère et le pousser à tuer ». Mais quand ils tentent d'interroger Roland, celui-ci s'enfuit.

Le dernier chercheur survivant, Nollette, pénètre dans le laboratoire de cryogénie et tente de décongeler la tête de Grable. Dans le laboratoire, Roland travaille sur la formule du propulseur. Alors que sa concentration se dissipe au fur et à mesure que la tête de Grable est décongelée, il touche au but tant convoité : atteindre Mach 15. Nollette entre et avoue s'être emparé des travaux de Grable. Roland l'assomme et l'enferme dans la salle des réacteurs. La pression commence à atteindre des niveaux dangereux, mais les agents surviennent et réussissent à convaincre Roland de taper, *in extremis,* le code qui coupe les réacteurs.

Roland va être placé en détention pour subir des examens, mais Mulder a recommandé sa mise en liberté. On emmène l'employé, sous les yeux de la jeune femme qui l'aime.

Coulisses : L'épisode recèle un gag visuel aussi malsain que génial : les ronds de craie disséminés sur le sol indiquent l'endroit où s'est fracassé le crâne du savant, après avoir été plongé dans de l'azote liquide. « Tout le choc, l'horreur de la situation sont évacués, explique Carter, par le rire qui monte en voyant tous ces morceaux éparpillés par terre. » La scène même est suggérée par le simple fracas de la tête qui se brise hors écran. Pour couronner le tout, apprenant qu'on a observé le phénomène sur des poissons, Mulder fait remarquer, sardonique : « Je doute fort qu'ils reproduisent cette expérience dans *Le Monde de Cousteau*. »

Zeljko Ivanek (on prononce Zelko) a été le premier acteur auditionné pour jouer Roland – un rôle jugé essentiel pour que l'épisode convainque dramatiquement. « Il nous a soufflés », reconnaît Carter. À tel point qu'ils ont su tout de suite que le rôle était fait pour lui. Né à Lubljana, en ex-Yougoslavie, Ivanek a également joué dans les films *Prêchi-Prêcha* et *Agnès de Dieu*.

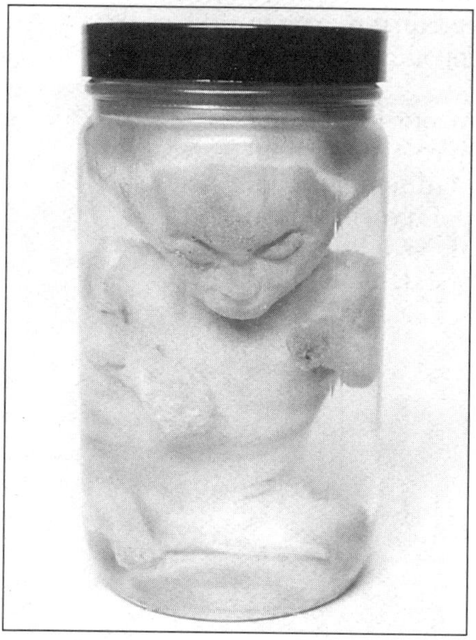

Les Hybrides
(The Erlenmeyer Flask)

Première diffusion US: 13 mai 1994
France: 16 octobre 1994

Scénario:
Chris Carter

Mise en scène:
R. W. Goodwin

Distribution:
Simon Webb (Dr. Secare);
Jerry Hardin (Gorge Profonde);
Ken Kramer (Dr. Berube);
Lindsey Ginter (l'homme aux cheveux en brosse);
Anne DeSalvo (Dr. Carpenter);
William B. Davis (l'Homme à la cigarette);
Jaylene Hamilton (journaliste);
Jim Leard (cpt. Lacerio);
Phillip MacKenzie (infirmier);
Mike Mitchell (policier);
John Payne (garde).

Accroche : Enquêtant sur une information fournie par Gorge Profonde, Mulder et Scully découvrent que le gouvernement se sert de cobayes humains pour expérimenter sur l'ADN extraterrestre, avec des conséquences effrayantes.

Site principal : Washington, DC.

Résumé : Un homme fuit des policiers, qu'il repousse comme des poupées de chiffon avant de se jeter dans la baie en laissant derrière lui une traînée de sang vert.

C'est Gorge Profonde qui attire l'attention de Mulder sur l'affaire. Grâce à la voiture de l'évadé, l'agent remonte jusqu'à un certain Dr. Berube, qui se refuse à toute conversation. Scully pense que Gorge Profonde joue avec Mulder. Celui-ci coupe court aux tergiversations de l'informateur : « Pour une fois, on ne va pas jouer à Obi-Wan Kenobi face à Luke. » Qu'il dise franchement ce qui se passe. « N'abandonnez pas cette affaire, enjoint Gorge Profonde. Croyez-moi, vous approchez du but. »

Peu après, un homme aux cheveux en brosse à la recherche du fugitif abat le Dr. Berube. Scully apporte des échantillons du travail du savant au Dr. Carpenter, une chercheuse de Georgetown. Pour celle-ci, le Dr. Berube était en train de cloner des bactéries, porteuses d'un virus, voisines des chloroplastes, des éléments constitutifs de la cellule végétale. Plus tard, elle annonce à Scully que leur ADN est doté d'un cinquième et d'un sixième nucléotides qui n'existent « nulle part dans la nature » et doivent être, par conséquent, extraterrestres.

Entre-temps, Mulder, contacté par le fugitif, a découvert un hangar où cinq corps humanoïdes flottent dans des cuves emplies de liquide. En quittant les lieux, Mulder est pris en chasse par des hommes armés.

Scully présente ses excuses à Mulder. Pour la première fois, dit-elle, elle ne sait que croire. À leur retour au hangar, l'endroit est vide. Gorge Profonde explique que les humains dans les cuves étaient les cobayes d'une expérience sur un virus extraterrestre, menée par Berube sur des patients atteints de maladies incurables. On les a probablement fait disparaître, selon Gorge Profonde qui évoque « des lobbies au sein de nos très chers services secrets… Des groupes parmi les groupes qui ont des activités clandestines, inconnues de tous, même au plus haut de l'échelle ». L'informateur affirme que le fugitif, le Dr. Secare, est un de ces cobayes, et que les agents doivent le retrouver avant les autres.

De retour à Georgetown, Scully apprend la mort du Dr. Carpenter et de sa famille dans un accident de voiture. Travaillant de son côté, Mulder localise Secare, mais celui-ci est tué – et Mulder, capturé – par l'homme aux cheveux en brosse.

Devant la disparition de Mulder, Gorge Profonde affirme qu'il peut faire accéder Scully à des tissus d'origine extraterrestre, qui serviront de monnaie d'échange pour sauver la vie de Mulder. Scully parvient à dérober un fœtus extraterrestre. Gorge Profonde insiste pour procé-

Cet épisode marque le départ de la série de Jerry Hardin. Sa brève prestation dans le rôle de Gorge Profonde, l'informateur anonyme de Mulder, a beaucoup marqué les fans. Dans la version originale, ses derniers mots, *Ne faites confiance à personne/Trust No One*, remplacent lors de la séquence pré-générique la maxime habituelle: *La vérité est ailleurs.*

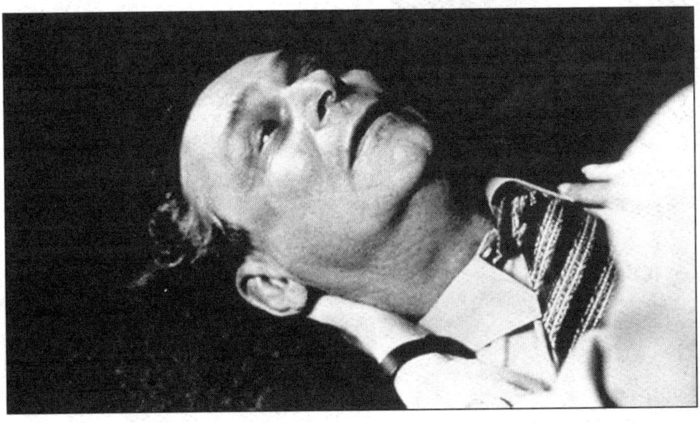

La séquence qui conclut l'épisode reproduit très précisément la dernière scène de l'épisode pilote, jusqu'à l'heure affichée par la pendule: onze heures vingt et une.

der lui-même à l'échange, mais l'homme aux cheveux en brosse l'abat, tandis que le corps inerte de Mulder choit de la camionnette. Dans un dernier souffle, Gorge Profonde enjoint à Scully : « Ne faites confiance à personne. »

Deux semaines plus tard, Mulder appelle Scully pour lui annoncer la fermeture du service des affaires non classées. Tous deux ont été mutés sur ordre « des plus gros pontes du bureau exécutif ». Mulder ajoute qu'il n'abandonnera pas – « aussi longtemps qu'ils cacheront la vérité ». Comme lors du premier épisode, l'Homme à la cigarette pénètre dans une vaste salle du Pentagone et ajoute le fœtus extraterrestre à son inventaire.

Coulisses : En prenant la décision stupéfiante de faire tuer Gorge Profonde, Carter voulait établir qu'à part peut-être les deux protagonistes nul n'est indispensable dans la série. Une façon de laisser les spectateurs s'interroger sur de possibles coups de théâtre à venir. La fermeture du service des affaires non classées a également séparé Mulder et Scully, et permis de contourner en début de deuxième saison les problèmes posés par la grossesse d'Anderson.

Jerry Hardin, interprète de Gorge Profonde, se souvient que la scène de sa mort était de ces moments importants sur lesquels « on a envie de prendre tout son temps pour leur rendre justice. Mais à vrai dire, on travaillait au plus pressé pour éviter la lumière », de façon à terminer la prise avant le lever du soleil. « C'était à peu près l'aube. »

L'épisode a reçu une nomination aux Edgar Awards, une récompense remise par les Mystery Writers of America, les écrivains américains de romans policiers.

LES ÉPISODES X

deuxième saison

X deuxième saison

les sites

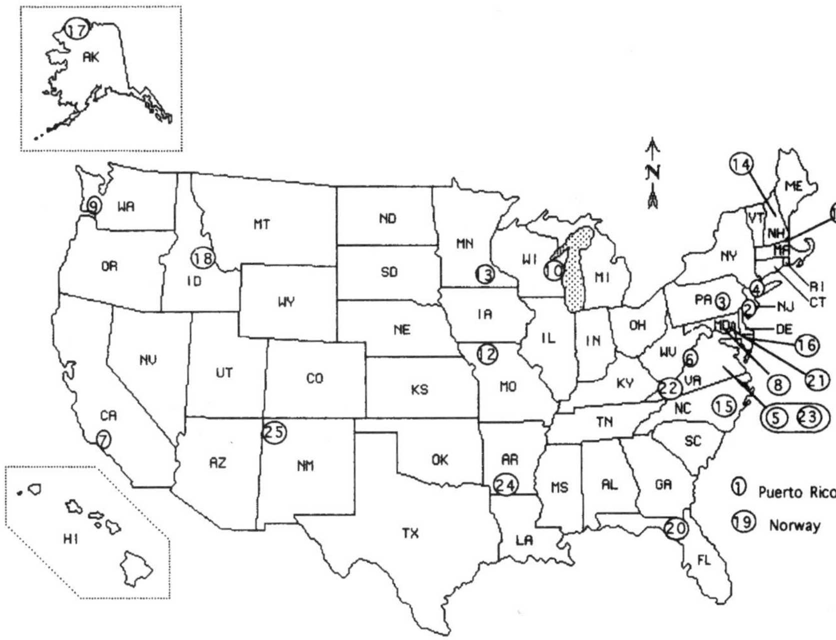

Légende

1. Arecibo, Porto Rico (« Les Petits Hommes verts »)
2. Newark, New Jersey (« L'Hôte »)
3. Franklin, Pennsylvanie (« Mauvais Sang »)
4. New York, New York (« Insomnies »)
5. Marion, Virginie (« Duane Barry », première partie)
6. Mont Skyland, Virginie (« Duane Barry », deuxième partie)
7. Los Angeles, Californie (« Les Vampires »)
8. Georgetown, Maryland (« Coma »)
9. Mont Avalon, Washington (« Intraterrestres »)
10. Delta Glen, Wisconsin (« Le Musée rouge »)
11. Worcester, Massachusetts (« Excelsis Dei »)
12. Aubrey, Missouri (« Aubrey »)
13. Minneapolis, Minnesota (« Le Fétichiste »)
14. Milford Haven, New Hampshire (« La Main de l'Enfer »)
15. Folkstone, Caroline du Nord (« Mystère vaudou »)
16. Germantown, Maryland (« La Colonie », première partie)
17. Deadhorse, Alaska (« La Colonie », deuxième partie)
18. Fairfield, Idaho (« Parole de singe »)
19. Tildeskan, Norvège (« Le Vaisseau fantôme »)
20. Gibsonton, Floride (« Faux Frères siamois »)
21. Arlington, Virginie (« Les Calusaris »)
22. Prison de Cumberland, Virginie (« Contamination »)
23. Richmond, Virginie (« Ombre mortelle »)
24. Dudley, Arkansas (« Une ville bien tranquille »)
25. Farmington, Nouveau-Mexique (« Anasazi »)

NB: Les sites ont été déterminés par le lieu de conflit principal; de nombreux épisodes se déroulent en plusieurs endroits.

Carte établie par Sarah Stegall

Les Petits Hommes verts
(Little Green Men)

Première diffusion US: 16 septembre 1994
France: 11 août 1995

Scénario:
Glen Morgan et James Wong

Mise en scène:
David Nutter

Distribution:
Raymond J. Barry (sénateur Richard Matheson);
William B. Davis (l'Homme à la cigarette);
Mike Gomez (Jorge Concepcion);
Mitch Pileggi (directeur adjoint Walter Skinner);
Vanessa Morley (Samantha à huit ans);
Marcus Turner (Fox à douze ans);
Les Carlson (Dr. Troisky);
Fulvio Cecere (aide);
Deryl Hayes (agent Morris);
Dwight McFee (commandant);
Lisa Anne Beley (étudiante);
Gary Hetherington (Lewin);
Bob Wilde (Rand).

Accroche : Le service des affaires non classées est fermé. Mulder se rend clandestinement à Porto Rico, sur un site de contact éventuel, tandis que Scully fait son possible pour le couvrir.

Site principal : Arecibo, Porto Rico.

Résumé : L'épisode s'ouvre par un commentaire en voix off sur la sonde *Voyager,* envoyée contacter d'autres vies intelligentes dans l'univers.

Sur Terre, avec le service des affaires non classées désormais fermé, les agents Mulder et Scully ont été mutés. Ils se rencontrent, de façon assez appropriée, dans le garage de l'hôtel Watergate. Pour Mulder, « il est plus que probable qu'on nous surveille ». Il déplore qu'après tous ses efforts il n'ait toujours pas la moindre preuve concrète de l'existence des OVNIs. Il repasse dans sa tête l'enlèvement de sa sœur.

Convoqué à une entrevue avec le sénateur Matheson, qui l'a soutenu dans son travail, il se voit conseiller de se rendre sur un site de Porto Rico. Il ne disposera que de vingt-quatre heures pour aborder de possibles visiteurs extraterrestres, avant l'arrivée de la Brigade d'intervention ufologique.

« Que dois-je chercher ? demande Mulder.

– Un contact », lui répond le sénateur.

En apprenant la disparition de Mulder, l'Homme à la cigarette assure à Skinner : « Elle le retrouvera. » Pour tenter d'aider Mulder, Scully s'introduit dans son ordinateur, en devinant son code d'entrée

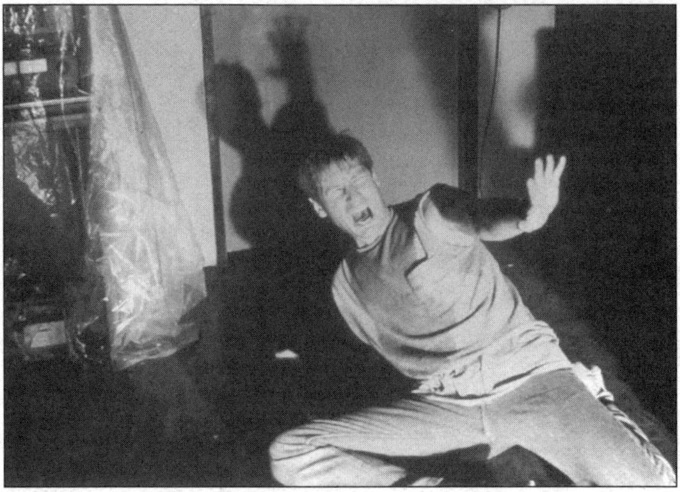

La liste des passagers qu'étudie Scully lorsqu'elle cherche à retrouver Mulder comporte les noms de divers X-Philes, ainsi que celui de Charles Grant, écrivain d'horreur et auteur de romans basés sur la série.

(TrustNo1 = *trust no one,* ne faites confiance à personne). Elle se rend à San Juan et sème habilement les agents qui la filaient.

Mulder atteint enfin le site, et y découvre un homme terrifié, qui ne parle que l'espagnol et trace un visage d'extraterrestre sur le mur. On entend monter un bruit perçant. L'homme s'enfuit dans la jungle, où Mulder le retrouve, mort et tétanisé, tué par sa peur. Mulder confie au magnétophone à Scully qu'il n'a confiance « qu'en toi... et ils t'ont éloignée de moi ».

Une lumière intense envahit la pièce, la porte verrouillée s'ouvre brusquement. Mulder discerne la silhouette gracile d'un extraterrestre dans la blancheur. Quand Scully arrive à son tour, Mulder gît à terre, inconscient. Il affirme que les bandes et les sorties papier des ordinateurs prouveront la réalité de cette rencontre du troisième type. Mais soudain surgit la Brigade d'intervention ufologique. Mulder et Scully n'ont d'autre choix que de fuir.

De retour à Washington, Mulder subit les remontrances de Skinner, qui lui reproche d'avoir abandonné ses tâches moins excentriques. « C'est terminé pour vous et vous partirez sans rien », annonce l'Homme à la cigarette à Mulder. Mais Skinner intervient et le chasse sans aménité de la pièce. Mulder découvre que la bande avec laquelle il s'est enfui est effacée. Il n'a toujours pas de preuves. « Je n'ai peut-être plus les affaires non classées, mais j'ai toujours mon travail. Et puis, je t'ai toujours, toi, et j'ai toujours ma vie. »

Coulisses : Dans le tout premier épisode, Mulder affirmait avoir « des relations au Congrès ». Avec le sénateur Matheson, nous découvrons ces relations pour la première fois. Pour l'interprétation, Glen Morgan confie : « Nous aurions vraiment souhaité avoir Darren McGavin. » Les producteurs essaieront plus tard, sans davantage de succès, de faire jouer par l'acteur principal de *Dossiers brûlants* le rôle du père de Mulder. Pour Chris Carter, le vrai père de Mulder, de façon symbolique, c'est lui, à cause de ce rôle de Kolchak qui a inspiré la création de *The X-Files.*

Le service des affaires non classées ayant été fermé, ce nouvel épisode « se devait donc d'être en quelque sorte un nouveau pilote », explique Morgan. Il fallait modifier les règles de base de la série. De plus, le flash-back qui nous présente l'enlèvement de Samantha Mulder diffère des premiers souvenirs que Mulder en avait, dans « L'Enlèvement ». Au cours de cette première version, à l'instant de l'enlèvement, Mulder et Samantha sont au lit, endormis. Ici, ils sont éveillés et jouent à un jeu de société (le Stratego, devenu les échecs dans la version française). Selon Chris Carter, les souvenirs de Mulder ont été récupérés par hypnothérapie régressive. Ce sont, assez logiquement, des images confuses. Ainsi se justifieraient les divergences constatées dans ses souvenirs.

Le sénateur « Richard Matheson » doit son nom à l'auteur de science-fiction et d'horreur Richard Matheson, qui a signé entre autres *Le Jeune Homme, l'Amour et le Temps,* adapté au cinéma sous le titre *Quelque part dans le temps.* À l'origine, le monologue d'ouverture devait être dit par le sénateur.

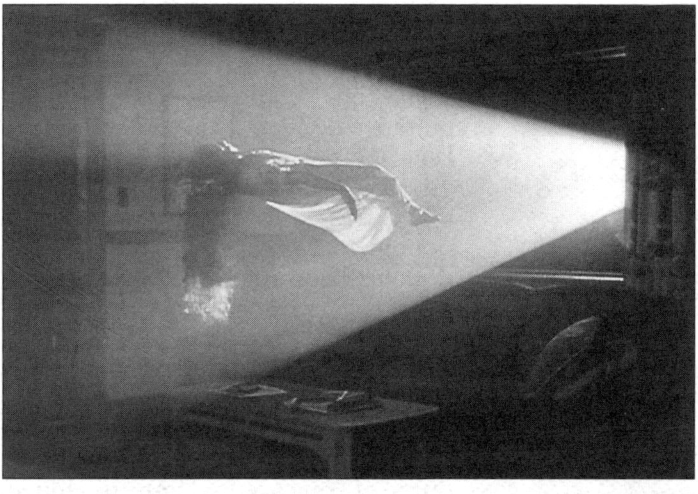

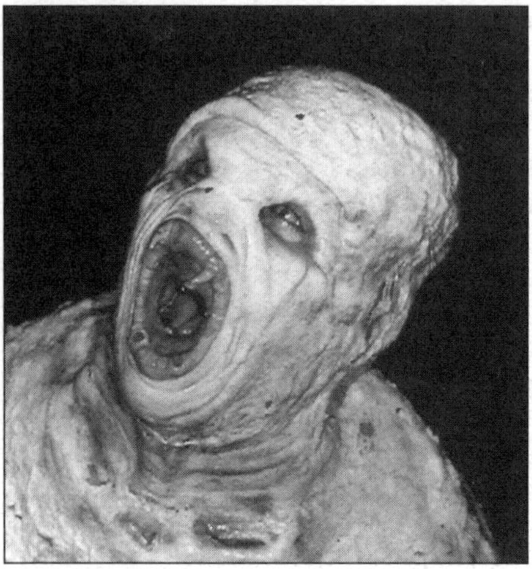

L'Hôte
(The Host)

Première diffusion US: 23 septembre 1994
France: 18 août 1995

Scénario:
Chris Carter

Mise en scène:
Daniel Sackheim

Distribution:
Darin Morgan (l'homme-douve);
Marc Bauer (agent Brisentine);
Mitch Pileggi (dir. adj. Walter Skinner);
Matthew Bennet (premier ouvrier);
Freddy Andreiuci (dét. Norman);
Don Mackay (Charlie);
Hrothgar Matthews (l'homme au téléphone);
Gabrielle Rose (Dr. Zenzola);
Ron Sauve (contremaître);
Dmitri Boudrine (mécanicien russe);
Raoul Ganee (Dmitri);
William MacDonald (marshal fédéral).

Accroche : En enquêtant sur un meurtre perpétré dans le système des égouts du New Jersey, Mulder découvre par hasard un mutant, l'homme-douve.

Site principal : Newark, New Jersey.

Résumé : Un marin russe est brutalement happé dans le système sanitaire du navire. Le cadavre refait plus tard surface, anonyme, dans un collecteur d'égouts du New Jersey.

Mulder va voir Skinner, qui lui a attribué l'affaire, et se plaint qu'on le punisse à coups d'enquêtes sans intérêt. Frustré, il confie à Scully qu'il pense à quitter le FBI. Cependant, un coup de téléphone anonyme prévient Mulder : « Vous avez un ami au FBI. » Plus tard, on lui assurera que son succès dans l'affaire en cours est impératif, pour que la section des affaires non classées soit rouverte.

Scully pratique une autopsie sur le corps, et y découvre une énorme douve qui se tortille. Plus tard, un employé des égouts est entraîné sous l'eau. Quand il émerge, il porte une étrange blessure sur le dos, et se plaint d'un goût désagréable dans la bouche. Alors qu'il prend une douche, l'homme est saisi de convulsions et recrache une douve qui s'échappe par la bonde.

Tandis que Mulder enquête dans une usine de retraitement, un ouvrier aperçoit une créature de taille énorme dans l'eau. Le système est purgé et l'on capture l'homme-douve. C'est une créature asexuée, avec des traits de primate. Ironique, Mulder constate : « Je crois que je vais devoir dire à Skinner que le suspect est effectivement un ver géant, à forme humaine. » Mulder est surpris d'entendre Skinner estimer que le cas aurait dû être confié aux affaires non classées. Il ajoute même : « Nous devons tous obéir à nos supérieurs. »

Sur la foi de nouvelles informations anonymes, Scully identifie la première victime : elle est russe. On va transférer l'homme-douve dans une institution psychiatrique, mais il parvient à tuer le chauffeur et se réfugie dans des toilettes publiques, puis dans un camion de vidange. Mulder suit la trace du camion-citerne jusqu'au centre de retraitement, résolu à capturer la créature avant qu'elle ne parvienne à gagner la mer. Quand le contremaître tombe à l'eau et est entraîné sous la surface, Mulder bondit à son secours. En voyant l'homme-douve pénétrer dans un tuyau d'évacuation, il fait retomber l'opercule – et coupe la créature en deux.

Scully conclura que l'homme-douve était un hybride d'humain et d'invertébré, fruit des radiations. Le cargo russe transportait des déchets venus de Tchernobyl. La créature est née, dit-elle, « dans une soupe de radioactivité nucléaire ».

Pour sa part, Mulder reprend les termes de l'appel anonyme qu'il a reçu. « Le succès de cette mission est impératif, Scully, parce que le rétablissement du département tout entier en dépend. » Quand Scully lui demande si c'est Skinner qui a dit cela, il répond : « Non. Nous avons un ami au FBI. »

Ailleurs, l'homme-douve, ou du moins ce qu'il en reste, flotte jusqu'à la surface. Ses yeux s'ouvrent. Il est vivant.

«Vous avez un ami au FBI.» L'énigmatique M. X entre ici en scène, bien que nous n'apercevions encore que sa nuque pendant qu'il parle au téléphone.

Coulisses : Darin Morgan, qui interprète le rôle de l'homme-douve, est le frère du coproducteur exécutif Glen Morgan. Par la suite, Darin est devenu un des scénaristes de la série. On peut inscrire à son palmarès le mémorable épisode « Faux Frères siamois » et « Voyance par procuration », un des premiers épisodes de la troisième saison. Le costume d'homme-douve s'est révélé être un véritable calvaire. Au départ, il fallait six heures pour l'enfiler, avant que les techniciens ne réussissent à accélérer la manœuvre. Une fois, Morgan a dû porter le cos-

Dans le rôle du Dr. Zenzola, retour de Gabrielle Rose ; on l'avait vue auparavant dans l'épisode «Gorge Profonde».

tume pendant vingt heures consécutives. Comme il était difficile de retirer la combinaison, Morgan a été contraint de se soulager dans le costume, un peu comme lors de cette célèbre scène de *L'Étoffe des héros* où l'astronaute est pris d'un besoin pressant. Carter en plaisante maintenant et soutient que ce rôle est un rite d'initiation pour tout aspirant scénariste sur *The X-Files*.

Carter a également livré une bataille acharnée contre le comité d'autocensure de la Fox, à propos de la scène où l'ouvrier vomit une douve – une des séquences les plus éprouvantes de la série. Il est resté inébranlable : renoncer à cette scène revenait à saboter tout l'épisode.

Mauvais Sang
(Blood)

Première diffusion US: 30 septembre 1994
France: 25 août 1995

Scénario:
Glen Morgan et James Wong, d'après une histoire de Darin Morgan

Mise en scène:
David Nutter

Distribution:
William Sanderson (Ed Funsch);
John Cygan (shérif Spencer);
George Touliatos (Larry Winter);
Kimberly Ashlyn Gere (Mrs. McRoberts);
Andre Daniels (Harry McNally);
Tom Braidwood (Frohike);
Dean Haglund (Langly);
Bruce Harwood (Byers);
John Harris (Taber);
Gerry Rousseau (mécanicien);
William MacKenzie (chauffeur du bus);
Diana Stevan (Mrs. Adams);
David Fredericks (agent de la sécurité);
Kathleen Duborg (mère);
B. J. Harrison (employé).

Accroche: Plusieurs résidents d'une petite communauté fermière deviennent soudain violents, dangereux, sous l'impulsion de messages sur écrans digitaux qui leur enjoignent de tuer.

Site principal: Franklin, Pennsylvanie.

Résumé: Après avoir vu apparaître les mots TUE-LES TOUS sur l'écran digital d'un ascenseur, un agent immobilier de quarante-deux ans a assassiné quatre personnes à mains nues. Le shérif de l'endroit, Spencer, confie à Mulder qu'il s'agit du septième coup de folie meurtrière du même genre, pour un total de vingt-deux victimes, dans une région où « depuis des décennies, il y avait eu seulement trois meurtres ». L'origine de tout ceci est une énigme pour Mulder, mais il découvre un résidu sur le doigt du coupable et constate qu'un engin électronique a été détruit sur chaque lieu du crime.

Après qu'une résidente, Mrs. McRoberts, a assassiné un garagiste en réponse à des messages comparables (IL VA TE VIOLER, IL VA TE TUER, TUE-LE LA PREMIÈRE), Mulder et Spencer se rendent chez elle pour mener l'enquête. Elle tente de poignarder Mulder, et Spencer l'abat. Un examen du corps révèle un taux d'adrénaline deux cents fois supérieur à la normale, des glandes surrénales épuisées et un composé chimique de nature inconnue. Scully suggère que la combinaison des facteurs crée une substance semblable au LSD. Mulder voit peu après un camion balayer des centaines de mouches dans le caniveau.

Mulder va demander l'aide des Lone Gunmen, qui lui parlent du LSDM, un insecticide expérimental qui agit comme une phéromone naturelle, déclenchant une sensation de panique chez les insectes. Cette nuit-là, alors qu'il examine les champs, Mulder est aspergé de liquide par un hélicoptère silencieux. Un des responsables municipaux reconnaît qu'ils utilisent le produit en question. Mulder suggère que quelque chose, ou quelqu'un, envoie des messages subliminaux par l'intermédiaire d'écrans digitaux, exacerbant des phobies déjà amplifiées par le produit chimique. La région ferait l'objet d'une expérience contrôlée.

L'enquête les mène jusqu'à Ed Funsch, un employé des Postes récemment licencié, qui est harcelé par les messages digitaux. Funsch escalade une tour de la faculté locale et tire au hasard avec un fusil. Mulder l'appréhende, après que Funsch a déclaré qu'« ils » ne veulent pas qu'il s'arrête.

Les suspects sous les verrous, Mulder sort son téléphone cellulaire. L'écran annonce : AFFAIRE RÉGLÉE. AU REVOIR. La personne ou la chose qui conduisait l'expérience en a apparemment terminé.

Coulisses : Encore une fois, « Mauvais Sang » est un épisode où ont été réunis des concepts divergents pour donner, une fois assemblés, un épisode assez effrayant. Les scénaristes, Glen Morgan et James Wong, ont commencé par une note toute simple, *employés Postes,* qu'ils ont ensuite combinéc à la polémique qui a entouré, en Californie du Sud, les vaporisations de malithion. Les autorités pulvérisaient le produit à partir d'hélicoptères afin d'exterminer les mouches à fruit, affolant

Les appareils qui commandent aux victimes TUEZ-LES TOUS ont tous été actionnés hors champ par Ken Hawryliw et son équipe. Dans la réalité, ce genre d'écran n'est ni assez brillant ni assez volumineux pour que la caméra le distingue bien. Le four à micro-ondes qui harcèle Mrs. McRoberts au cours de sa scène avec Mulder était en réalité une reproduction.

certains résidents qui n'étaient pas entièrement convaincus par l'innocuité annoncée de la substance, surtout quand on ajoutait que le produit risquait d'endommager la peinture des voitures.

Morgan se souvient également d'avoir vu à la télé un sujet dans le magazine d'actualité *20/20* portant sur les études faites sur le DDT au cours des années cinquante. Chris Carter, pour sa part, avait envie de faire quelque chose avec des écrans digitaux. « Nous avons toujours essayé de rendre effrayants des objets de tous les jours », explique Morgan. Notamment des éléments relativement nouveaux de notre monde moderne : le fax, les téléphones cellulaires. Morgan est le premier à concéder qu'il ne connaît pas l'origine des messages digitaux, et qu'il s'en moque. Il laisse aux téléspectateurs le soin de débrouiller ce genre d'énigme.

La dernière transmission, AFFAIRE RÉGLÉE. AU REVOIR, a finalement été employée dans un autre contexte : pour la dernière scène du bêtisier d'*Aux frontières du réel.* Quant à la séquence finale dans le clocher, elle a été tournée à l'Université de Colombie britannique.

Insomnies
(Sleepless)

Première diffusion US: 7 octobre 1994
France: 1er septembre 1995

Scénario:
Howard Gordon

Mise en scène:
Rob Bowman

Distribution:
Nicholas Lea (agent Alex Krycek);
Tony Todd (Augustus Cole);
Mitch Pileggi (dir. adj. Walter Skinner);
Steven Williams (Mr. X);
Jonathan Gries (Sal Matola);
William B. Davis (l'Homme à la cigarette);
Mitch Kosterman (dét. Horton);
Don Thompson (Henry Willig);
David Adams (Dr. Girardi);
Michael Puttonen (Dr. Pilsson);
Anna Hagan (Dr. Charyn);
Paul Bittante (chef commando);
Claude de Martino (Dr. Grissom).

Accroche : Mulder se voit attribuer un nouveau partenaire, Alex Krycek, et ils enquêtent sur une expérience secrète remontant à la guerre du Viêtnam : des tentatives de suppression du sommeil qui se révèlent fatales pour leurs derniers survivants.

Site principal : New York, New York.

Résumé : Le docteur Saul Grissom voit des flammes jaillir dans son appartement. Il appelle les pompiers. On le retrouve mort, sans que la pièce porte la moindre trace d'incendie.

On transmet à Mulder une cassette qui attire son attention sur l'affaire. Puisque Scully a été mutée, on associe à l'agent un jeune partenaire, Alex Krycek qui, après que Mulder lui fausse compagnie, le rejoint et lui confie qu'il admire son travail et y croit.

Grissom dirigeait une clinique spécialisée dans les troubles du sommeil. L'autopsie faite par Mulder révèle des dommages aux organes internes. « Comme si son esprit commandait à son corps de croire qu'il brûlait. » Plus tard, nouveau meurtre. Cette fois-ci, c'est par l'image de paysans vietnamiens qui fauchent la victime sous un tir nourri. Cette dernière victime était un officier des Unités Spéciales des Marines, stationné à l'endroit même où était employé Grissom vingt-quatre ans plus tôt.

Le dernier survivant de cette unité est Augustus Cole. Mais quand les agents essaient de le voir à l'hôpital des vétérans, ils constatent sa disparition. Mulder rencontre X, qui lui parle d'un projet secret visant à créer le soldat idéal en éradiquant tout besoin de sommeil. Le projet a composé une unité de machines à tuer, dont l'armée a perdu le contrôle : elles ont commencé à tuer au hasard. Cole n'a plus dormi depuis vingt-quatre ans et cherche à se venger de ces actes. X a averti qu'on voulait « vous éloigner de la vérité. Mais ce sera beaucoup plus dangereux qu'avant ».

Mulder pense que Cole a développé la capacité psychique de susciter des rêves si réels qu'ils peuvent tuer. Supposant que Cole va chercher à se venger de l'autre docteur impliqué dans l'affaire, les agents vont à sa rencontre, à la gare, mais Cole s'enfuit avec l'homme, en « ouvrant le feu » sur Mulder grâce à ses pouvoirs mentaux.

Mulder retrouve Cole et lui demande de venir témoigner en justice contre les activités de l'armée. Mais Krycek, prétendant avoir aperçu un revolver dans la main de Cole, tire et l'abat. Tous les éléments dont Mulder disposait sur l'affaire s'évanouissent. Il s'ouvre à Scully de sa rencontre avec X et son avertissement que la fermeture des affaires non classées n'était « qu'une étape préliminaire ». « Tu lui fais confiance ? » demande Scully. Mulder ne sait que répondre.

Nous assistons à une entrevue entre Krycek et l'Homme à la cigarette. Le jeune agent révèle que Mulder s'est découvert un nouvel informateur qui remplacera Gorge Profonde. Quant à Scully, elle pose un problème bien plus grave que l'Accro au tabac ne l'avait imaginé.

Pas d'inquiétude, assure ce dernier sur un ton inquiétant. « À chaque problème sa solution. »

Coulisses : Mr. X (qu'on avait entendu au téléphone sans le voir, au cours de l'épisode précédent) devait être à l'origine une Mrs. X. Le scénario initial parlait d'une femme. D'ailleurs, on avait déjà attribué le rôle à une actrice. Mais après avoir tourné une scène, les producteurs jugèrent que le résultat n'était pas convaincant. Ils se tournèrent alors vers Steven Williams, acteur vétéran de *21 Jump Street,* qui avait été longtemps associé aux producteurs Glen Morgan et James Wong, et à de nombreux autres membres de l'équipe qui avaient travaillé sur la série.

Nicholas Lea fait ici sa première apparition dans le rôle d'Alex Krycek, rôle appelé à prendre une certaine importance au sein de la « mythologie » de *The X-Files.*

Quant à la source qui a inspiré le scénario de cet épisode, on l'a attribuée à une insomnie de quinze jours dont a souffert le scénariste, Howard Gordon, qui fait ici ses premiers pas en soliste.

Nicholas Lea, initialement apparu en Roméo de discothèque dans « Masculin Féminin », revient sous les traits du perfide agent Krycek. Les fans de *The X-Files* sur Internet l'ont baptisé « Ratboy » et lui consacrent un bulletin régulier.

Mitch Kosterman reprend le rôle du détective Horton, de « Masculin Féminin ».

Duane Barry, première partie
(Duane Barry)

Première diffusion US: 14 octobre 1994
France: 8 septembre 1995

Scénario:
Chris Carter.

Mise en scène:
Chris Carter

Distribution:
Steve Railsback (Duane Barry);
CCH Pounder (agent Kazdin);
Nicholas Lea (agent Krycek);
Frank C. Turner (Dr. Hakkie);
William B. Davis (l'Homme à la cigarette);
Stephen E. Miller (commandant unité tactique);
Fred Henderson (agent Rich);
Barbara Pollard (Gwen);
Sarah Strange (Kimberly);
Robert Lewis (policier);
Michel Dobson (tireur d'élite n°2);
Tosca Baggoo (employé);
Tim Dixon (Bob);
Prince Maryland (agent Janus);
John Sampson (tireur d'élite n°1).

Accroche: Mulder est chargé des négociations au cours d'une prise d'otages, dont le responsable, Duane Barry, prétend avoir été le cobaye d'extraterrestres.

Site principal: Marion, Virginie.

Résumé: En 1985, nous voyons Duane Barry se faire capturer par des extraterrestres. « Non ! Non ! Arrêtez ! » hurle-t-il tandis que son corps s'élève lentement au-dessus du lit.

Retour au présent. Barry est détenu dans un centre de traitement pénitentiaire, et répète qu'« ils vont revenir et enlever Duane Barry ». S'emparant de l'arme d'un garde, il prend un docteur et trois autres personnes en otage. Il veut que le docteur l'accompagne sur le site de l'enlèvement, et constate qu'il dit vrai.

Mulder intervient pour participer aux négociations. Lorsque l'électricité est brusquement coupée, Barry tire au jugé, blessant un otage. Mulder pénètre dans le bâtiment avec un infirmier. Tandis que l'agent discute avec lui, Barry revoit les circonstances de son enlèvement et les expériences auxquelles il a été soumis. Il accepte de libérer le blessé en échange de Mulder.

Scully fait des recherches sur le passé médical de Barry. Elle apprend que cet ancien agent du FBI s'est fait tirer dessus en service. Le centre moral de son cerveau a été détruit. Il est à la fois mythomane et violent. « Duane Barry n'est pas ce que Mulder croit qu'il est », annonce-t-elle aux autres agents, terriblement inquiète.

Barry explique à Mulder que le gouvernement est au courant de son

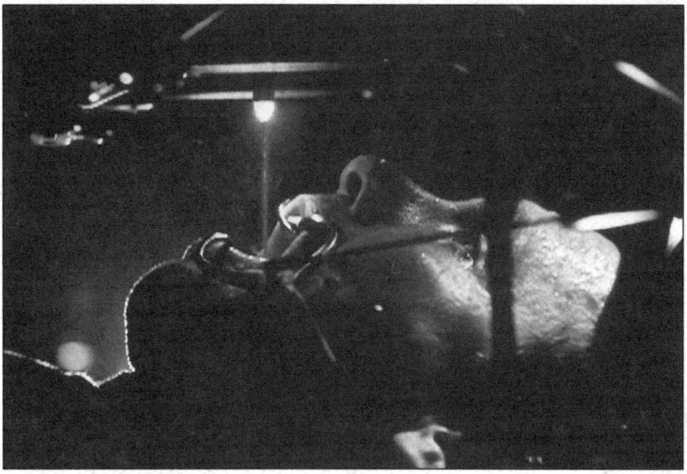

enlèvement, et il décrit le site avec force détails. Scully réussit à avertir Mulder de la psychose de Barry grâce à l'oreillette que porte l'agent. Finalement, un tireur d'élite du FBI réussit à mettre Barry en joue et le blesse.

Les premiers examens semblent corroborer les histoires d'enlèvement de Barry. On met en évidence des morceaux de métal aux dessins étranges dans son abdomen et ses sinus, ainsi que des trous minuscules forés dans ses dents. Au supermarché, Scully, obéissant à une inspiration subite, passe au scanner le morceau de métal trouvé dans l'estomac de Barry. La machine s'affole. Barry reprend conscience avec un sursaut, assomme un garde et quitte l'hôpital.

Scully appelle Mulder et laisse un message sur son répondeur, à propos du scanner. « C'est très étrange, Mulder. C'est comme si quelqu'un avait *catalogué* Duane à l'aide de cet objet. » Soudain, Barry apparaît à la fenêtre. Un bruit sourd, et on entend Scully appeler à l'aide.

À suivre…

Coulisses : Tourné durant la grossesse d'Anderson, l'épisode comporte un clin d'œil au cours de la scène du supermarché : Scully achète des cornichons et de la glace. Steve Railsback, qui a connu une certaine notoriété en interprétant Charles Manson dans le téléfilm *Helter Skelter,* a impressionné tout le monde dans le rôle de Barry. Mais c'est CCH Pounder, qui joue l'agent Kazdin, la collègue négociatrice de Mulder lors de la prise d'otages, qui a décroché une nomination aux Emmys du *prime time,* dans la catégorie du meilleur second rôle féminin. Chris Carter a été nommé aux Emmys pour son scénario, ainsi que le directeur de la photographie, John S. Bartley, dans son propre domaine.

C'est le premier épisode d'*Aux frontières du réel* mis en scène par Carter.

L'affaire Phineas Gage, à laquelle fait allusion Scully, est absolument véridique. Au début du siècle, propulsée par une explosion, une barre en fer de plus d'un mètre de long est venue se ficher dans le crâne de l'employé des chemins de fer qui posait la dynamite. Non seulement Gage survécut, mais il ne souffrit d'aucun dommage physique et vécut encore vingt années. Toutefois, sa personnalité changea de façon spectaculaire. Il devint irascible, grossier et parfaitement antipathique.

Duane Barry, deuxième partie
(Ascension)

Première diffusion US: 21 octobre 1994
France: 15 septembre 1995

Scénario:
Paul Brown

Mise en scène:
Michael Lange

Distribution:
Steve Railsback (Duane Barry);
Nicholas Lea (agent Krycek);
William B. Davis (l'Homme à la cigarette);
Sheila Larken (Margaret Scully);
Mitch Pileggi (dir. adj. Walter Skinner);
Steven Wiliams (Mr. X);
Meredith Bain Woodward (Dr. Ruth Slaughter);
Peter LaCroix (Dwight);
Steve Makaj (policier);
Robyn Douglass (technicien vidéo);
Bobby L. Stewart (shérif adjoint).

Accroche: Mulder poursuit Duane Barry pour tenter à tout prix de retrouver Scully.

Site principal: Mont Skyland, Virginie.

Résumé: Mulder écoute les messages laissés sur son répondeur et découvre l'enlèvement de Scully. La mère de Dana se présente alors à la porte, affolée par un rêve qu'elle vient de faire: sa fille, victime d'un rapt.

Duane Barry roule sur l'autoroute, Scully dissimulée dans le coffre. Un policier qui le force à s'arrêter est abattu. L'incident est enregistré par une caméra de vidéosurveillance. Quand Mulder analyse la bande, il découvre la présence de Scully dans la voiture, grâce à des techniques de travail sur image. En réfléchissant aux confidences de Barry sur une ascension vers les étoiles, il en déduit que tous deux font route vers Skyland Mountain. Il part donc sur les traces de Scully, malgré les mises en demeure de Skinner, qui lui demande de ne pas s'occuper de cette affaire.

Krycek téléphone à l'Homme à la cigarette, pour le tenir au courant de leur destination. Arrivé au pied de la montagne, Mulder emprunte le téléphérique dans l'espoir de parvenir au sommet avant Barry. Mais Krycek tue l'opérateur et bloque la cabine à mi-chemin. Mulder doit s'en extraire au péril de sa vie et continuer à pied.

Arrivé au sommet, Mulder trouve la voiture de Barry abandonnée. Il y ramasse la croix dorée que Scully porte autour du cou. Barry, seul, exulte: « Je suis libre, bande de salauds! C'est fini! Vous ne pouvez plus rien contre moi ! » Quand Mulder le presse de questions sur l'endroit où est Scully, l'autre dit simplement : « *Ils* l'ont enlevée. »

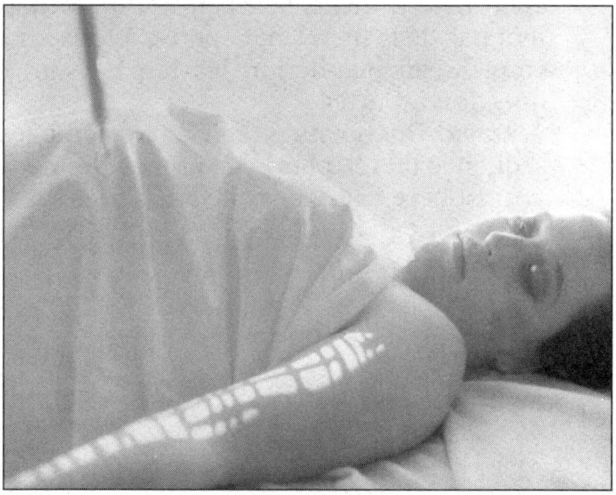

Soumis à un interrogatoire, Barry insiste pour dire qu'il « leur » a échangé Scully sans lui faire de mal, et attire l'attention de Mulder sur des silhouettes dans le couloir. Quand l'agent lui saute dessus et tente de le maîtriser, il éructe, les yeux exorbités : « Ils vont te dire où elle est. Les militaires sont dans le coup. T'as qu'à leur demander ! »

Mulder laisse Barry seul, et imagine les expériences auxquelles une Scully au ventre distendu est peut-être soumise. À son retour, il trouve Krycek en compagnie du prisonnier. Quelques instants plus tard, Barry succombe à un arrêt cardiaque. Krycek va voir l'Homme à la cigarette et s'étonne qu'on n'élimine pas Mulder, tout simplement. « Tuer Mulder, lui répond-on, risquerait de transformer en croisade la religion d'un seul homme. »

Mulder confie à Skinner que, pour lui, Barry a été empoisonné, les résultats de l'enquête ont été escamotés et les militaires savent où se trouve Scully. Avec la voiture de Krycek, Mulder va rendre visite au sénateur Matheson pour demander son aide, mais X l'intercepte et lui dit que le sénateur ne pourra pas l'aider sans commettre un véritable suicide politique.

« Ils ont un dossier sur lui ? demande Mulder.

– Ils en ont un sur tout le monde, monsieur Mulder, répond X d'une voix glaciale. La question est : quand s'en serviront-ils ? »

À son retour dans la voiture, Mulder remarque des cigarettes dans le cendrier et comprend qui les y a laissées. Il va voir Skinner et accuse Krycek d'avoir assassiné Barry et le responsable du téléphérique. Mais lorsqu'on convoque l'agent, il a disparu. Écœuré, Skinner annonce qu'il va faire « ce qu'ils craignent le plus ». Il rouvre le service des affaires non classées.

Mulder a rendez-vous avec la mère de Scully et lui offre la croix qu'il a retrouvée. Elle lui demande, avec une confiance absolue : « Vous la lui rendrez… quand vous la retrouverez. »

Une première prénatale : oui, c'est bien le ventre de Gillian Anderson enceinte qu'on voit durant la séquence de l'« examen », où l'imagination de Mulder lui montre ce qu'on est peut-être en train de faire subir à sa partenaire. Quelques semaines à peine la séparaient encore de l'accouchement, au cours duquel elle allait donner naissance à son premier enfant, Piper, une fille. Date de naissance : 25 septembre 1994.

Coulisses : La conversation entre Krycek et l'Homme à la cigarette tente d'expliquer pourquoi les puissances qui cherchent à museler les efforts de Mulder ne se contentent pas de le tuer. Une réponse à tous les fans (dont l'écrivain de science-fiction Harlan Ellison) qui ont posé la question à Carter.

David Duchovny a réalisé lui-même les cascades de la séquence du téléphérique, afin de donner une plus grande atmosphère d'authenticité à la série.

Les Vampires
(3)

Première diffusion US: 4 novembre 1994
France: 22 septembre 1995

Scénario:
Chris Ruppenthal, Glen Morgan et James Wong

Mise en scène:
David Nutter

Distribution:
Frank Military (le Fils/John);
Perrey Reeves (Kristen Kilar);
Frank Ferrucci (dét. Nettles);
Tom McBeath (dét.Munson);
Gustavo Moreno (le Père);
Justina Vail (la face cachée du Saint-Esprit);
Malcolm Stewart (Cdt Carver);
Ken Kramer (Dr. Browning);
Roger Allford (Garrett Lore);
Richard Yee (David Yung);
Brad Loree (pompier);
John Tierney (Dr. Jacobs);
David Livingstone (garde);
Guyle Frazier (agent).

Accroche: Mulder enquête à Hollywood sur une série de meurtres vampiriques et commence à tomber amoureux d'une femme qui est sa suspecte n°1.

Site principal: Los Angeles, Californie.

Résumé: Un homme d'affaires est tué par une femme et son complice, qu'on voit lui mordre le bras jusqu'au sang.

Mulder revient dans son bureau, dont il a visiblement été absent plusieurs mois. Il retire les housses posées sur les meubles, regarde le dossier non classé qu'il a ouvert sur Scully, et en extrait la petite croix d'or qu'elle portait en permanence. Puis il se rend sur le lieu du crime, à Los Angeles. Il a eu connaissance de six meurtres comparables, à Memphis et à Portland. Chaque fois, la victime est vidée de son sang, et on a inscrit un message en lettres de sang sur un mur. Supposant qu'il est sur la piste d'une secte, Mulder capture un des membres du trio, John, dans une banque du sang. « T'aimerais pas vivre éternellement ? demande John à Mulder. – Pas si on se remet à porter des pantalons à pattes d'éléphant », rétorque Mulder.

Persuadé que les croyances du suspect en sa nature vampirique ne sont que fantasmes, Mulder l'abandonne dans une cellule ouverte, en espérant que la peur du soleil le fera parler. Mais quand le soleil le frappe, John est carbonisé de façon atroce.

Un coup de tampon sur le bras de John conduit Mulder dans un club de Hollywood où il rencontre la mysté-

Cet épisode d'*Aux frontières du réel* est le seul qui ait été tourné en l'absence de Gillian Anderson.

Tom McBeath, qui joue le rôle du lieutenant Munson, est apparu dans l'épisode « Espace ».

rieuse Kristen. « Toi, t'as perdu quelqu'un », annonce-t-elle d'emblée, mystérieusement. Lorsque Mulder refuse de goûter son sang, Kristen part avec un autre homme. Mulder les suit, mais se fait rosser par l'homme, qui, peu après, tombe dans une embuscade à son tour, et se fait tuer. Selon le médecin légiste, le corps de la victime porte les marques de trois dentitions différentes.

Mulder retrouve Kristen, et comprend qu'elle ne fait plus partie de la secte. Elle explique que, pour John et elle, le sang « est devenu comme un sport ». Mais quand ils ont rencontré les autres, les choses sont devenues « contre nature ». Depuis, elle fuit le trio, qui la traque de ville en ville.

Mulder et elle font probablement l'amour (la scène reste suggérée). À leur réveil, ils découvrent que John est revenu d'entre les morts et qu'il est là, avec ses acolytes. « Les autres crèvent et voilà ! Mais nous, on revient », explique-t-il.

Mulder et Kristen fuient et tuent la femme qui dirige le trio, la face cachée du Saint-Esprit, en l'empalant sur un piquet de bois. Comme John a déclaré que « Nous vivons dans un autre monde, Kristen, et dans le monde extérieur, personne ne peut me supprimer », Kristen boit le sang de la femme pour devenir un des leurs. Puis elle arrose la maison d'essence et met le feu. On retrouvera quatre corps dans les décombres. Mulder reste seul, la croix de Scully serrée entre ses doigts.

Coulisses : « Les Vampires » est le seul épisode où Mulder a des relations sexuelles. Sa partenaire est interprétée par l'amie de Duchovny dans la vie, Perrey Reeves. « Je me suis dit : " Mais c'est un moine, ce type ! Si on le laissait se conduire comme un être humain ? " dit Carter. Et surtout en l'absence [de Scully], le moment semblait idéal. »

Le « Club Tepes » vu dans l'épisode a été ainsi baptisé en hommage au prince Vlad Tepes, dit Vlad l'Empaleur, inspiration du *Dracula* de Bram Stoker. Au cours de la scène finale, la face cachée du Saint-Esprit proclame en transylvanien : « Je vivrai éternellement. »

L'épisode a son compte de détracteurs, parmi lesquels Duchovny lui-même. Pour lui, l'épisode ne manque pas de panache, mais souffre de fautes de logique. « Pourquoi est-ce que je la laisse me raser, bon Dieu ? » s'interroge-t-il.

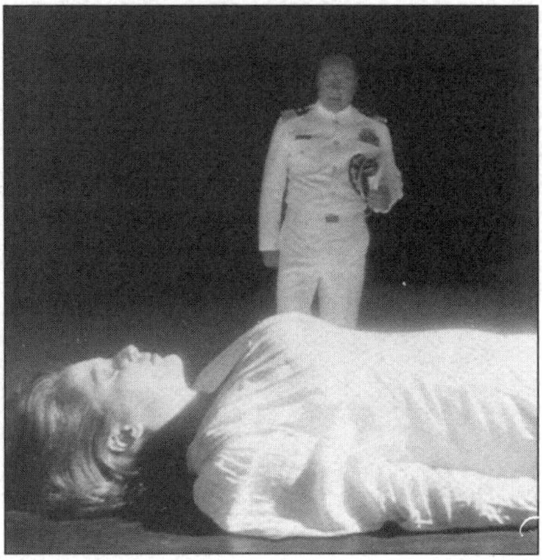

Coma

(One Breath)

Première diffusion US: 11 novembre 1994
France: 29 septembre 1995

Scénario:
Glen Morgan et James Wong

Mise en scène:
R. W. Goodwin

Distribution:
Sheila Larken (Margaret Scully); Melinda McGraw (Melissa Scully); Tom Braidwood (Frohike); Jay Brazeau (Dr. Daly); Mitch Pileggi (dir. adj. Walter Skinner); Dean Haglund (Langly); Bruce Harwood (Byers); Nicola Cavendish (infirmière Owens); Steven Williams (Mr. X); Don Davis (cpt Scully); William B. Davis (l'Homme à la cigarette); Lorena Gale (infirmière Wilkins); Ryan Michael (l'homme en pardessus); Tegan Moss (Dana Scully enfant).

Accroche : Scully réapparaît, vivante, mais dans le coma, et Mulder doit se battre pour la sauver.

Site principal : Washington, DC.

Résumé : Cet épisode, dont l'architecture est une des plus complexes de la série, s'ouvre sur les souvenirs de la mère de Scully, qui revoit l'enfance de sa fille, toujours portée disparue.

De retour au présent, Mulder insiste : ils ne doivent pas perdre espoir. Et Scully réapparaît mystérieusement, dans un hôpital de Washington. Elle est vivante, mais plongée dans le coma. « Qui l'a amenée ici ? » demande en vain Mulder.

Dans des scènes au climat irréel, nous voyons l'âme de Scully assise dans une barque ancrée à peu de distance de la berge. Une inconnue et son père tentent de la persuader de revenir. Mulder, pendant ce temps, s'éclipse avec la fiche médicale de Scully et va la montrer aux Lone Gunmen. Selon eux, on a manipulé l'ADN de Scully. Quand il revient à l'hôpital, un homme s'empare d'un échantillon du sang de Scully. Mulder se jette à sa poursuite et se retrouve face à X. « La vérité, vous savez combien ça coûte, agent Mulder ? » demande X, avant de procéder à une véritable exécution en règle, en abattant le voleur de sang-froid.

Ailleurs, l'Homme à la cigarette avertit Skinner. S'il ne réussit pas à calmer Mulder, c'est lui qui s'en chargera. Une inconnue permet à Mulder d'aller retrouver l'Homme à la cigarette, que l'agent met en joue. « J'ai vu mourir des présidents », dit celui-ci, et quand Mulder menace de l'abattre, il ajoute : « Je n'en ai que plus de respect pour vous, Mulder. Vous me battez à mon propre jeu. »

Se sentant toujours responsable de la condition actuelle de Scully, Mulder présente sa démission. Mais Skinner, après lui avoir raconté une expérience qu'il a vécue pendant son service au Viêt-nam, lui répond : « Votre démission est inacceptable. » X réapparaît et arrange un guet-apens pour que Mulder ait la possibilité de se venger des ravisseurs de Scully. Pourtant, sur les instances de Melissa, la sœur de Scully, Mulder y renonce pour aller veiller sa collègue à l'hôpital. À son retour, il retrouve son appartement sens dessus dessous.

Scully sort du coma et voit Mulder à ses côtés. « C'est ta confiance qui m'a permis de revenir », lui dit-elle. Mulder lui rend sa croix d'or, et Scully apprend que l'infirmière qui lui parlait avec tant de constance pendant son coma, qui l'a aidée à en émerger, n'a jamais fait partie du personnel de l'hôpital.

Coulisses : Gillian Anderson, encore un peu assommée et épuisée, quelques jours seulement après son accouchement par césarienne, a passé le plus clair de l'épisode en tenue d'hôpital, reliée des heures durant à des goutte-à-goutte. Les producteurs avaient envisagé une liaison entre Melissa, la sœur de Dana, et Mulder, mais ont fini par en abandonner l'idée.

Glen Morgan dit avoir baptisé l'infirmière Owens ainsi en souvenir de sa grand-mère.

L'épisode se moque aussi gentiment des fans de la série sur Internet. Un des Lone Gunmen annonce à Mulder qu'il devrait les rejoindre le vendredi suivant « surfer sur Internet et rigoler des erreurs scientifiques d'*Earth 2* ».

« C'est mon jour de lessive », réplique Mulder.

Dans la version française, *Earth 2* n'étant pas encore diffusée en France, Langly parle de « plancher sur les problèmes des logiciels de jeu ».

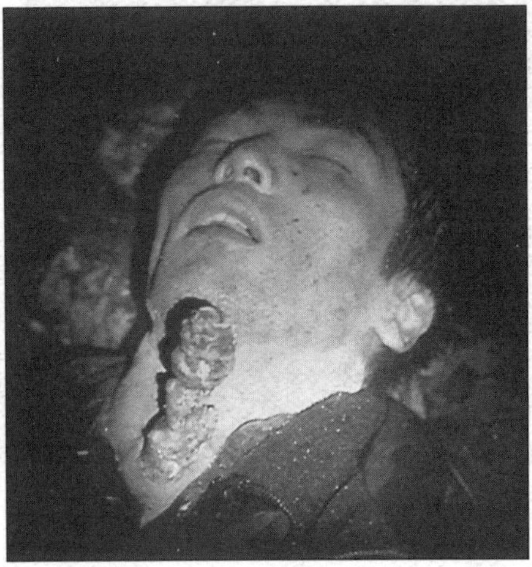

Intra-terrestres
(Firewalker)

Première diffusion US: 18 novembre 1994
France: 6 octobre 1995

Scénario:
Howard Gordon

Mise en scène:
David Nutter

Distribution:
Bradley Whitford (Dr. Daniel Trepkos); David Lewis (Vosberg); Tuck Milligan (Dr. Adam Pierce); Leland Orser (Jason Ludwig); Torben Rolfsen (technicien); Shawnee Smith (Jesse O'Neil); Hiro Kanagawa (Peter Tanaka); David Kaye (Eric Parker).

Accroche : Mulder et Scully sont confrontés à une forme de vie mortelle, au cours d'une enquête sur la mort d'un savant qui étudiait un volcan en activité.

Site principal : Mont Avalon, Washington.

Résumé : Une équipe de scientifiques en expédition sur le mont Avalon a envoyé un message de détresse en provenance du volcan. Une liaison vidéo montre le corps d'un membre de l'expédition, étendu par terre. Le groupe explore le site avec le secours de Firewalker, un robot capable de pénétrer dans les tréfonds du cratère.

Mulder suggère à Scully de « prendre un peu de repos » après ses épreuves récentes : son enlèvement, son coma. Mais elle insiste : elle veut se remettre au travail. « J'ai déjà trop perdu de temps », dit-elle.

En arrivant sur le site des recherches en compagnie d'un autre savant, Pierce, qui travaillait avec l'expédition, Mulder se fait attaquer par un des survivants. Ceux-ci, Ludwig, Tanaka et O'Neil, sont terrorisés par le chef de l'expédition, Trepkos, un esprit brillant qui est devenu fou et a assassiné Erikson, le mort aperçu sur la bande vidéo. Mulder retrouve les notes de Trepkos, qui font état d'« une forme de vie souterraine » – un organisme inconnu, basé sur le silicium, capable de survivre à l'intérieur des volcans. Ailleurs, Pierce, alors qu'il examinait les lieux, tombe dans une embuscade de Trepkos, qui l'étrangle en déclarant : « Personne ne doit partir. »

Tanaka s'effondre. Alors qu'on tente de l'évacuer, il s'enfuit. De loin, on voit une sorte de longue pointe jaillir de sa gorge. Scully suppute qu'une spore s'était développée en lui et vient d'atteindre le stade de la maturité reproductive.

Pour Mulder, il faut trouver Trepkos. De son côté, Scully étudie les spores. Ludwig guide Mulder jusqu'aux cavernes, mais Trepkos le tue et fait brûler le cadavre. « Cette fois, ce n'est pas lui que je tue », explique-t-il, tandis qu'on voit bouger les spores dans le cadavre de Ludwig. En fait, il cherche à éradiquer les spores qui ont infecté tous ses collègues. Le micro-organisme a été ramené par Firewalker. Erikson l'a trouvé et a contaminé tous les autres.

Les tests de Scully démontrent que les spores doivent être inhalées immédiatement après leur libération. Sans quoi, elles meurent ou deviennent inoffensives. Mulder, qui comprend le danger qu'elle court en côtoyant O'Neil, se précipite pour la retrouver. Quand les spores commencent à germer en elle, O'Neil s'enchaîne à Scully par des menottes. L'agent la pousse dans une salle en plexiglas, juste avant que les spores ne se projettent contre la vitre.

Trepkos, qui aimait O'Neil, revient voir son corps. « Je lui avais dit... que ça changerait sa vie », se lamente-t-il. Mulder dira aux sauveteurs qu'il n'y avait que deux survivants, laissant ainsi Trepkos, O'Neil dans les bras, s'enfoncer dans les entrailles du volcan.

Coulisses : « Intraterrestres » est le fruit de deux coupures de journaux que Howard Gordon avait lues à propos du projet Dante, un robot explorateur financé par la NASA et envoyé dans les profondeurs d'un volcan. Le sujet s'inscrit également dans un genre d'épisodes que la série aime

Les torches utilisées par Mulder et Scully dans cet épisode et dans l'ensemble des deux saisons sont des lampes au xénon fabriquées par Maxabeam. Elles coûtent une vingtaine de milliers de francs pièce et sont employées au cours d'opérations de recherche et de sauvetage en extérieur. Elles sont capables de projeter un rayon de trois à six millions de candelas.

aborder une ou deux fois par saison : une équipe de scientifiques, de militaires ou d'industriels est en difficulté dans une zone peu accessible, et le FBI est envoyé pour mener l'enquête. C'était le cas de « Projet Arctique » ou de « Quand vient la nuit ».

Pour Gordon, l'obsession de Trepkos et le prix qu'il doit payer, en perdant un être aimé, permettent d'explorer la face cachée du dévouement de Mulder à sa quête. « L'issue normale de toute recherche de la vérité est la folie », pense le scénariste. Pour lui, la décision prise par Mulder de laisser partir Trepkos à la fin met en évidence le lien entre Trepkos et Mulder. Leur *Au cœur des ténèbres*.

Les effets spéciaux des vrilles/pointes, signés Toby Lindala, « ont remporté la palme à l'écœuromètre, à l'époque », ajoute Gordon, qui n'oublie pas de saluer la mise en scène de David Nutter.

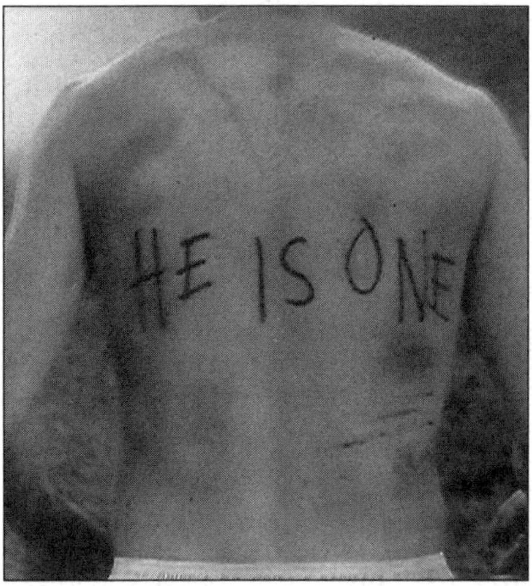

Le Musée rouge
(Red Museum)

Première diffusion US: 9 décembre 1994
France: 13 octobre 1995

Scénario:
Chris Carter

Mise en scène:
Win Phelps

Distribution:
Gillian Barber (Beth Kane);
Steve Eastin (shérif Mazeroski);
Lindsey Ginter (l'homme aux cheveux en brosse);
Mark Rolston (Richard Odin);
Paul Sand (Gerd Thomas);
Bob Frazer (Gary Kane);
Robert Clothier (vieil homme);
Elisabeth Rosen (Katie);
Crystal Verge (la femme qui lit);
Cameron Labine (Rick);
Tony Sampson (Brad);
Gerry Naim (premier homme);
Brian McGugan (premier agent).

Accroche : Mulder et Scully enquêtent sur les rapports qui lient peut-être une secte religieuse rurale à la disparition de plusieurs adolescents.

Site principal : Delta Glen, Wisconsin.

Résumé : Un adolescent disparaît. Quand on le retrouve, douze heures plus tard, il porte une inscription sur le dos : HE IS ONE (« c'en est un »). Il y a eu plusieurs victimes dans la région, explique Mulder. Toutes étaient terrifiées. Pour le shérif local, il peut s'agir de possession. Ses soupçons se portent sur l'Église du Musée rouge, une secte locale qui croit à la transmigration des âmes et refuse par conséquent de manger de la viande.

Une adolescente est enlevée à son tour. On la retrouvera plus tard, portant les mêmes mots sur le dos. Les examens mettent en évidence la présence d'un alcaloïde peu courant dans son sang. Or, le chef du Musée rouge, Richard Odin, est un ancien médecin. On l'arrête, et ses fidèles viennent se rassembler en ville.

Un vieil homme conduit Mulder et Scully jusqu'à une ferme, où ils voient des hommes injecter des hormones de croissance créées par manipulations génétiques. « Moi, je pense que les gens ont changé, ils sont devenus durs et méchants », leur dit-il. L'année précédente, au lycée local, sept viols ont été commis. L'homme en attribue la faute aux hormones. Quand Scully proteste que la preuve de leur innocuité a été faite, l'homme réplique : « Et ça vient d'où ? Du gouvernement ? »

Cette nuit-là, un petit avion s'écrase. Son pilote et le passager, un certain Dr. Larsen, qui transportait une valise bourrée de billets, sont tués sur le coup. C'était le médecin de famille de tous les adolescents enlevés, l'homme qui les a mis au monde. Il leur faisait des injections de vitamines. « Je ne sais pas d'où ils pouvaient venir, mais il s'est fait de sacrés honoraires », murmure Mulder, songeur, en contemplant les billets roussis.

L'homme aux cheveux en brosse, l'assassin de Gorge Profonde, arrive sur les lieux. Il exécute un des hommes qui faisaient des injections au bétail. Puis le fils du shérif est enlevé. On le retrouvera mort.

Quand il remarque l'existence d'un réduit secret derrière la salle de bains du premier enlevé, Mulder comprend que le propriétaire, Gerd Thomas, est celui qui enlevait les jeunes. Pour Thomas, les enfants sont devenus des monstres à cause des tests de Larsen. L'analyse de l'« hormone » révèle sa parenté avec l'ADN extraterrestre découvert par Scully dans l'épisode « Les Hybrides ».

Pour Mulder, on a soumis la ville à des expériences et les responsables sont en train d'effacer les traces. Pour plus de sécurité, il conduit les derniers adolescents au Musée rouge, avant de se rendre à l'abattoir local, où il se retrouve face à l'homme aux cheveux en brosse. Celui-ci échappe à Mulder, mais pas au shérif, qui venge son fils en le tuant.

Il est impossible d'établir l'identité de l'homme aux cheveux en brosse : ses empreintes digitales n'apparaissent sur aucun fichier. En voix off, Scully conclut que la ville faisait l'objet d'une expérience sur les effets de l'ADN extraterrestre. Le Musée rouge servait de groupe témoin. « Le dossier, dit-elle, reste ouvert et non résolu. »

Coulisses : Avec cet épisode, les producteurs avaient l'intention de poursuivre une même histoire dans deux séries sur des chaînes différentes. D'un côté, *The X-Files,* diffusée par la Fox. De l'autre, *Drôle de shérif* (*Picket Fences*) qui passe sur CBS et se déroule dans la petite ville imaginaire de Rome, Wisconsin. La Twentieth Century Fox Television produit les deux séries, et la série de CBS passait juste après *Aux frontières du réel.* L'opposition de CBS entraîna l'abandon du projet. Une décision qui prend tout son sel quand on sait que les deux séries sont entrées en concurrence directe en septembre 1995. Dans l'épisode correspondant de *Drôle de shérif,* un agent du FBI a quand même enquêté sur des faits très voisins de ceux qui forment la trame de cet épisode de *The X-Files.*

Excelsis Dei
(Excelsius Dei)

Première diffusion US: 16 décembre 1994
France: 20 octobre 1995

Scénario:
Paul Brown

Mise en scène:
Stephen Surjik

Distribution:
Frances Bay (Dorothy);
Teryl Rothery (infirmière Charters);
Eric Christmas (Stan Phillips);
David Fresco (Hal Arden);
Sab Shimono (Gung Bituen);
Tasha Simms (Laura Kelly).

Accroche : Mulder et Scully mettent au jour des activités étranges dans une maison de retraite, après qu'une infirmière a été attaquée par une force invisible.

Site principal : Worcester, Massachusetts.

Résumé : Michelle, infirmière dans la maison de retraite Excelsis Dei, est saisie et violée par un agresseur invisible. Elle accuse un des patients, Hal Arden, un vieillard qui repousse cette déclaration avec ironie : « J'ai presque soixante-quinze ans et une plomberie aussi vieille que cette maison. » Et comme il sort de son bain, il écarte sa serviette pour prouver ses dires. « Elle est en aussi pitoyable état, d'ailleurs. »

Après le départ des agents, Stan, le compagnon de chambre de Hal, lui conseille d'être plus prudent, de peur qu'il ne gâche tout pour tout le monde. Il prend une pilule mais en refuse à Hal quand celui-ci en réclame une. Peu après, Hal est retrouvé mort, étranglé par une poigne invisible, semble-t-il.

Le médecin traitant de l'établissement affirme avoir obtenu des résultats encourageants dans son traitement de la maladie d'Alzheimer chez des patients qui prennent un médicament expérimental. Selon Mulder, les accusations de l'infirmière sont invraisemblables. Pour une fois, c'est Scully qui n'est pas convaincue.

Les deux agents reviennent à la maison de retraite et voient un des infirmiers tomber d'une fenêtre et se tuer. Une force invisible l'a projeté au-dehors et a desserré l'emprise de ses doigts sur le rebord du toit. Stan était près de lui, apparemment.

Une des patientes, Dorothy, s'entretient avec des personnages invisibles, que nous pouvons voir se rassembler dans l'ombre, autour de Scully. Mulder pose des questions sur un infirmier d'origine asiatique, Gung. Il découvre dans la chambre de celui-ci une culture de champignons, en même temps que le corps d'un infirmier porté disparu... qui sert de terreau. Gung reconnaît avoir fait prendre des champignons aux patients, pour des motifs strictement médicaux. Mais pour lui, quelque chose a très mal tourné. Les âmes qui sont mortes ici continuent de souffrir et quelque chose les a éveillées. Quand il va inspecter sa cache de pilules, il la trouve vide.

Mulder explique que, de tout temps, les chamanes ont utilisé les champignons pour visiter le monde des esprits. Il pense que « quelque chose ou quelqu'un s'est échappé ». C'est alors que Michelle et lui se retrouvent enfermés dans la salle de bains, que l'eau commence à envahir, tandis que Stan est pris d'une crise soudaine. Mulder réussit finalement à se libérer et les esprits disparaissent.

Une procédure d'expulsion est entamée contre Gung, tandis que les patients, maintenant que le traitement est interrompu, retombent dans un état végétatif. La dernière image nous montre Stan, le regard fixé dans le vide.

Sheila Moore, vue dans « Gorge Profonde », revient interpréter la directrice de la maison de repos.

Coulisses : Pour tourner la séquence la plus spectaculaire, celle où la porte de la salle de bains est défoncée, le responsable des effets spéciaux, Dave Gauthier, a construit une citerne et fait déferler dans le couloir plus de quinze mille litres d'eau. On trouvait dans le scénario une scène laissant entendre que l'infirmière qui a été attaquée, Michelle, était lesbienne : pendant son interrogatoire par les agents, son amie rentre à l'appartement. La scène a été abandonnée au montage final. « Ça ne nous a pas semblé nécessaire », estime Carter.

Tasha Simms, mère de Cindy Reardon dans « Ève », est ici la fille de Stan Phillips.

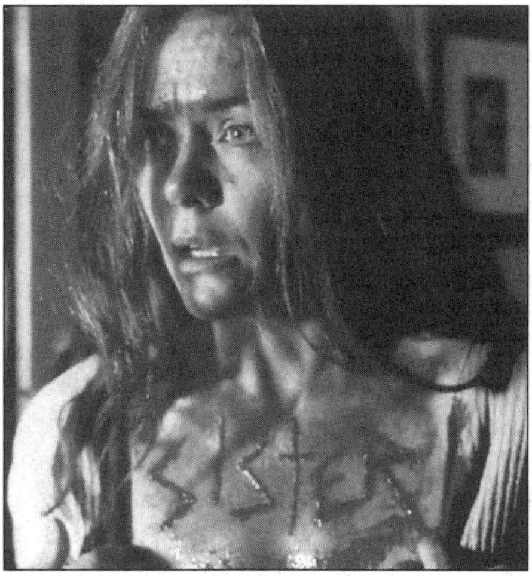

Aubrey
(Aubrey)

Première diffusion US: 6 janvier 1995
France: 27 octobre 1995

Scénario:
Sara Charno

Mise en scène:
Rob Bowman

Distribution:
Deborah Strang (B. J. Morrow);
Morgan Woodward (Harry Cokely vieux);
Terry O'Quinn (Lt. Brian Tillman);
Joy Coghill (Mme Ruby Thibodeaux);
Robyn Driscoll (dét. Joe Darnell);
Peter Fleming (agent n°1);
Sarah Jane Redmond (jeune mère);
Emanuel Hajek (Harry Cokely jeune).

Accroche: En remontant la piste d'un tueur en série, Mulder et Scully envisagent la possibilité que la personnalité puisse se transmettre par hérédité au fil des générations.

Site principal: Aubrey, Missouri.

Résumé: B. J. Morrow, qui a une liaison avec son patron, le Lt. Tillman, lui annonce qu'elle attend un enfant de lui. Inexplicablement, elle se retrouve cette nuit-là au beau milieu d'un champ, en train de déterrer le cadavre d'un agent du FBI disparu en 1942.

Avant sa disparition, l'agent, Sam Chaney, enquêtait sur un tueur en série qui gravait le mot SISTER (sœur) sur la poitrine de ses victimes, uniquement des femmes, et traçait des inscriptions sur les murs avec leur sang. Le tueur n'a jamais été appréhendé.

Lors d'une conversation avec Scully, B. J. avoue sa grossesse, et les cauchemars étranges qu'elle fait. Elle ne sait pas comment elle a découvert le corps. Scully remarque que celui-ci porte le mot BROTHER (frère) gravé sur les côtes. Tillman leur apprend qu'un homicide récent réunissait les mêmes caractéristiques. On retrouve un nouveau cadavre, inscrit du mot SISTER.

En feuilletant de vieux fichiers, le choix de B. J. s'arrête sur Harry Cokely, condamné pour avoir violé une femme en 1945, et inscrit sur elle le mot SISTER. Pourtant, quand Mulder et Scully lui rendent visite, ils le trouvent quasi impotent: à soixante-dix-sept ans, il est relié en permanence à une bonbonne d'oxygène.

Interrogé sur son emploi du temps, il ricane. « Je peux pas sortir de chez moi sans emmener cette saloperie. Je reste prostré devant ce téléviseur vingt-quatre heures par jour. »

B. J. s'éveille en sursaut, en proie à une vision. Elle baigne dans son sang et on a gravé le mot SISTER sur sa poitrine. Elle affirme avoir vu Cokely dans son rêve. Elle se précipite dans une maison, arrache le parquet et met au jour les ossements du partenaire disparu de Chaney. Cinquante ans plus tôt, la maison avait été louée à Cokely.

Mulder et Scully vont rendre visite à la femme violée par Cokely. Elle reconnaît avoir eu un enfant à la suite de l'agression, qu'elle a confié à une institution pour le faire adopter. Mulder suppose que le coupable est le descendant de Cokely. La mémoire génétique du tueur a été transmise. « L'héritage génétique saute souvent une génération », fait-il remarquer. Les agents découvrent alors que B. J. est la petite-fille de Cokely.

Mulder craint que B. J. ne cherche à achever le travail de Cokely. Effectivement, celle-ci est allée retrouver sa grand-mère. « Il faut bien qu'il y ait un coupable, ma chère sœur », gronde-t-elle. Mais en découvrant le mot SISTER inscrit sur la femme, elle se ravise et décide de se retourner contre Cokely. Mulder découvre celui-ci taillé en pièces. B. J. tient l'agent en respect en appliquant un rasoir contre sa gorge, mais elle lâchera son arme à la mort de Cokely.

Pour Scully, la grossesse de B. J. a peut-être été le catalyseur de sa transformation. La malheureuse est détenue dans une cellule psychiatrique, surveillée en permanence pour parer à toute tentative de suicide, après avoir tenté d'avorter de son enfant à naître. Un garçon, que Tilman souhaite adopter.

Coulisses : « Aubrey » a fini par être un véritable travail d'équipe pour l'écurie des scénaristes. Sara Charno a suggéré le concept de meurtres vieux de cinquante ans, et l'idée d'un transfert de mémoire génétique, pour finir par les combiner avec une idée toute différente qu'elle caressait : une tueuse en série. On a procédé à des changements jusqu'au moment du tournage. Ainsi, la scène du quatrième acte où Mulder se fait attaquer par B. J. a été révisée pour inclure, au moment où B. J. regarde Mulder, une image du visage de l'agent du FBI tué cinquante ans plus tôt.

Glen Morgan et James Wong, les producteurs, ont apporté de multiples contributions au scénario, et suggéré d'employer Morgan Woodward pour le rôle de Cokely. Ils avaient travaillé avec cet acteur vétéran sur un épisode de *21 Jump Street* dont ils étaient producteurs. On a également pu voir Woodward dans la première série

Les ossements et les crânes employés ici et dans « Une ville bien tranquille » ne sont pas authentiques. Ce sont des répliques en plastique, vieillies avec un peu de peinture et des produits chimiques. Il faut également abraser la trace du moule sur le plastique. Non seulement de vrais os coûteraient beaucoup plus cher, mais l'idée de travailler avec de tels accessoires pourrait susciter chez l'équipe de *The X-Files* un enthousiasme mitigé…

de *Star Trek,* dans le film *Les Mercenaires de l'espace* et d'innombrables rôles de méchants, pour des téléfilms et des westerns. Terry O'Quinn a lui-même interprété un rôle de tueur en série, dans la série des *Beau-Père,* au cinéma.

Malgré une intrigue plutôt noire, les dialogues restent souvent légers, et le sens de la repartie de Scully est mis en vedette. Quand Mulder l'accuse de se fier à une intuition assez hasardeuse, sa partenaire rétorque : « Tu as toi-même des intuitions parfois surprenantes. »

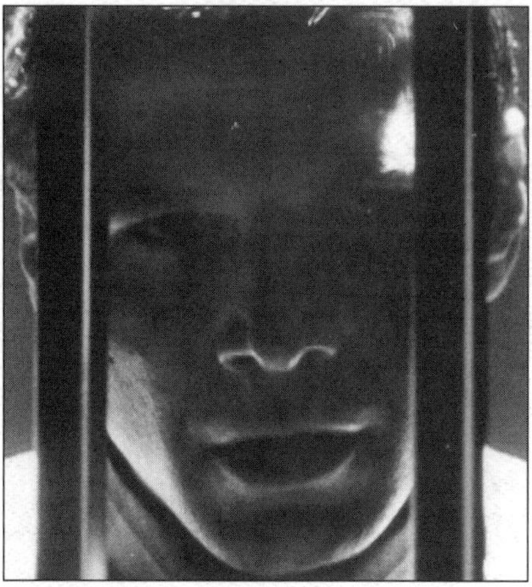

Le Fétichiste
(Irresistible)

Première diffusion US: 13 janvier 1995
France: 3 novembre 1995

Scénario:
Chris Carter

Mise en scène:
David Nutter

Distribution:
Nick Chinlund (Donnie Pfaster);
Robert Thurston (Jackson Toews);
Bruce Weitz (agent Moe Bocks);
Denalda Williams (Marilyn);
Christine Willes (Karen Kossoff);
Deanna Milligan (Satin);
Glynis Davies (Ellen);
Tim Progosh (Mr. Fiebling);
Dwight McFee (suspect);
Maggie O'Hara (jeune femme);
Kathleen Duborg (prostituée);
Mark Saunders (agent Busch);
Ciara Hunter (étudiante).

Accroche : Un psychopathe collectionneur de cheveux et d'ongles prélevés sur les morts fait monter son obsession d'un cran quand il décide de tuer lui-même ses futures pièces de collection.

Site principal : Minneapolis, Minnesota.

Résumé : Donnie Pfaster, employé dans une entreprise de pompes funèbres, est surpris par son patron en train de couper une mèche de cheveux sur un cadavre. Un peu plus tard, un agent du FBI à Minneapolis, Moe Bocks, fait appel à Mulder et à Scully, pour s'intéresser de plus près à une profanation de sépulture. Bien que Mulder soit convaincu que l'histoire ne le concerne en rien (il a accepté l'affaire parce qu'il avait un billet pour le match de football opposant les Redskins aux Vikings), Scully semble très perturbée par ce crime.

Pour Mulder, la « compulsion [du coupable] gagne du terrain ». Il risque de « commettre bientôt des meurtres pour se procurer des cadavres ». Et, de fait, Donnie loue les services d'une prostituée qu'il assassine, afin de prélever divers souvenirs sur son corps. Il développe ensuite une fascination pour une étudiante qui suit les mêmes cours du soir que lui, mais quand il s'approche d'elle, elle s'enfuit et on l'arrête.

Troublée par cette affaire, Scully fait un cauchemar où elle imagine être une des victimes. Elle s'éveille en hurlant. Mulder lui téléphone : la police a un suspect en garde à vue. Mais ce n'est pas le vrai coupable. En fait, ce suspect occupe la cellule en face de celle de Donnie. Ce dernier est bientôt libéré, après avoir obtenu le nom de Scully auprès d'un compagnon de cellule.

De retour à Washington, Scully va discuter de ses angoisses avec une psychologue. Bien qu'elle soit prête à confier sa vie à Mulder, dit-elle, « je ne veux surtout pas le perturber avec mes ennuis personnels. Et je ne veux pas non plus qu'il se sente obligé de me protéger ». De leur côté, les agents découvrent une empreinte digitale qui leur permet de remonter jusqu'à l'appartement de Donnie. Ils y trouvent des cheveux et un doigt, mais pas le suspect.

Quand Scully revient à Minneapolis, Donnie la guette et force sa voiture à quitter la route. La jeune femme est ligotée et bâillonnée, tandis que Mulder remonte la piste jusqu'à la maison de la défunte mère de Donnie. Donnie se prépare à laver Scully, une partie de son rituel. « Est-ce que vos cheveux sont normaux ou secs ? » s'enquiert-il avec sollicitude. Quand il s'approche d'elle, Scully lui échappe et lutte avec lui, avant que Mulder et les autres agents ne fassent irruption dans la pièce. Elle s'effondre enfin et pleure comme une enfant sur l'épaule de Mulder.

Des images montrent Donnie enfant, puis adulte, fulminant derrière les barreaux d'une prison. Les peurs qu'inspire un tel monstre humain, déclare Mulder en voix off, sont « aussi réelles que n'importe quelle affaire non classée ».

Coulisses : « Le Fétichiste », un des seuls épisodes à ne contenir aucun aspect paranormal, s'est quand même avéré suffisamment effrayant par sa peinture d'un criminel inspiré par le tristement célèbre Jeffrey Dahmer pour que le comité d'autocensure de la Fox ait rejeté le premier scénario : « Inacceptable pour nos critères de diffusion. »

Cet épisode marque la troisième apparition de Dwight McFee dans *The X-Files*. On l'a déjà vu dans « Métamorphoses » et « Les Petits Hommes verts ».

Carter a été contraint de changer son personnage de nécrophile en « fétichiste de la mort », gommant toute sexualité dans l'obsession de Pfaster. Nick Chinlund, mémorable dans ce rôle, est également apparu dans la série *Fantasmes* sur Showtime, une anthologie d'histoires érotiques dont David Duchovny était le narrateur.

Il vaut sans doute la peine de signaler également que, dans la version originale, lorsque le compagnon de cellule donne le nom de Scully, il précise : « Comme le commentateur de base-ball. » Une référence à Vin Scully, qui est bel et bien l'inspiration du patronyme de ce personnage. La mention, incompréhensible pour les téléspectateurs français, a disparu de la version française.

L'épisode demeure un des préférés de Gillian Anderson.

Le match de football américain que vont manquer Mulder et Scully met face à face Washington et Minnesota, deux équipes qui comptent un joueur nommé Carter dans leurs rangs; au cours d'une scène, un commentateur à la télévision signale une interception par le n° 80, Cris Carter.

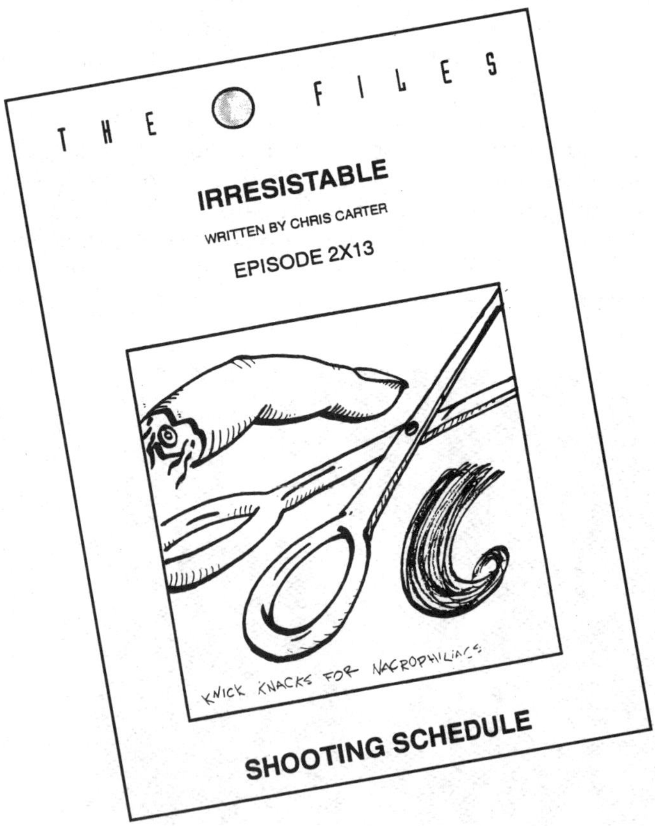

La Main de l'Enfer

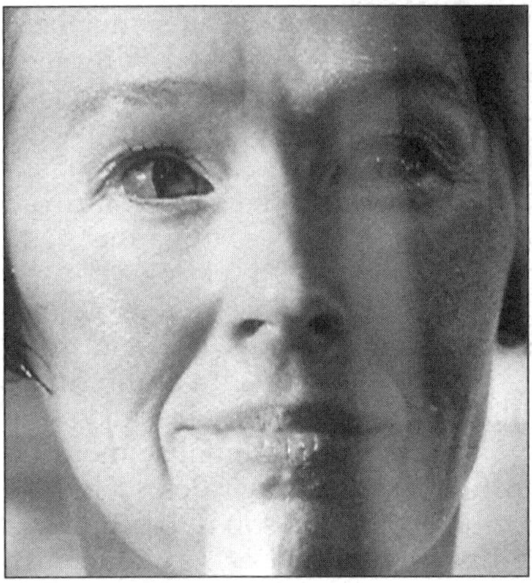

La Main de l'Enfer
(Die Hand Die Verletzt)

Première diffusion US: 27 janvier 1995
France: 10 novembre 1995

Scénario:
Glen Morgan et James Wong

Mise en scène:
Kim Manners

Distribution:
Susan Blommaert (Mrs. Paddock);
Dan Butler (Jim Ausbury);
Heather McComb (Shannon Ausbury);
P. Lynn Johnson (Deborah Brown);
Shawn Johnston (Pete Calcagni);
Travis MacDonald (Dave Duran);
Michelle Goodger (Barbara Ausbury);
Larry Musser (shérif John Oakes);
Franky Czinege (Jerry Thomas);
Laura Harris (Andrea);
Doug Abrahams (Paul Vitaris).

Accroche: Mulder et Scully vont enquêter sur l'assassinat d'un adolescent dans une petite ville, et se retrouvent pris entre deux feux: les zélateurs de la religion satanique pratiquée dans la ville, et une femme dotée de pouvoirs étranges.

Site principal: Milford Haven, New Hampshire.

Résumé: La réunion du comité local des enseignants et des parents d'élèves porte sur des sujets classiques. Mais avant de terminer, tout le monde allume un cierge et prie... le seigneur des ténèbres, psalmodiant à l'unisson « Die Hand Die Verletzt » (sous-titré: *Sa main est celle qui blesse*).

Plus tard, quatre adolescents s'aventurent dans les bois. Les garçons veulent effrayer leurs petites amies en récitant une invocation à Satan. Brusquement, des rats filent entre leurs pieds et, lorsque les jeunes gens cherchent à fuir, un des garçons est saisi à la gorge. On retrouvera un cadavre aux yeux et au cœur arrachés.

Un policier local explique à Mulder et à Scully que des rumeurs sur un culte satanique circulent dans la région. On pratiquerait en ville des cérémonies blasphématoires. Scully rejette tous ces on-dit comme autant de fariboles... jusqu'à ce qu'il commence à pleuvoir des crapauds. Un professeur intérimaire, Mrs. Paddock, fait son apparition au lycée. Tandis que la police interroge les étudiants impliqués dans l'affaire, le comité des parents d'élèves se réunit à nouveau. Pour Calcagni, un des participants:

« C'est sûrement un esprit... une présence parmi nous », qui est responsable du meurtre. Ils expliquent aux agents qu'une secte occulte est derrière ce qui vient de se passer.

Mais quand l'eau d'un lavabo s'écoule dans le sens inverse des aiguilles d'une montre – une impossibilité dans l'hémisphère Nord, nous dit-on –, Mulder conclut qu'il y a anguille sous roche. De son côté, Mrs. Paddock ouvre son tiroir, où sont rangés le cœur et les yeux de l'adolescent assassiné. Tandis qu'elle dissèque un embryon de cochon, Shannon, la fille d'un des responsables du comité des parents d'élèves, voit le cœur de l'animal se mettre à battre. Elle pousse un hurlement et revit des scènes de rituels sataniques et de molestation. À son retour après la classe, elle reprend la dissection. Paddock se concentre sur la jeune fille, dont les yeux deviennent vitreux. Elle lève son scalpel et s'ouvre les poignets. Mulder perçoit une odeur d'encens dans le bureau de Paddock, l'encens dont on use au cours des messes noires.

Deux personnages doivent leur nom à des X-Philes célèbres sur Internet: Paul Vitaris et Deborah Brown.

Calcagni voit dans la mort de Shannon une preuve de la présence maléfique. « Il faudra ranimer notre foi », dit-il au reste du groupe. Il suggère également de mettre à profit la mort de la jeune fille pour se débarrasser du FBI. Mais son beau-père, Ausbury, avoue à Mulder qu'ils adorent des forces maléfiques, et font usage du sang des enfants et de suggestion posthypnotique afin de réprimer tout souvenir jusqu'à leur majorité.

Il explique aussi qu'ils sont devenus trop complaisants dans certains de leurs rituels, qu'ils négligent ceux qu'ils ne tiennent plus à observer. « Vous croyez vraiment qu'on peut invoquer le démon et faire de beaux rêves ? » s'étonne Mulder.

P. Lynn Johnson avait déjà joué dans « Renaissance ». Son personnage s'y nommait Braun, une variante de Brown.

Sur un appel de Scully, en réalité un faux, Mulder abandonne Ausbury dans la cave, menotté. Il s'y fait dévorer par un serpent prodigieux. Paddock se pourlèche et ses pupilles sont celles d'un ophidien. À leur retour, Mulder et Scully ne retrouvent que des os broyés, qui leur font penser au python aperçu dans les appartements de Paddock.

Calcagni annonce aux autres qu'ils doivent tuer les agents s'ils ne veulent pas subir le même sort qu'Ausbury. « Il est peut-être déjà trop tard. » Ils se saisissent de Mulder et de Scully par surprise et se préparent à les sacrifier. Mais Paddock s'empare de l'esprit de Calcagni, qui abat ses compagnons avant de retourner son arme contre lui. « En effet, il était déjà trop tard », conclut Paddock, sardonique.

Les agents trouveront un message sur le tableau – « Adieu. Ce fut un plaisir de travailler avec vous » –, tandis que l'électricité revient dans la ville.

Coulisses : Cet épisode, un des plus effrayants de la série, est le dernier écrit par Glen Morgan et James Wong. Tous deux ont quitté la série pour se concentrer sur une nouvelle série dont ils seraient les producteurs : *Space : Above and Beyond,* diffusée sur la chaîne Fox. Le duo s'est servi du message ambigu tracé par Paddock sur le tableau, pour des motifs plus sentimentaux : c'étaient leurs adieux à l'équipe de tournage et aux acteurs.

Une nouvelle fois, le scénario est né en partie du don de Morgan et de Wong pour construire des épisodes à partir de scènes distinctes. Morgan a lancé avec enthousiasme à un moment : « Il nous faut un épisode où un type se fait bouffer par un serpent ! »

Les amphibiens ont joué un rôle important dans l'épisode. De véritables crapauds, lâchés d'une hauteur suffisamment réduite pour qu'ils ne se blessent pas, ont finalement remplacé les simulacres prévus : trop lourds, ces derniers rebondissaient sur les parapluies.

Crowley High School évoque le souvenir du maître anglais de la magie cérémoniale, Aleister Crowley, dont les théories sur la magie ont outré ses contemporains et profondément influencé les formes modernes de sorcellerie et de satanisme.

Comme l'épisode devait être diffusé à la veille du vingt-neuvième Super Bowl, la finale de football américain, les producteurs, tous deux fans acharnés des Chargers de San Diego, se sont autorisé un petit clin d'œil personnel dans le générique, en début d'épisode : leurs noms apparaissent sous la forme de James « Chargers » Wong et Glen « Bolts, Baby » Morgan. Bien que les Chargers de San Diego aient été mis en déroute, le lendemain, par les 49ers de San Francisco, Morgan est catégorique : il n'est pas assez superstitieux pour croire que ce générique ait pu leur porter malheur.

X

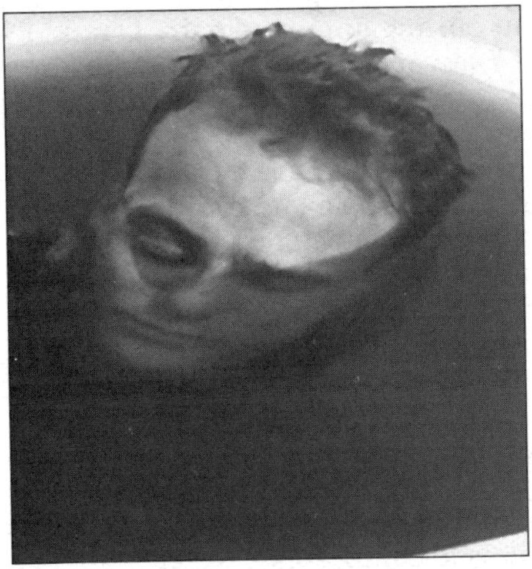

Mystère vaudou
(Fresh Bones)

Première diffusion US: 3 février 1995
France: 17 novembre 1995

Scénario:
Howard Gordon

Mise en scène:
Rob Bowman

Distribution:
Kevin Conway (soldat McAlpin);
Daniel Benzali (Col. Wharton);
Katya Gardner (Robin McAlpin);
Matt Hill (soldat Harry Dunham);
Jamil Walker Smith (Chester Bonaparte);
Bruce Young (Pierre Bauvais);
Roger Cross (soldat Kittel);
Steven Williams (Mr. X);
Callum Keith Rennie (garde-chasse);
Peter Kelamis (Lt. Foyle).

Accroche: Mulder et Scully visitent un camp de réfugiés haïtiens après une série de morts suspectes, et se retrouvent pris dans une guerre secrète entre le commandant du camp et un prêtre vaudou.

Site principal: Folkstone, Caroline du Nord.

Résumé: McAlpin, un soldat, voit son bol de céréales du petit déjeuner grouiller de vers. Paniqué, il s'empare d'une voiture et s'enfuit, avant de percuter un arbre dont le tronc porte des signes vaudous. En une semaine, c'est le second décès d'un soldat assigné au camp de rétention pour immigrants de Folkstone, où sont regroupés des réfugiés haïtiens. Pour les militaires, il s'agit de suicides, mais l'épouse du soldat redoute un sortilège vaudou.

Le commandant de la base, le colonel Wharton, parle de stress chez les soldats: la population de réfugiés les déteste cordialement. Quand Scully veut autopsier le corps de McAlpin, elle trouve une carcasse de chien à la place. Mulder rencontre un réfugié, Bauvais, qui prétend que Wharton s'oppose à ce qu'ils rentrent chez eux. « C'est tout ce qu'on réclame. »

Sur la route, en partant, ils manquent renverser une silhouette. C'est McAlpin, devenu un zombie, selon Mulder. Ce qui soulève quelques questions sur le sort du premier Marine mort. Quand on tente de l'exhumer, le corps a bel et bien disparu.

Un soldat avertit les agents: ils se trouvent au cœur d'une situation qui les dépasse. Bauvais a prévenu Wharton. Il s'emparera de ses hommes un par un, et prendra leur âme… si les réfugiés n'obtiennent pas l'autorisation de rentrer chez eux. Wharton fait tabasser Bauvais, et X révèle à Mulder que le colonel cherche à venger la mort de ses hommes lors de leur dernière mission en Haïti. « La statue de la Liberté est en vacances », ironise X.

Scully retrouve le soldat qui a cherché à les prévenir mort, dans la chambre de Mulder. McAlpin est debout devant lui, un couteau ensanglanté à la main. Quand ils reviennent interroger Bauvais, c'est pour apprendre son suicide. « Je crois que votre présence ici n'est plus nécessaire », conclut froidement Wharton.

En poursuivant leur enquête, les agents découvrent que McAlpin et le soldat disparu avaient tous deux porté plainte contre Wharton pour sa façon de traiter les réfugiés. Au cimetière, Mulder surprend Wharton en train de célébrer une cérémonie vaudoue sur le cercueil de Bauvais. Mulder est stupéfait. Bauvais réapparaît et affronte Wharton, qu'on retrouvera mort, tandis que nous voyons Bauvais reposant en paix dans son cercueil.

Pendant les préparatifs de départ, Mulder et Scully apprennent qu'un gamin qui les a aidés durant leur séjour, Chester, était mort six semaines auparavant au cours d'une émeute dans le camp. Ailleurs, le cercueil de Wharton s'enfonce lentement dans le sol. À l'intérieur, Wharton, bien vivant, hurle.

Le dessin tracé sur l'arbre contre lequel s'écrase McAlpin est un *vever*, un signe qui appartient aux *loas*, les esprits qu'adore la religion vaudoue. Bauvais explique que le vever est un *loco miroir*, un miroir de l'âme.

Coulisses : Une nouvelle fois, ce sont les manchettes des journaux qui ont fourni la matière première de l'épisode. Howard Gordon avait lu deux articles racontant le suicide de trois soldats US stationnés en Haïti, et l'internement des réfugiés haïtiens était un sujet toujours d'actualité. Rob Bowman, qui a mis en scène plusieurs épisodes écrits par Gordon, « a fait un boulot épatant », déclare le

scénariste, en faisant bien ressortir l'atmosphère de terreur de l'épisode.

Daniel Benzali, qui interprète le colonel Wharton (et s'est depuis vu confier le rôle principal de la série *Murder One,* sur ABC, où il a abandonné le vaudou pour le droit), représentait un choix assez radical, ajoute Gordon. Il n'avait pas forcément l'allure militaire, mais possédait les « qualités » que recherchaient les producteurs. Quand le colonel Wharton achève son rituel, il prononce dans l'original son invocation en français – ou en créole – non sous-titré.

« Mystère vaudou » est l'épisode qui a réuni la plus grosse audience sur les deux premières saisons.

La tétrodotoxine est un puissant produit paralysant qu'on trouve chez le poisson-globe. Comme le fait remarquer Scully, il s'agit d'un mets très recherché, au Japon. Il faut prendre de telles précautions pour le préparer de façon à éviter tout risque d'empoisonnement que seuls des chefs spécialement entraînés et diplômés ont le droit de le servir.

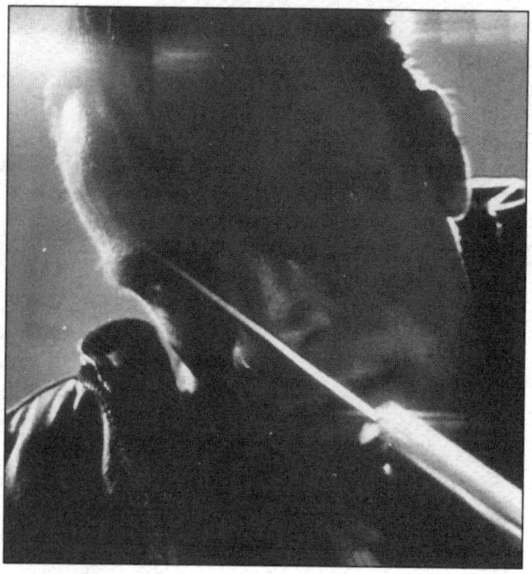

La Colonie, première partie (Colony)

Première diffusion US: 10 février 1995
France: 28 octobre 1995

Scénario:
Chris Carter; d'après une histoire de David Duchovny et Chris Carter

Mise en scène:
Nick Marck

Distribution:
Brian Thompson (pilote);
Dana Gladstone (Dr. Prince/ Gregor);
Megan Leitch (Samantha Mulder);
Peter Donat (Bill Mulder);
Tom Butler (agent Chapel, de la CIA);
David L. Gordon (agent du FBI);
Andrew Johnston (agent Weiss);
Tim Henry (marshal fédéral);
Michael McDonald (policier militaire);
Mitch Pileggi (dir. adj. Walter Skinner);
Capper McIntyre (gardien de la prison);
Bonnie Hay (doctoresse);
Rebecca Toolan (mère de Mulder);
James Leard (sgt Al Dixon);
Linden Banks (révérend Sistrunk);
Kim Restell (employé du journal);
Richard Sargent (capitaine);
Ken Roberts (propriétaire);
Michael Rogers (premier membre de l'équipe);
Oliver Becker (deuxième docteur).

Accroche : Mulder et Scully sont sur la piste d'un tueur à gages extraterrestre, qui assassine des médecins liés par une particularité étrange.

Site principal : Nord-est des États-Unis.

Résumé : Mulder est amené en salle de réanimation, sous le coup d'une hypothermie extrême. En voix off, il nous dit avoir appris l'existence d'une vie intelligente extraterrestre. « Ils sont déjà là, parmi nous, et ils ont commencé à nous coloniser. »

Retour en arrière : deux semaines plus tôt, en mer de Beaufort, sur le cercle arctique, un navire du gouvernement américain récupère un pilote russe dont l'appareil s'est écrasé. Nous retrouvons le pilote dans une clinique pratiquant des avortements, à Scranton, où il assassine un docteur. Des blessures coule un fluide verdâtre.

Mulder reçoit trois rubriques nécrologiques, concernant toutes des médecins travaillant dans des cliniques spécialisées dans les avortements. Les trois docteurs sont des sosies parfaits, et il n'existe aucune archive sur leur naissance. Mulder en conclut qu'il peut y avoir d'autres docteurs du même genre, et que l'assassin opère selon une méthode géographique. L'agent découvre un autre médecin à Syracuse, et dépêche un agent local pour mener l'enquête. L'agent rencontre le pilote et fait feu sur lui. Mais le même fluide verdâtre coule des blessures du pilote et l'agent s'effondre, comme si on l'avait empoisonné. Quand Mulder et Scully arrivent sur les lieux, le tueur adopte

l'apparence de l'agent assassiné. À son retour à Washington, Mulder est stupéfait d'apprendre qu'on a retrouvé le cadavre de l'agent de Syracuse.

Mulder rencontre un agent de la CIA, Ambrose Chapel. Celui-ci prétend que les médecins sont des clones soviétiques, baptisés Gregor. Ils seraient éliminés au nom d'un accord secret. Mais quand ils mettent la main sur un nouveau Gregor, celui-ci tombe de plusieurs étages par une fenêtre, se relève miraculeusement et s'enfuit avant d'être rattrapé par le pilote.

Scully se demande pourquoi Mulder fait confiance à Chapel.

« Tu m'avais dit qu'il fallait se méfier des autres !

– Maintenant, je fais confiance à tout le monde. Ça t'étonne ? »

Mulder est appelé chez lui, à Martha's Vineyard, pour un « problème familial ». Il y découvre avec stupeur sa sœur Samantha, disparue depuis vingt-deux ans. Elle lui raconte que les Gregor sont ses parents adoptifs. Il s'agit en fait de visiteurs extraterrestres qu'un tueur à gages, lui aussi extraterrestre, capable d'adopter l'apparence de ce qu'il souhaite, est en train d'éliminer. « Ce qu'il souhaite ? Tu plaisantes ? » rétorque Mulder, exaspéré. Seule Samantha est capable d'identifier le tueur à gages. Mulder comprend soudain que Scully aussi pourrait être en danger.

Enquêtant de son côté, Scully retrouve les quatre derniers Gregor, qui demandent sa protection et sont placés sous surveillance fédérale. Déguisé en agent, le pilote pénètre dans la prison et les élimine tous.

Mulder rejoint Scully dans sa chambre d'hôtel. Mais le téléphone sonne, et Mulder parle au bout du fil. « Scully ? Tu es encore là ? » l'entend-elle dire, tandis qu'elle dévisage l'homme qui est à côté d'elle.

À suivre...

Q: Dans la série, nous avons vu Mulder embrasser trois femmes. Lesquelles ?

R: Phoebe Green (« L'Incendiaire »), Kristen Kilar (« Les Vampires ») et sa mère (« La Colonie, première partie »).

Coulisses : Cet épisode a été le premier raconté ainsi par flash-back. Pour Carter, ce n'était qu'un moyen d'approcher l'épisode de façon originale.

Dans la catégorie « C'est souvent dans les vieux pots qu'on fait les bonnes soupes », un technicien avait consacré des heures à travailler sur le bruit fait par la dague extraterrestre. Les scénaristes avaient demandé un son évoquant une technologie *différente.* C'est le coproducteur Paul Rabwin qui a finalement résolu le problème en faisant un « Phffffft » dans le micro. Malgré tous les efforts déployés sur des instruments sophistiqués, c'est ce bruitage-là qu'on a conservé pour l'épisode.

Cet épisode marque le retour d'Andrew Johnston, déjà vu dans « Gorge Profonde » où il interprétait le rôle du colonel Budahas. Tom Butler, le Benjamin Drake de « Un fantôme dans l'ordinateur », joue ici l'agent Chapel. Et Jim Leard, le capitaine Lacerio des « Hybrides », revient interroger le révérend Sistrunk sous les traits du sergent Dixon.

La Colonie, deuxième partie
(End Game)

Première diffusion US: 17 février 1995
France: 28 octobre 1995

Scénario:
Frank Spotnitz

Mise en scène:
Rob Bowman

Distribution:
Brian Thompson (pilote);
Dana Gladstone (Dr. Prince/Gregor);
Megan Leitch (Samantha Mulder);
Peter Donat (Bill Mulder);
Colin Cunningham (Lt. Wilmer);
Mitch Pileggi (dir. adj. Walter Skinner);
Steven Williams (Mr. X);
Garry Davey (capitaine);
Andrew Johnston (agent Weiss);
Allan Lysell (Able Gardner);
J. B. Bivens (tireur d'élite);
Oliver Becker (deuxième docteur);
Beatrice Zeilinger (infirmière des urgences);
Bonnie Hay (docteur des urgences).

Accroche : Mulder remonte la piste d'un tueur à gages extraterrestre qui a capturé Scully. Par ailleurs, il découvre que sa sœur lui cache peut-être quelque chose.

Site principal : Maryland ; cercle polaire arctique.

Résumé : Un sous-marin de la marine rencontre un étrange vaisseau. Après avoir fait feu sur lui, il est secoué par une immense onde de choc.

Suite de l'épisode précédent : Scully comprend que l'homme qui est avec elle n'est pas Mulder. Elle le met en joue, mais le pilote détourne l'arme sans difficulté et la prend en otage. Il espère l'utiliser pour récupérer Samantha qui, de son côté, a révélé que le seul moyen de tuer son poursuivant était de lui percer la nuque.

Les clones, explique-t-elle, sont les descendants de deux visiteurs venus dans les années quarante. Ils tentent de créer une colonie terrestre en se fondant génétiquement dans la foule des humains. Ils travaillent dans les cliniques spécialisées dans les avortements pour se procurer facilement des tissus fœtaux. Mais l'expérience n'a pas été autorisée, et le tueur à gages a été envoyé pour éradiquer les colons.

Un échange est décidé, il aura lieu sur un pont de Bethesda. Mulder demande le renfort de Skinner. « J'ai besoin de votre aide – de votre confiance –, il y a urgence », confesse-t-il. Tandis que Mulder se prépare à donner Samantha pour récupérer Scully, Skinner attend à peu de distance en compagnie d'un tireur d'élite. Mais le tueur à gages empoigne Samantha et tous deux se précipitent dans l'eau, sous le pont.

Bouleversé, Mulder va avouer à son père que Samantha a de nouveau disparu. Mais elle lui avait laissé des instructions, en cas de séparation, lui fixant rendez-vous dans une clinique. Là, Mulder rencontre plusieurs clones de Samantha : la femme qui se faisait passer pour sa sœur le manipulait à des fins personnelles. Elles reconnaissent qu'elles ont trompé Mulder, mais également que Samantha est encore vivante. C'est alors que le tueur à gages arrive. Mulder est assommé. Quand il revient à lui, la clinique est la proie des flammes et les clones ont disparu.

X révèle à contrecœur qu'on a localisé l'engin du pilote en Arctique. Une flotte de guerre armée a été envoyée pour l'empêcher de repartir. Scully trouve un mot de Mulder. Il est parti pour une destination inconnue et ne tient pas à ce qu'elle en sache davantage. « Je ne te laisserai pas risquer ta vie et ta carrière. »

Comprenant quel danger il affronte, Scully va solliciter l'aide de Skinner et lui demande s'il y a moyen de localiser Mulder par des voies non officielles. Puis elle rencontre X. Celui-ci refuse de lui dire un mot, mais se retrouve face à Skinner. « Lui avez-vous dit ce qu'elle voulait savoir ? » demande-t-il sèchement, et il engage une bagarre brutale avec X avant que ce dernier ne tire son arme, et ne la pointe sur la tête de Skinner.

« J'ai déjà tué pour beaucoup moins que ça.

– Tuez-moi et vous tuez deux hommes en même temps », réplique Skinner.

Quelques instants plus tard, il apporte à Scully l'information qu'elle cherchait et garantit qu'il l'a obtenue par des voies non officielles.

Mulder retrouve le sous-marin dans l'Arctique, ainsi qu'un soldat à bord, en réalité le tueur à gages. Ce dernier se joue littéralement de Mulder et lui demande : « Si je décide de répondre, il vous faudra mourir. Ça en vaut la peine ? » Mulder s'obstine et le pilote finit par lui confirmer que sa sœur est encore vivante. « Et toi, je dois te tuer », achève-t-il en l'abandonnant

sur la banquise, tandis que le sous-marin s'enfonce sous la glace.

Retour au prologue de l'épisode précédent. Scully se précipite aux côtés de Mulder, et utilise ce qu'elle a appris sur le rétrovirus extraterrestre pour le sauver. « En fin de compte, déclare-t-elle en voix off, c'est toujours la science, et elle seule, qui a sauvé la vie de l'agent Mulder. » Mulder s'éveille, découvre Scully à son chevet et lui dit qu'il a « enfin retrouvé ce que j'ai longtemps cherché : le besoin de comprendre ».

Coulisses : Pour recréer la banquise arctique dans laquelle est enchâssé le sous-marin, il a fallu amener par camion cent quarante tonnes de neige et de glace sur un plateau de tournage spécialement réfrigéré cinq jours durant, de façon à reconstituer le climat polaire de la scène et à garantir qu'on puisse voir l'haleine des acteurs. Le kiosque du sous-marin – l'image qui a initialement inspiré cet épisode – mesurait cinq mètres de haut et se déplaçait grâce à un système hydraulique qui lui permettait de monter et de descendre de deux mètres.

« La Colonie », deuxième partie, reste également mémorable pour la confrontation entre Skinner et Mr. X. Mitch Pileggi se souvient d'avoir décoché par accident quelques coups de poing en dessous de la ceinture en repoussant Steven Williams contre (et presque à travers) la paroi du faux ascenseur. C'est Williams qui a suggéré l'échange de coups de boules, et il déclare que l'affrontement a des aspects psychologiques tout autant que physiques. La scène est née du besoin de faire savoir à Scully l'endroit où se trouvait Mulder, ce que seul X savait. Finalement, c'est Carter qui a suggéré au scénariste Frank Spotnitz : « Et si Skinner cassait la figure à X pour obtenir les informations ? »

X

L'arme utilisée par le pilote dans cet épisode a été conçue en aluminium et acrylique transparent. On n'a pu trouver aucun ressort capable d'éjecter le stylet suffisamment vite. L'équipe a donc décidé de dissimuler un tuyau en caoutchouc dans la manche de Brian Thompson et de procéder à l'expulsion à l'aide d'une décharge pneumatique, hors caméra.

X

Parole de singe
(Fearful Symmetry)

Première diffusion US: 24 février 1995
France: 24 novembre 1995

Scénario:
Steven DeJarnatt

Mise en scène:
James Whitmore Jr.

Distribution:
Charles Andre (Ray Floyd);
Jack Rader (Ed Meecham);
Jayne Atkinson (Willa Ambrose);
Lance Guest (Kyle Lang);
Bruce Harwood (Byers);
Tom Braidwood (Frohike);
Garvin Cross (le rouquin);
Tom Glass (chauffeur du camion);
Jody St. Michael (Sophie).

Accroche : Mulder et Scully enquêtent sur des enlèvements d'animaux dans un zoo proche d'un site où se multiplient les apparitions d'OVNIs.

Site principal : Fairfield, Idaho.

Résumé : Une force invisible fracasse des vitrines, broie des voitures et projette au loin un ouvrier qui est tué. Plus tard, une éléphante apparaît brusquement sur la route – à quatre-vingts kilomètres du zoo où elle était enfermée dans une cage. On la retrouvera mourante.

Pour Mulder, tous ces dégâts ont été causés par un éléphant invisible. Au zoo, Scully et lui rencontrent le chef des opérations, Ed Meecham, et Willa Ambrose, qui a été engagée à un poste supérieur à celui de Meecham ; et Kyle Lang, du PRN, un groupe consacré à la libération des animaux de cirque et de zoo.

Mulder tient une téléconférence avec les Lone Gunmen, qui expliquent que le zoo est situé à proximité d'un lieu réputé pour la fréquence des apparitions d'OVNIs, et qu'aucun animal n'y a jamais mené une grossesse à terme.

Scully, pendant ce temps, soupçonne une intervention du PRN et suit un de ses membres jusqu'au zoo où, dans une lumière éblouissante, le tigre se retrouve soudain en dehors de la cage. L'homme est tué à coups de griffes par un agresseur invisible.

Mulder suggère d'interroger Sophie, le gorille d'Ambrose, qui s'exprime grâce au langage des signes américain. L'anthropoïde répète sans cesse : « Lumière, peur. » Sur les instances de Mulder, une autopsie est conduite sur le cadavre de l'éléphante qui – alors qu'elle n'a jamais subi d'accouplement – était gravide. « Impossible », selon Ambrose. Pourtant, on constatera la même chose sur le corps de la tigresse, qui réapparaît à l'autre bout de la ville et que Meecham est forcé d'abattre. Après tant d'incidents, il faut fermer le zoo.

Pour Mulder, les animaux sont enlevés par des extraterrestres et inséminés artificiellement. Les embryons sont récupérés avant qu'on ne restitue les bêtes. Bien que Sophie n'ait jamais été fécondée, quand on l'interroge, elle exprime sa crainte : « Bébé voler dans lumière. »

Sophie est mise sous séquestre pour être transférée dans son pays d'origine, et Ambrose va demander le concours de Kyle. Initialement, celui-ci refuse, mais il se rend cette nuit-là à la cage de Sophie, où il est tué par la chute d'un caisson. Mulder suit Meecham, qu'Ambrose a payé pour kidnapper Sophie. Lorsque Mulder se retrouve enfermé dans une pièce en compagnie de l'anthropoïde terrorisé, la bête charge. Groggy, l'agent voit l'animal disparaître dans une lumière aveuglante. Ambrose traduit les signes finaux de Sophie par « Homme sauver homme ».

Sophie réapparaît à des kilomètres de là et se fait renverser par une voiture. Meecham et Ambrose sont inculpés d'homicide pour la mort de Kyle, et Mulder médite sur la signification de ces enlèvements et de l'ultime message de Sophie. À la vitesse où disparaissent les espèces animales, se demande-t-il, s'agirait-il d'une entreprise de préservation par les extraterrestres ? « Et, songe-t-il, pour employer les termes d'une créature dont l'avenir est menacé, l'homme sauvera-t-il l'homme ? »

Cet épisode est le seul où les Lone Gunmen soient apparus sans Langly, le personnage interprété par Dean Haglund.

Coulisses : L'équipe craignait que l'éléphant n'ait trop peur du camion pour courir vers lui, dans la séquence prégénérique. En fait, le pachyderme est tombé littéralement amoureux du véhicule et le problème a été de réussir à les séparer.

À la différence des titres français fréquemment littéraux, les titres originaux des épisodes sont parfois obscurs. *Fearful Symmetry* (effrayante symétrie) est une citation d'un poème de William Blake, « The Tyger » et des vers : « Tyger, tyger burning bright/ In the forests of the night :/ What immortal hand or eye,/ Could frame thy fearful symmetry ? » (Tigre, tigre flamboyant/ dans les forêts de la nuit :/ Quelle main, quel œil immortels,/ Pourraient concevoir ton effrayante symétrie ?) Le chantier de construction où l'on abattra la tigresse s'appelle les tours de Blake, en hommage au poète.

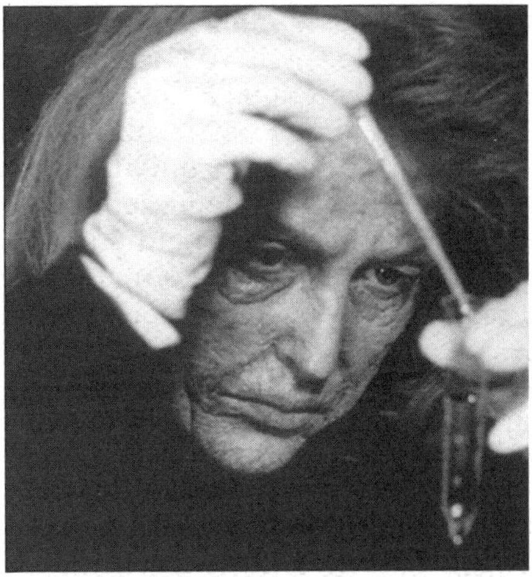

Le Vaisseau fantôme

(Dod Kalm)

Première diffusion US: 10 mars 1995
France: 1er décembre 1995

Scénario:
Howard Gordon et Alex Gansa

Mise en scène:
Rob Bowman

Distribution:
John Savage (Henry Trondheim);
Mar Anderson (Halverson);
Dmitry Chepovetsky (Lt. Harper);
David Cubitt (capitaine Barclay);
Vladimir Kulich (Olafson);
Claire Riley (Dr. Laskos);
Stephen Dimopoulos (Ionesco);
John McConnach (un marin);
Bob Metcalfe (infirmier).

Accroche : À bord d'un destroyer de la marine américaine, Mulder et Scully sont victimes d'une puissance mystérieuse qui provoque une sénescence accélérée.

Site principal : Mer de Norvège.

Résumé : Des soldats abandonnent un destroyer de la marine américaine. Dix-huit heures plus tard, on retrouve les survivants dans leur canot de sauvetage. Ils sont vieux, ridés. Mulder explique qu'on a perdu tout contact avec le vaisseau pendant quarante-deux heures jusqu'à la découverte des rescapés. Pourtant, quand Scully réussit subrepticement à apercevoir l'un d'entre eux, l'homme, censé avoir vingt-huit ans, en paraît quatre-vingt-dix.

Selon Mulder, d'autres vaisseaux ont disparu dans la même zone, en 1949 et en 1963, pour un total de neuf événements qui se sont produits le long du soixante-cinquième parallèle. Pour lui, pourrait exister une torsion du temps, parce que le gouvernement, poursuivant l'expérience de Philadelphie, tente de manipuler des gouffres temporels sur Terre. « Je parie que les recherches militaires commencées il y a cinquante ans n'ont jamais cessé, en réalité », suggère-t-il.

Les agents se rendent en Norvège et trouvent un capitaine de navire, Trondheim, qui les conduit au destroyer. Ils percutent le bâtiment et montent à bord. Le navire présente des traces de corrosion qu'auraient pu laisser vingt ou trente ans en mer. « Un vaisseau fantôme », affirme Trondheim, jusqu'à ce qu'ils découvrent une plaque qui indique que le

Q: Combien de langues et dialectes, autres que l'anglais, ont été employés dans *Aux frontières du réel* ?

R: Douze. L'espagnol (« Les Petits Hommes verts »), le russe (« L'Hôte »), le transylvanien (« Les Vampires »), le latin (« La Main de l'Enfer »), l'allemand (« La Main de l'Enfer »), le français (« Mystère vaudou »), le créole (« Mystère vaudou »), le norvégien (« Le Vaisseau fantôme »), le roumain (« Les Calusaris »), l'italien (« Anasazi »), le navajo (« Anasazi ») et le japonais (« Anasazi »).

vaisseau a été lancé en 1991. Tandis que Mulder et Scully retrouvent des cadavres momifiés, le bateau de Trondheim s'en va, les abandonnant sur le destroyer. Mulder pense que le temps s'accélère à bord du vaisseau. Le second de Trondheim est tué, et les agents trouvent le capitaine du vaisseau, Barclay, un homme de trente-cinq ans qui ne tarde pas à mourir de vieillesse. Trondheim est à son tour attaqué par un chasseur de baleines, Olaffson, qui ne manifeste aucun symptôme de vieillissement.

Mulder, Scully et Trondheim dorment. À leur réveil, ils constatent qu'ils ont vieilli de trente ans. Scully suggère que le processus peut être lié aux radicaux libres, des réactifs porteurs d'électrons surnuméraires qui attaquent l'ADN et les protéines, en provoquant le vieillissement du corps. Sa théorie est que le vaisseau dérive peut-être vers un météore gisant au fond de la mer, ou enfoui au cœur d'un iceberg, qui se comporte en pile gigantesque et cause leur sénescence rapide.

En fait, Mulder comprend rapidement que le vrai problème vient de l'eau qui est contaminée. Les seules provisions intactes se trouvent dans le système de recyclage interne, et ce sont elles qui ont gardé Olaffson en vie. Scully découvre qu'ils ont tous des concentrations stupéfiantes de sel dans le corps. Mulder, affaibli par le mal de mer, déshydraté, est le plus mal en point. « Je crois que je viens de dépasser George Burns », plaisante-t-il d'une voix faible[1].

Trondheim refuse de gaspiller de l'eau pour lui et s'enferme dans la dernière cabine de la cale de recyclage. Mais quand le vaisseau est ébranlé par une secousse, l'océan déferle dans la pièce et le noie.

Mulder regrette le sort qui les attend. Scully lui dit que, après son expérience aux portes de la mort : « S'il y a une chose dont je suis sûre, aussi sûre que de la réalité de cette vie, c'est qu'on n'a rien à

1. Une allusion, dans la version originale, à un célèbre comique américain récemment disparu, presque centenaire. (*N.d.T.*)

craindre quand tout est terminé. » Mulder perd conscience tandis que Scully rédige ses ultimes notes.

Elle s'éveille dans un hôpital. Des unités de la marine les ont localisés. Un docteur a pu les sauver grâce aux informations contenues dans le journal de Scully. Quant au vaisseau, leur dit-on, il a coulé moins d'une heure après leur sauvetage.

Coulisses : Producteurs et acteurs avaient pensé que cet épisode leur permettrait de souffler un peu après quelques histoires exigeantes : un seul lieu de tournage, une distribution réduite. En fait, « Le Vaisseau fantôme » s'est révélé monstrueusement difficile pour tout le monde, au point de vue de la production.

L'idée avait été inspirée par la mise à la disposition de la série, pour quelques semaines, d'un destroyer de la Marine canadienne, déjà employé dans quelques épisodes précédents. On demanda à Howard Gordon de tailler un scénario sur mesure autour de ce décor. Il se souvient encore que Carter lui avait dit : « Ça permettra à tout le monde de se reposer. »

Malheureusement, le tournage sur le navire eut lieu par un froid épouvantable. L'exiguïté des lieux interdit certains angles de prise de vues, les gens se cognaient fréquemment au plafond… Pour ajouter à tout cela, certains jours, les acteurs devaient subir trois à quatre heures de maquillage pour leurs scènes de vieillissement, avant que les caméras puissent se mettre à tourner. « Tout le monde était déjà épuisé », se souvient Gordon qui a écrit le scénario en collaboration avec son complice Alex Gansa, et donc, pour les acteurs, devoir arriver plus tôt pour se faire maquiller était « sans doute la pire chose que je pouvais leur faire ».

Conséquence : il existe dans le bêtisier de la série une scène où Gillian Anderson, lourdement grimée, récite parfaitement son monologue sur la certitude de Scully de ne rien avoir à craindre de l'au-delà, et le conclut en disant qu'il y a une chose dont elle est certaine : « Howard Gordon est un homme mort. »

Faux Frères siamois
(Humbug)

Première diffusion US: 31 mars 1995
France: 8 décembre 1995

Scénario:
Darin Morgan

Mise en scène:
Kim Manners

Distribution:
Jim Rose (Dr. Cabochard);
The Enigma (l'Enigme);
Michael Anderson (Mr. Nutt);
Wayne Grace (shérif Hamilton);
Vincent Schiavelli (Lanny);
Gordon Tipple (Hepcat Helm);
Alex Diakun (conservateur du musée);
John Payne (Glazebrook);
Alvin Law (révérend).

Accroche: Mulder et Scully enquêtent sur la mort étrange d'un magicien champion de l'évasion à la retraite, dans une ville peuplée d'anciens phénomènes de cirque et de foire.

Site principal: Gibsonton, Floride.

Résumé: Jerald Glazebrook, un ancien artiste de cirque à la peau écailleuse par suite d'une affection cutanée appelée ichtyose, se baigne dans sa piscine après avoir joué avec ses deux fils tout à fait normaux. Il est attaqué par une créature mystérieuse, et l'eau de la piscine se remplit de sang.

Mulder rapproche l'attaque de quarante-huit agressions du même genre réparties sur les vingt-huit dernières années, et Scully et lui vont assister à l'enterrement de Glazebrook – une cérémonie singulière, interrompue par le Dr. Cabochard, qui, pour faire sensation, émerge de sous le cercueil et se plante à coups de marteau un clou dans la poitrine. « Je sens que la veillée va être gaie », plaisante Mulder.

La ville est peuplée d'anciens artistes de foire. L'un d'entre eux, Hepcat, parle aux deux agents de la sirène du Pacifique, une attraction légendaire de P. T. Barnum, dont on prétend qu'elle n'était qu'un macaque momifié auquel était cousue une queue de poisson. Mais Mulder dresse l'oreille, car les traces laissées par le tueur semblent de nature simiesque.

Mulder et Scully prennent des chambres dans le motel d'un parc de caravanes, où ils rencontrent le pro-

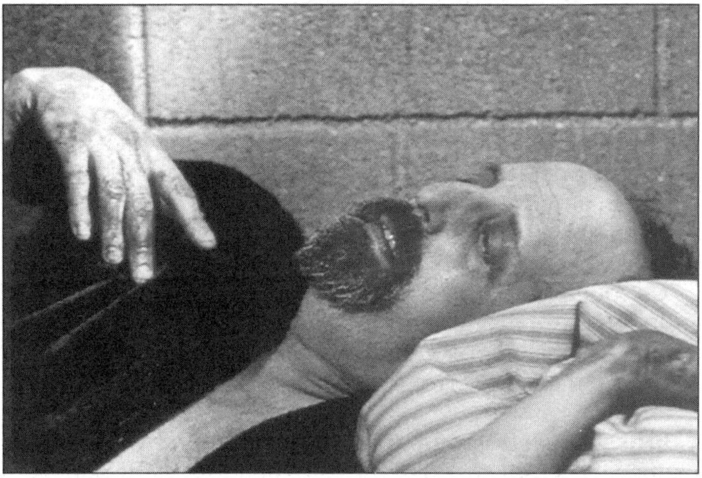

priétaire, Mr. Nutt, un nain, et Lanny, un homme dont le jumeau congénital émerge de son flanc, et qui passe maintenant ses journées à boire et à remplir des fonctions de bagagiste. Le soir même, Hepcat est attaqué à son tour par la créature.

Le lendemain matin, pendant son jogging, Mulder voit un homme intégralement tatoué émerger d'une rivière, et dévorer un poisson cru à belles dents. C'est l'Énigme, un ogre de cirque, capable de manger n'importe quoi.

On trouve le cadavre de Hepcat. Le tueur a dû s'introduire par une fenêtre qui n'est accessible que pour un contorsionniste. On interroge Cabochard, tandis que Scully visite le musée local. Elle y apprend que le shérif a jadis été Jim-Jim, le garçon à tête de chien. Mais quand on surprend le représentant de la loi en train de creuser un trou dans son propre jardin, ses activités se révèlent parfaitement licites. Pendant ce temps, Mr. Nutt est happé à travers la trappe à chien de sa porte d'entrée et assassiné. On retrouvera dans sa main une des aiguilles du Dr. Cabochard.

Même Scully est surprise par un tel suspect. Elle espérait quelque chose de plus « bizarre ».

Mais en conduisant Cabochard en prison, ils y découvrent que Lanny – qui cuve après une de ses cuites coutumières – a été attaqué à son tour. C'est en fait son siamois, Leonard, qui a commis les meurtres involontairement ; il est capable, semble-t-il, de se détacher du corps de Lanny. « Je crois qu'il ne se rend pas compte qu'il nuit aux gens, explique Lanny avec tristesse. Je crois plutôt qu'il cherche… un autre frère. »

Mulder et Scully poursuivent Leonard dans un Palais des Glaces, mais la créature s'enfuit dans le parc de caravanes et attaque l'Énigme. Quand les agents arrivent sur

Gillian Anderson a bel et bien croqué une sauterelle vivante durant le tournage de cet épisode, à la stupeur de l'équipe de tournage et des acteurs présents.

les lieux, l'Énigme est couché, sain et sauf, et se frotte l'estomac avec une expression de profonde satisfaction.

Lanny décède. Léonard a totalement disparu. Se moquant de l'image de sex-symbol de Duchovny, Cabochard pleure le jour où « on sera tous comme lui » au moment où Mulder a adopté inconsciemment une posture héroïque. « Vous vous imaginez ? Une vie entière avec un physique aussi insipide ? » déplore Cabochard, écœuré.

Cabochard et l'Énigme s'en vont. Ce dernier est un peu indisposé, apparemment. En s'adressant à Mulder, il prononce ses premiers mots de l'épisode : l'homme tatoué pense qu'il a « une crise de foie ».

Coulisses : Cette comédie très originale d'humour noir est née d'une suggestion faite par Glen Morgan à son frère Darin : écrire un épisode sur les monstres de cirque. Après avoir regardé une cassette vidéo présentant le cirque de Jim Rose, Darin décida de confier des rôles importants à Rose lui-même et à the Enigma (qui n'avaient encore jamais joué la comédie). Après, les assistants de casting durent « battre la campagne », pour employer l'expression de Darin, afin de réunir les autres personnages.

D'ordinaire, les scénaristes ne participent qu'aux phases préparatoires d'un épisode, mais Darin Morgan a entièrement suivi le tournage pour être certain que l'épisode serait fidèle à sa conception initiale. Manners – qui n'avait jusqu'ici dirigé qu'un seul épisode de la série – reconnaît que l'idée de mettre en scène une comédie l'a un peu pris au dépourvu, ce que Carter (toujours amateur de métaphores sur le base-ball) a comparé à envoyer au public de la série une balle en feinte. Quel qu'ait été le but visé, « Faux Frères siamois » a brillamment marqué des points auprès des fans.

Encore des anciens de *Twin Peaks* : Michael Anderson est apparu dans la série, comme David Duchovny lui-même.

Les Calusaris

(The Calusari)

Première diffusion US: 14 avril 1995
France: 15 décembre 1995

Scénario:
Sara Charno

Mise en scène:
Michael Vejar

Distribution:
Joel Palmer (Charlie/Michael Holvey);
Lilyan Chauvin (Golda);
Helene Clarkson (Maggie Holvey);
Ric Reid (Steve Holvey);
Oliver et Jeremy Isaac Wildsmith (Teddy Holvey);
Christine Willes (agent Kosseff);
Bill Dow (Dr. Charles Burk);
Kay E. Kuter (chef des Calusaris);
Jacqueline Dandeneau (infirmière Castor);
Bill Croft (Calusari n°2);
Campbell Lane (Calusari n°3);
George Josef (Calusari n°4).

Accroche : Le trépas singulier d'un jeune enfant conduit Mulder et Scully jusqu'à une vieille femme superstitieuse et à son petit-fils, qui est peut-être possédé par le mal.

Site principal : Arlington, Virginie.

Résumé : Dans un parc d'attractions, une présence invisible libère un enfant de deux ans du harnais qui le retenait et, se servant d'un ballon comme appât, l'entraîne sur les rails d'un chemin de fer miniature, où l'enfant est tué. Si les parents sont bouleversés, son frère de huit ans, Charlie, contemple la scène avec une mine impassible.

Trois mois plus tard, Mulder analyse une photo de l'accident. L'étude par ordinateur montre que le ballon est halé par une sorte de silhouette. Mulder conclut à une activité comparable aux esprits frappeurs.

Mulder va voir les parents. Le père, Steve, travaille pour le Département d'État. Il a rencontré sa femme, Maggie, en Roumanie. Ils sont catégoriques : la mort de leur enfant était un accident. Mais Scully voit la grand-mère de Charlie lui tracer un svastika sur la main, avant de reprocher à sa fille : « Tu as épousé un démon ! Tu as engendré un fils démoniaque ! »

Scully se documente sur les maladies chroniques des enfants, et suggère qu'il s'agit peut-être d'un cas de syndrome de Münchhausen inversé – un cas où un parent ou un proche cause l'apparition de symptômes chez un enfant. Quand on l'interroge, Steve reconnaît que les choses sont devenues bizarres depuis que sa belle-mère est venue vivre avec eux. Il affirme que cette femme semble tout à la fois idolâtrer Charlie et le redouter.

Steve accepte d'amener Charlie consulter une assistante sociale. Lorsqu'il se prépare à partir, sa cravate se coince dans le mécanisme qui ouvre la porte du garage et Steve est étranglé, tandis que le jeune Charlie hurle.

L'enquête de la police met au jour des coqs morts dans la chambre de la vieille femme. Mulder de son côté remarque des cendres étranges dans le garage. On lui affirme qu'il s'agit de viboutis – une cendre mystique qui se matérialise à partir du néant. La grand-mère s'empare du jeune garçon, secondée par trois hommes vêtus de noir, qui se livrent à un cérémonial étrange. L'image de Charlie apparaît dans les brumes et les maudit en roumain. À l'arrivée de l'assistante sociale, on trouve Charlie désorienté. Maggie ordonne aux hommes de partir.

Mulder reconnaît l'armoise, une herbe réputée depuis les temps médiévaux pour ses propriétés contre le mal. Au cours de l'exorcisme, les Calusaris emploient également du dracæna, une plante dont la couleur du jus séché a souvent été qualifiée de *sang de dragon*.

La grand-mère s'enferme dans la pièce avec Charlie, mais les objets commencent à voler en tous sens et elle est frappée, jetée à terre. Charlie se dresse au-dessus d'elle et laisse choir les deux coqs, bien vivants tout d'un coup, qui la tuent à coups de bec. De nouveau, on retrouvera des cendres sur les lieux.

Mulder va interroger les trois hommes. Ce sont des sages roumains, des Calusaris. Ils affirment vouloir purger la maison d'un mal qui y est toujours tapi, qui a traversé l'histoire et se moque de savoir s'il tuera un jeune garçon ou un million d'hommes.

Quand l'assistante sociale lui pose des questions, Charlie hurle qu'il n'a pas tué sa grand-mère, et que le coupable est Michael. Maggie est stupéfaite. Charlie n'était pas au courant de la mort de son jumeau à la naissance, ni que sa grand-mère voulait accomplir tout de suite un rituel de séparation, de crainte que le monde des morts ne s'attache au jeune enfant. Charlie, pris d'une crise, est hospitalisé. Mais Michael apparaît, attaque une infirmière à coups de barre de fer et exige que sa mère le ramène chez lui.

Quand les agents voient partir la mère et l'enfant, Scully se lance à leur poursuite tandis que Mulder va demander de l'aide auprès des Calusaris. Tandis que les Roumains accomplissent un exorcisme à l'hôpital, Scully pénètre chez Maggie et trouve la femme plaquée contre le plafond. Au moment où Michael va poignarder Scully, les Calusaris achèvent leur rituel et il disparaît, en ne laissant derrière lui que des cendres.

Un des Calusaris prévient Mulder et parle du mal qui était en Charlie : « Soyez prudent à l'avenir. Il vous connaît. » En voix off, Mulder annonce que le dossier reste ouvert.

Coulisses : La séquence prégénérique, qui dépeint la mort d'un très jeune enfant, et la noirceur de l'épisode entier (Maggie va successivement perdre sa mère, son mari et un de ses fils) ont posé des inquiétudes aux producteurs.

Là encore, une partie de l'action a été mise en place autour d'un moment intéressant imaginé par Chris Carter en dehors de tout contexte. Ici, il s'agit de la pendaison par le système d'ouverture du garage. Mais le producteur a dû faire quelques concessions au service d'autocensure de la Fox, en raccourcissant la séquence et en noyant dans l'ombre le visage du père, pour amortir l'impact de sa strangulation.

C'est indéniable, on retrouve dans cet épisode des échos de *L'Exorciste* et de *La Malédiction,* en particulier au cours de la scène où l'enfant s'exprime dans une langue qui n'est pas la sienne. Pour ceux qui auraient pu oublier leurs notions élémentaires de roumain, lorsque Charlie se tient au-dessus de sa grand-mère, juste avant qu'elle ne meure, il dit : « Tu arrives trop tard pour nous arrêter. »

Christine Willes reprend son rôle d'assistante sociale attachée au FBI. On l'avait déjà vue dans « Le Fétichiste ».

La substance qui suinte des murs pendant l'exorcisme s'appelle l'amrith. C'est un « liquide semblable au miel, visqueux », souvent lié au rituel de l'exorcisme. Il est également fait mention des viboutis, ou cendres sacrées, censées se matérialiser à partir du néant durant un événement paranormal. Ces manifestations physiques de phénomènes spirituels sont couramment évoquées dans la littérature spirite.

Contamination

(F. Emasculata)

Première diffusion US: 28 avril 1995
France: 22 décembre 1995

Scénario:
Chris Carter et Howard Gordon

Mise en scène:
Rob Bowman

Distribution:
Charles Martin Smith (Dr. Osborne); John Tench (Steve); Angelo Vacco (Angelo Garza); Morris Paynch (Dr. Simon Auerbach); John Pyper-Ferguson (Paul); Dean Norris (marshal fédéral Tapia); Mitch Pileggi (dir. adj. Walter Skinner); William B. Davis (l'Homme à la cigarette); Lynda Boyd (Elizabeth); Alvin Sanders (chauffeur du bus); Kim Kondrashoff (Bobby Torrence); Chilton Crane (mère à la gare routière); Bill Rowat (Dr. Torrence); Jude Zachary (Winston).

Accroche : Lorsqu'une maladie infectieuse tue dix hommes dans un pénitencier, Scully est appelée dans la zone de quarantaine, tandis que Mulder traque deux évadés.

Site principal : Prison de Cumberland, Virginie.

Résumé : Dans une forêt tropicale du Costa Rica où il chasse les insectes, un savant, le docteur Robert Torrence, découvre une carcasse de sanglier couverte d'énormes bubons. L'un d'eux éclate, l'aspergeant d'une sorte de pus. Nous le verrons ensuite demander de l'aide par radio. Il est couvert à son tour de pustules. Lorsque les sauveteurs le retrouvent, les vautours sont en train de picorer son cadavre.

Un détenu, qui s'appelle également Robert Torrence, reçoit un colis postal contenant une patte de porc ensanglantée. Dix-huit heures plus tard, il est lui aussi couvert de pustules, et des spécialistes en combinaisons blanches de quarantaine l'examinent.

Comprenant qu'il se passe quelque chose d'anormal, deux prisonniers, Paul et Steve, s'évadent. Mulder et Scully sont convoqués pour aider à la chasse à l'homme, mais les conditions dans lesquelles se déroule la quarantaine éveillent leurs soupçons.

Les réponses qu'obtient Scully d'un des savants sont maigres. Le docteur Osborne prétend faire partie du Centre de Contrôle des Épidémies, et affirme que les quatorze hommes ont été contaminés par une maladie voisine de la grippe, dont dix sont en train de mourir. Scully se livre en secret à quelques investigations, et découvre qu'on incinère les cadavres des victimes. Une des pustules, en éclatant, éclabousse Osborne, qui recule, horrifié. Scully apprend que le colis a été expédié par une industrie pharmaceutique, la Pinck Pharmaceuticals. Dans une des pustules, elle découvre un insecte.

Pendant ce temps, Mulder est à la poursuite des évadés. Ceux-ci se sont réfugiés chez une amie de Paul, Elizabeth. Steve est déjà malade. Involontairement, il contamine Elizabeth avant l'irruption des agents. On trouve le cadavre de Steve, mais Paul a réussi à s'enfuir.

Désormais infecté, Osborne avoue qu'il n'est pas membre du CCE. Il travaille pour Pinck, qui finançait des expéditions dans la forêt équatoriale à la recherche de nouvelles espèces et a reçu des spécimens d'un parasitoïde nommé *F. Emasculata* – un insecte qui est le vecteur de la maladie, en transportant un parasite qui s'attaque au système immunitaire. Lors de l'éruption des pustules, les larves s'enfouissent dans le corps de l'hôte.

Mulder demande à Skinner d'avertir le grand public, mais l'Homme à la cigarette veut contrôler l'épidémie en contrôlant l'information, de façon à éviter toute panique. Quand Mulder déclare qu'il refuse d'être mêlé à cette stratégie, il s'entend rétorquer que c'est déjà fait.

Osborne demande également à Scully d'alerter les gens. « Croyez-moi, ce serait une erreur de croire qu'il s'agit d'un incident isolé. » Scully s'en va pour tester son propre sang. À son retour, Osborne se trouve dans la pile des cadavres à incinérer. « Vous ne trouverez personne pour confirmer vos dires, lui dit un des employés médicaux, froidement. Estimez-vous heureuse que cette saloperie soit jugulée. »

Mulder interroge Elizabeth, sans obtenir de réponse. Elle voudrait savoir pourquoi personne n'a été averti. Finalement, elle avoue à Mulder que Paul a pris le bus à destination de Toronto, tandis que Scully l'appelle au téléphone pour lui dire que, maintenant que les autres preuves sont détruites, seul le témoignage du détenu en fuite peut aider à faire savoir la vérité.

Mulder grimpe dans le bus, mais Paul le remarque et prend un enfant en otage. Une de ses pustules palpite tout contre le visage du petit garçon. Paul laisse descendre tout le monde. Mulder va lui poser des questions…

Un coup de feu éclate. Paul est mort. Comme surgies de nulle part, les équipes de quarantaine apparaissent et font sortir Mulder du bus. L'agent veut rendre l'affaire publique. Mais Skinner l'en dissuade. « Vous n'aviez aucune chance, agent Mulder », explique-t-il. À cause de l'homonymie entre prisonnier et chercheur, l'expérience en milieu contrôlé pourra être attribuée à une banale

Q: Que signifie le F de *F. Emasculata* ?

R: Faciphaga. Le nom exact de l'insecte qui sert de vecteur à l'infection est *Faciphaga emasculata*.

erreur de la Poste. « Tu ne pourras rien prouver, dit Scully à Mulder. Ils ont pris toutes les assurances. »

« Soyez très prudents, les prévient Skinner. Ça ne fait que commencer. »

Coulisses : Au cours de la scène où le détenu en fuite retient le jeune garçon en otage, Toby Lindala, le chef des effets spéciaux, a dû employer un système manuel, comportant un tube qui remontait jusqu'au maquillage que portait l'acteur. C'est ainsi qu'il a pu donner cette impression de pustules qui éclataient. « J'étais coincé sous un des sièges du bus, et les figurants me piétinaient littéralement la figure. »

Les producteurs ont hésité. Fallait-il retarder la diffusion de l'épisode pour éviter qu'il ne coïncide avec la sortie du film *Alerte,* dont l'histoire est proche ? Ils ont finalement décidé que l'épisode avait son identité propre.

Pour ceux que cela intéresse, Mulder donne son numéro d'insigne, JTT047101111, de façon à obtenir d'une standardiste des télécommunications les relevés téléphoniques.

Angelo Vacco, qui joue Angelo Garza, est assistant de production de la compagnie Ten Thirteen à Los Angeles: Chris Carter a écrit le rôle pour lui.

C'est dans cet épisode que Mulder et Scully font le plus grand usage de leur téléphone cellulaire. Au cours des deux premières saisons, ils se servaient surtout d'un Nokia 101 ou 121. Le cadran digital programmable s'est révélé très pratique lors de « Mauvais Sang », quand l'équipe y a programmé le message: *Affaire réglée. Au revoir.*

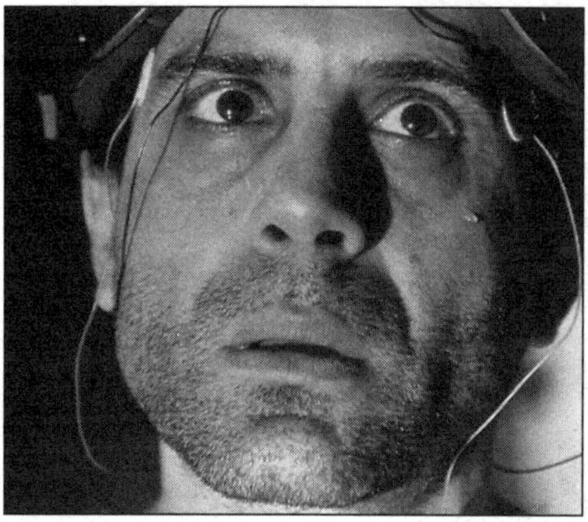

Ombre mortelle
(Soft Light)

Première diffusion US: 5 mai 1995
France: 2 décembre 1995

Scénario:
Vince Gilligan

Mise en scène:
James Contner

Distribution:
Tony Shalhoub (Dr. Banton);
Kevin McNulty (Dr. Davey);
Kate Twa (dét. Ryan);
Nathaniel Deveaux (dét. Baron);
Steven Williams (Mr. X);
Guyle Frazier (Barney);
Forbes Angus (savant du gouvernement);
Donna Yamamoto (infirmière de nuit);
Robert Rozen (docteur);
Steve Bacic (deuxième policier);
Craig Brunanski (garde de sécurité).

Accroche : Une expérience sur les corps noirs change l'ombre d'un savant en instrument de mort subite.

Site principal : Richmond, Virginie.

Résumé : Dans un hôtel, un cadre qui se prélasse sur son lit entend quelqu'un frapper à la chambre d'en face. En allant jusqu'à la porte, l'homme d'affaires entre en contact avec l'ombre du nouveau venu qui semble l'aspirer dans les profondeurs du plancher. Pris de panique, l'homme qui a projeté l'ombre, le Dr. Chester Banton, s'enfuit dans le couloir.

Scully accepte de donner un coup de main à l'inspecteur Kelly Ryan qui fut une de ses élèves à l'Académie du FBI. Celle-ci enquête actuellement sur trois disparitions – en apparence, trois enlèvements. Mulder remarque une tache étrange sur la moquette, qui correspond à des traces identiques découvertes sur les lieux des deux autres disparitions.

En fouillant la maison de la deuxième victime, les agents trouvent un billet de train et un mot qui confirme que l'homme est bien arrivé par ce moyen. Ils demandent à Ryan d'envoyer des policiers à la gare. Là-bas, deux agents tombent sur Banton. « Ne vous approchez pas de moi », leur crie-t-il. Mais ils ne tiennent pas compte de son avertissement et sont tous deux désintégrés quand l'ombre les touche.

En examinant les enregistrements des caméras de sécurité remontant aux dates des autres disparitions, Mulder note la présence de Banton. Il fait agrandir l'image et remarque sur la veste de l'homme le logo de Polarity Magnetics, la firme où travaillait la deuxième victime.

À Polarity, ils font la connaissance du Dr. Davey, qui leur apprend que Banton a disparu depuis cinq semaines, à la suite d'un accident avec un accélérateur de particules, alors qu'il travaillait sur la théorie des corps noirs. Banton a été enfermé par mégarde dans la chambre au cours d'une expérience. Il a laissé sur une des parois une image qui ressemble aux taches aperçues sur les lieux des autres disparitions.

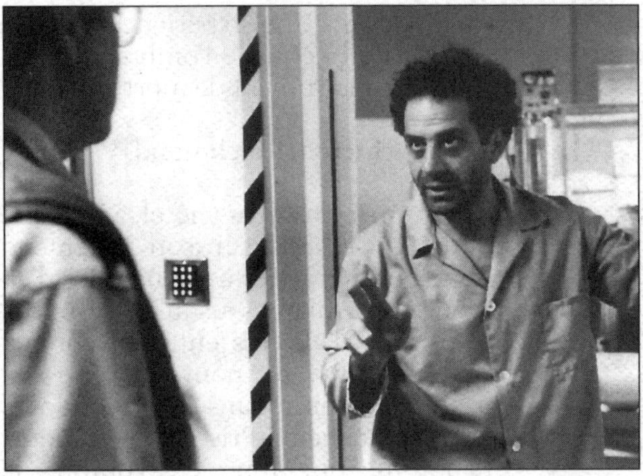

Mulder revient à la gare, où il constate que la lumière tamisée ne crée pas d'ombre. Ils repèrent Banton et l'acculent. Au moment où Scully s'approche de l'ombre de Banton, Mulder, en alerte, tire dans les ampoules de l'éclairage. Transféré dans un asile psychiatrique, Banton leur explique que son ombre est devenue une sorte de trou noir qui réduit la matière à l'état de pure énergie. Le gouvernement est à ses trousses. Ils veulent lui « aspirer le cerveau » pour s'emparer de ce qu'il sait et ne reculeront pas devant le meurtre pour parvenir à leurs fins, ce qui risque de libérer la terrible puissance de l'ombre. « Si je mourais, il ne resterait plus de corps pour contenir cette chose. »

Avec l'aide de Ryan, la police retire l'affaire aux deux agents, de façon à transférer Banton dans la prison du comté. Mulder contacte X pour lui demander de l'aide, mais celui-ci refuse, signalant que Scully et Skinner l'ont déjà vu et qu'il refuse de mettre ainsi sa sécurité en péril. Quand Mulder garantit que ce sont des personnes de confiance, X répond : « Les morts trahissent les promesses. La prochaine fois, c'est votre sang qui pourrait couler. »

Pourtant, cette nuit-là, X se présente à l'hôpital, accompagné de deux « infirmiers », en affirmant être venu procéder au transfert de Banton. Quand on attache le savant sur une civière, les lumières de secours entrent en action et les deux hommes sont désintégrés. Courageux mais pas téméraire, X laisse fuir Banton.

Le savant retourne à Polarity et demande à Davey de l'aider à détruire la chose avant que le gouvernement ne le retrouve. Ryan tente de l'arrêter et Banton, à regret, avance vers elle pour l'aspirer dans son ombre. Enfermé

L'arme qu'a choisie ici Mr. X, comme dans « Coma », est un Sig Sauer P228. Un modèle extrêmement compact, capable de la puissance d'impact que requièrent les mauvais coups perpétrés avec rapidité dans des caves et dans le noir.

dans la chambre d'accélération, Banton découvre que Davey est complice de la conspiration. Pour Davey, Banton est « trop précieux ». Tandis que Davey prévient ses chefs qu'il a capturé Banton, un coup de feu retentit. Par la porte, nous apercevons le visage de X.

Lorsque Mulder et Scully arrivent sur les lieux, la bande enregistrée montre la lente désintégration de Banton. Mais Mulder subodore autre chose. Il va voir X, l'accuse de s'être servi de lui pour localiser Banton et déclare qu'il ne veut plus rien avoir à faire avec lui. « Dans les circonstances actuelles, il est risqué de faire cavalier seul, agent Mulder », rétorque X, qui insiste sur le fait qu'il n'a pas tué Banton.

À l'enterrement de Ryan, Mulder apprend à Scully la disparition de Davey. Finalement, ce n'était peut-être pas Banton qu'ils ont vu dans l'accélérateur. Ailleurs, X s'approche d'un homme en blouse blanche. « Ça prendra du temps, l'étude d'un tel cerveau », déclare le savant. Nous voyons Banton, bardé d'électrodes, à demi fou, éclairé par une lumière blanche qui s'allume et s'éteint, s'allume et s'éteint...

Coulisses : L'idée originale et le scénario sont l'œuvre de Vince Gilligan (qui compte l'écriture d'un long métrage à son crédit, *Mise à feu/Wilder Napalm*). C'est un des très rares scénarios à avoir été produits en dehors de l'équipe habituelle d'*Aux frontières du réel*.

Le scénario a cependant subi des modifications d'importance. Le personnage de X, en particulier, n'apparaissait pas dans la première version. Quand on décida que la crainte du savant de se faire « aspirer le cerveau » n'était pas pure paranoïa, les scénaristes durent trouver un moyen de le livrer à ceux qui souhaitaient l'étudier. X semblait une solution logique. « Il y avait longtemps que X n'avait rien fait, déclare Frank Spotnitz, un de ceux qui ont travaillé sur la réécriture du scénario initial, et le personnage avait bien besoin de prendre un peu de poids. » L'épisode révèle le caractère implacable de X, et sa poursuite inexorable de buts qui lui sont propres, par opposition à la présence plus sympathique de Gorge Profonde.

Bang, bang... Les armes de *The X-Files*. Dans le pilote, Mulder portait un Taurus 92 automatique, qui tire des balles de neuf millimètres. Scully avait un Bernadelli 7.65. Par la suite, Mulder adopta un Glock 19 et Scully un Walther PPK 7.65. Dans les premiers épisodes de la deuxième saison, les deux agents étaient armés de Sig Sauer: un 226 pour Mulder, un 228 pour Scully. Ils possèdent désormais les armes standards du FBI, des Smith et Wesson 1076. Ce genre d'armes n'est plus en fabrication.

Une petite ville tranquille
(Our Town)

Première diffusion US: 12 mai 1995
France: 29 décembre 1995

Scénario:
Frank Spotnitz

Mise en scène:
Rob Bowman

Distribution:
John Milford (Walter Chaco);
Caroline Kava (Doris Kearns);
Gary Grubbs (shérif Tom Arens);
Robin Mossley (Dr. Randolph);
John MacLaren (George Kearns);
Hrothgar Mathews (patient de l'asile);
Gabrielle Miller (Paula Gray);
Timothy Webber (Jess Harold);
Robert Moloney (travailleur);
Carrie Cain Sparks (bonne).

Accroche: Mulder et Scully enquêtent sur un meurtre dans une petite ville du Sud, et sur les secrets qui entourent une usine de conditionnement de poulets.

Site principal: Dudley, Arkansas.

Résumé: Une jeune femme, Paula, attire dans les bois George Kearns, un homme d'âge mûr. Soudain, des lumières le cernent. Il se retourne et découvre un homme affublé d'un masque de cérémonie. Une hache rituelle s'abat. George Kearns hurle.

Kearns était inspecteur fédéral. Il allait exiger la fermeture de Chaco Chicken, une usine locale de conditionnement de poulets qui était le cœur de la communauté, pour infractions graves à la législation sur l'hygiène. Sa disparition intrigue Mulder, notamment quand il la met en parallèle avec des légendes locales sur les feux follets et une trace de brûlure de quatre mètres de diamètre découverte dans un champ voisin.

D'après le shérif local, Kearns n'était qu'un coureur de jupons qui s'est probablement entiché d'une étrangère à la ville. L'épouse de Kearns partage cet avis. Pourtant, peu après, Paula est la proie d'hallucinations tandis qu'elle travaille à la chaîne et, armée d'un couteau, elle prend le directeur de l'usine en otage. Le shérif réussit à l'abattre.

Scully souhaite procéder à l'autopsie. Les agents vont demander sa permission au grand-père de Paula, Mr. Chaco, fondateur de l'usine et constructeur de la ville. Bizarrement, le dossier personnel de Paula indique qu'elle est née en 1948 – elle avait donc quarante-sept ans. De plus, elle était porteuse de la même maladie mortelle extrêmement rare, Creutzfeldt-Jakob, que Kearns.

Mulder décide de faire draguer la rivière. On retrouve les restes de neuf squelettes sans tête, dont celui de Kearns. Les os sont lisses aux extrémités, comme si on les avait fait cuire dans un chaudron, selon Mulder. L'agent note que quatre-vingt-sept personnes ont disparu dans la région en cinquante-neuf ans et que l'aspect poli des os suggère des pratiques cannibales, dont certaines tribus pensent qu'elles prolongent la vie. Par conséquent, la maladie rare de Kearns aurait pu être contractée quand on l'a mangé. « Du vampirisme au catholicisme, littéralement ou de manière symbolique, la récompense pour avoir mangé de la chair humaine est la vie éternelle », fait observer Mulder.

Mulder et Scully constatent la destruction des registres des naissances de la ville. L'épouse de Kearns appelle, en disant qu'elle a peur de Chaco, à l'instant où l'homme au masque de cérémonie apparaît derrière elle. Scully part à la rescousse, tandis que Mulder visite la maison de Chaco, où il découvre une vitrine remplie de têtes humaines.

Chaco capture Scully, et la conduit, pieds et poings liés, jusqu'à une cérémonie qui se déroule autour d'un grand feu, où sont présents de nombreux villageois. Il parlemente avec le directeur de l'usine, mais se fait décapiter. Scully s'attend à subir le même sort.

Mulder se précipite sur les lieux et abat le bourreau, qui n'était autre que le shérif. On ferme l'usine, et bien qu'on ignore le nombre exact de cannibales pratiquants, la maladie de Kearns fera vingt-sept autres victimes. Le slogan de l'usine Chaco (« Good People, Good Food/De braves gens, une bonne nourriture ») prend une coloration ironique.

Au cours de la Seconde Guerre mondiale, Chaco, explique Scully en voix off, a passé six mois parmi la tribu des Jales de Nouvelle-Guinée, qu'on a longtemps soupçonnés de cannibalisme sans jamais pouvoir le prouver. Il avait quatre-vingt-treize ans au moment de sa mort. Son corps n'a toujours pas été retrouvé. Ailleurs, un ouvrier tire une mèche de cheveux gris du grain qu'il donne aux poulets, tandis que les volailles picorent voracement.

Coulisses : Le scénariste Frank Spotnitz a démarré sur l'idée d'une petite ville pratiquant le cannibalisme, inspirée par son amour pour le film avec Spencer Tracy, *Un homme est passé* (*Bad Day at Black Rock*), dans lequel une petite ville dissimule aussi un terrible secret (quoique plus terre à terre que celui de cet épisode).

Spotnitz avait lu un article à la bibliothèque de l'Université de Californie sur des salamandres qui tombaient

Ce n'est que la deuxième fois où nous voyons Mulder tuer quelqu'un.

En dépit des rumeurs qui ont pu circuler, les têtes tranchées exposées dans la vitrine de Walter Chaco ne sont pas des caricatures de personnages réels. Elles ont été fabriquées par les responsables des effets spéciaux.

malades en dévorant leurs congénères. Il s'est alors tourné vers son frère, un neurologue, qui a suggéré la maladie rare que contractent les villageois en mangeant l'inspecteur sanitaire. Commentaire de Spotnitz sur la profession de son frère : « C'est très pratique. Il m'a été très utile[1]. »

Assez curieusement, une partie de la documentation amassée par Spotnitz sur les tribus cannibales – et la découverte d'ossements humains arrondis qui semblaient avoir été bouillis dans des chaudrons – concerne les Anasazis, cette tribu à laquelle Chris Carter fera référence dans l'épisode suivant. Le nom de Chaco Chicken, en fait, a été inspiré par le canyon de Chaco, au Nouveau-Mexique, où l'on pense qu'a vécu ce peuple et où l'on a retrouvé de tels ossements.

Troisième apparition de l'acteur Hrothgar Mathews, déjà vu dans « Le Diable du New Jersey » et « L'Hôte ».

1. Depuis, la maladie de Creutzfeldt-Jakob a connu la gloire avec le dossier des vaches folles. (*N.d.T.*)

Anasazi
(Anasazi)

Première diffusion US: 19 mai 1995
France: 5 janvier 1996

Scénario:
Chris Carter, sur une histoire de David Duchovny et Chris Carter

Mise en scène:
R. W. Goodwin

Distribution:
Byron Chief Moon (le père);
Bernie Coulson (le Cogiteur);
Peter Donat (Bill Mulder);
Nicholas Lea (agent Alex Krycek);
Mitch Pileggi (dir. adj. Walter Skinner);
Paul McLean (agent Kautz);
Floyd «Red Crow» Westerman (Albert Hosteen);
Renae Morriseau (Josephine Doane);
Aurelio Dinunzio (Antonio);
William B. Davis (l'Homme à la cigarette);
Dean Haglund (Langly);
Tom Braidwood (Frohike);
Bruce Harwood (Byers);
Michael David Simms (premier agent);
Ken Camroux (deuxième agent);
Mitch Davies (spécialiste interventions).

Accroche : Les vies de Mulder et de Scully sont mises en péril quand un pirate informatique amateur accède par hasard à des dossiers secrets du gouvernement, prouvant l'existence des OVNIs.

Sites principaux : Washington, DC. ; Nouveau-Mexique.

Résumé : Une importante secousse tellurique agite le Nouveau-Mexique, et un jeune Indien découvre quelque chose de métallique qui brille à fleur de sol, ainsi que le cadavre desséché de quelque chose qui ne semble pas tout à fait humain. « Il faut ramener ça, lui conseille son grand-père, un des anciens de la tribu. Ils vont venir. »

De son côté, un pirate surnommé le Cogiteur s'introduit dans le système informatique du Département de la Défense. Son irruption déclenche une série de coups de téléphone en direction des gouvernements japonais, allemand et italien, pour annoncer que quelqu'un a eu accès au dossier MJ. En apprenant la violation des archives, l'Homme à la cigarette annonce : « Messieurs, j'aurais aimé ne jamais recevoir ce coup de fil. » Mulder est contacté par les Lone Gunmen, qui se prétendent poursuivis par une unité clandestine multinationale au nom de code Garnet, parce que le Cogiteur a copié des dossiers contenant tout ce que le Département de la Défense a rassemblé sur le sujet des OVNIs depuis les années quarante. On entend un coup de feu. Mulder découvre avec surprise qu'une de ses voisines vient de deve-

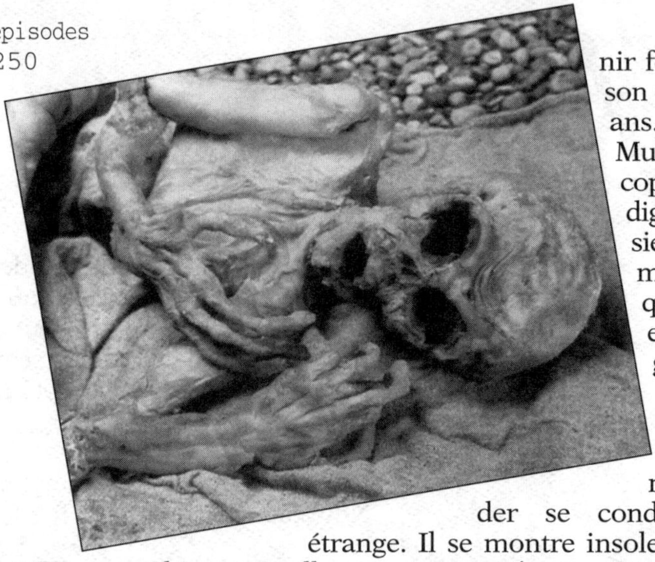

nir folle et a abattu son époux de trente ans.

Mulder obtient une copie sur cassette digitale des dossiers du Cogiteur, mais il découvre qu'ils sont rédigés en navajo, la langue utilisée pour coder les messages durant la Seconde Guerre mondiale. Mulder se conduit de façon étrange. Il se montre insolent à l'égard de Skinner. Scully commence à s'en inquiéter. Quand Skinner demande à Mulder s'il n'aurait pas été le destinataire des dossiers disparus, Mulder s'énerve et le frappe. Scully est convoquée par ses supérieurs au FBI, qui l'avertissent : Mulder court le risque de se faire renvoyer, et elle en même temps.

L'Homme à la cigarette rend visite au père de Mulder, pour une « affaire urgente », et lui apprend que les dossiers ont été volés. Quand Mr. Mulder demande si l'Homme à la cigarette peut protéger son fils, ce dernier répond simplement : « Je l'ai protégé jusqu'à présent, non ? »

Mulder essaie de contacter X, mais son père l'appelle et demande à le voir immédiatement. Il commence à parler à son fils de son travail au Département d'État, mais lorsqu'il se rend dans la salle de bains, Krycek, à l'affût dans la douche, l'abat.

Mulder appelle Scully. Elle lui apprend qu'on a essayé de la tuer dans l'appartement de Mulder. Elle le prévient également : avec sa conduite incontrôlée, il risque de sembler coupable de la mort de son père. Il se réfugie chez elle, malade, affaibli. À son réveil, Scully et son arme ont disparu.

En vérifiant la tuyauterie chez Mulder, Scully découvre qu'on a mis une drogue dans l'eau. Voilà qui explique la conduite bizarre de Mulder, ainsi que le meurtre chez les voisins. De son côté, Mulder se trouve face à face avec Krycek. Il se prépare à le tuer quand Scully apparaît et tire sur Mulder pour l'empêcher de commettre un meurtre.

Mulder se réveille au Nouveau-Mexique. Scully lui présente Albert Hosteen, un spécialiste navajo du chiffre, pendant la Seconde Guerre mondiale. Scully a décidé de rentrer à Washington pour rencontrer Skinner. Elle dit à

X

À la différence de Mulder et de Scully, le Cogiteur travaille sur un ordinateur Macintosh. Tout au long de la série, Mulder et Scully ont utilisé des clones IBM au bureau. En enquête, Scully se sert d'un Mac Powerbook 540C. En fait, elle en possédait un avant qu'ils ne soient commercialisés. À une époque, le Powerbook qu'on trouvait dans les bureaux canadiens de la compagnie Ten Thirteen était le seul du pays.

Mulder qu'il doit savoir ce que contiennent les dossiers MJ. Son nom et celui de Duane Barry apparaissent dans les notes les plus récentes, en rapport avec un test.

Albert parle d'une tribu, les Anasazis. Ils ont disparu six cents ans plus tôt – enlevés, pense-t-il, « par des visiteurs qui viennent encore ici ». Son petit-fils conduit Mulder sur les lieux où il a trouvé le cadavre extraterrestre, à l'instant où l'Homme à la cigarette appelle par téléphone portable. Il prévient Mulder de ne pas juger les choses sur leur apparence et explique que le projet avait été autorisé par son père.

Mulder découvre un empilement de ce qui ressemble à des cadavres d'extraterrestres dans un wagon frigorifique. Il appelle Scully par téléphone. De son côté, elle a trouvé des références dans les dossiers à d'importants savants des forces de l'Axe, amnistiés après la guerre, pour se livrer à des expériences sur des humains, répertoriés sous le terme de « marchandises ». Mulder note la trace d'une vaccination antivariolique, et en arrive à une conclusion effrayante. « Ô mon Dieu, Scully, murmure-t-il. Mais qu'est-ce qu'ils ont fait ? »

L'Homme à la cigarette et un contingent de soldats surviennent par hélicoptère. Ils inspectent le wagon, sans découvrir Mulder. « Rien ne disparaît sans laisser de traces », déclare l'Homme à la cigarette, répétant sans le savoir les paroles d'Albert. Il fait incendier le wagon et l'hélicoptère s'évapore tandis qu'une colonne de feu danse au-dessus du véhicule enfoui.

À suivre...

Coulisses : Carter a déclaré que le sud-ouest des États-Unis est à peu près le seul environnement qu'on ne peut pas reconstituer aisément dans la région de Vancouver. Pour évoquer les décors désertiques, les producteurs ont fait peindre une carrière en rouge, avec huit mille litres de

Pour les ufologues, les dossiers Majestic 12 sont presque aussi connus que l'incident de Roswell. Censés révéler l'existence d'une organisation secrète vouée à la dissimulation des contacts extra-terrestres, ils auraient été réunis pour Harry Truman peu de temps après les événements de Roswell. Les débats sur leur provenance et leur authenticité font rage, mais le lien le plus évident avec « Anasazi » est le caractère international des conspirateurs présumés.

peinture, et ont combiné ce décor à des films tournés par une deuxième équipe, de manière à recréer l'aridité du Nouveau-Mexique à une heure de Vancouver.

Peter Donat, qui interprète le rôle du père de Mulder, est un acteur d'expérience. Il est également le fils du célèbre Peter Donat, qu'on a vu dans des classiques du cinéma comme *Au revoir, Mr. Chips* et *Les Trente-Neuf Marches*.

La version française fait allusion à une « vaccination antivénérienne » des extraterrestres. Les épisodes suivants rétabliront la traduction correcte : « vaccination antivariolique ».

LES ÉPISODES X

troisième saison

Le Chemin de la bénédiction

(The Blessing Way)

Première diffusion US: 22 septembre 1995

Scénario:
Chris Carter

Mise en scène:
R. W. Goodwin

Distribution:
Floyd «Red Crow» Westerman (Albert Hosteen); Tim Michael (fils d'Albert); Dakota House (Eric Hosteen); Mitch Davies (spécialiste interventions); William B. Davis (l'Homme à la cigarette); Michael David Simms (premier agent); Mitch Pileggi (dir. adj. Walter Skinner); Don Williams (premier Ancien); Stanley Walsh (deuxième Ancien); John Moore (troisième Ancien); John Neville (l'Homme soigneusement manucuré); Sheila Larken (Mrs. Scully); Melinda McGraw (Melissa Scully); Tom Braidwood (Frohike); Peter Donat (Bill Mulder); Jerry Hardin (Gorge Profonde); Benita Ha (guide touristique); Ernie Foort (garde de sécurité); Forbes Angus (médecin); Alf Humphreys (Dr. Pomerantz); Rebecca Toolan (Mrs. Mulder); Nicholas Lea (agent Alex Krycek); Lenno Britos (Hispanique); Ian Victor (prêtre).

Accroche : Alors que Mulder a disparu et que l'Homme à la cigarette est à la recherche des dossiers secrets prouvant la réalité des visites d'extraterrestres et la nature des expériences faites sur eux, la carrière et la vie de Scully sont en péril.

Sites principaux : Nouveau-Mexique ; Washington, DC.

Résumé : En voix off, Albert Hosteen, l'Ancien de la tribu auquel Scully avait conduit Mulder dans l'épisode précédent dans le but de décrypter les dossiers MJ, énonce un vieux dicton indien : « Une créature vit aussi longtemps qu'une seule personne se souvient d'elle. » Il prévient que certains voudraient changer l'histoire en éliminant ceux qui la connaissent.

Brusquement, l'Homme à la cigarette et ses soldats font irruption chez Albert. « Je veux Mulder et je veux ces fichiers ! » hurle-t-il, tandis que ses soldats s'acharnent sur Albert et sur son petit-fils. Scully arrive après leur départ. Elle se rend au wagon frigorifique où Mulder a été vu pour la dernière fois et ne trouve que des cendres fumantes. Peu de temps après, des militaires arrêtent sa voiture et s'emparent de la transcription papier des dossiers qui révèlent que le gouvernement a connaissance de l'existence de visiteurs extraterrestres.

De retour à Washington, Scully s'entend dire qu'elle est suspendue pour « désobéissance aux ordres de ses supérieurs hiérarchiques ». Croyant Mulder mort, elle dit à Skinner que les hommes qui ont tué Fox et son père ne seront pas punis. Quand Skinner assure que si, elle rétorque sur un ton glacial : « Avec tout le respect que je vous dois, vous surestimez votre place dans la hiérarchie, monsieur. » De retour dans son bureau, Scully découvre que la disquette DAT qui contenait les documents secrets a disparu.

L'Homme à la cigarette se réunit avec d'autres hommes de l'ombre dans un club privé, et assure que l'affaire des fichiers volés est en cours de règlement, et que les médias « n'y accorderont pas plus d'importance qu'à une notice nécrologique ».

Scully rend visite à sa mère et fond en larmes. « J'ai commis une terrible erreur, lui dit-elle. De quoi mourir de honte devant papa. » Plus tard, Frohike, des Lone Gunmen, vient lui rendre visite. Il lui montre une coupure de presse : le Cogiteur, le pirate informatique qui a eu le premier accès aux dossiers, a été assassiné, d'une façon qui évoque une exécution.

Au Nouveau-Mexique, le vol des busards conduit les Indiens jusqu'à Mulder, qu'on découvre sous un amas de rochers. Il est gravement blessé, après son évasion du wagon et son errance dans des tunnels souterrains. « Maintenant, seuls les esprits pourront sauver l'homme du FBI, annonce Albert. Sa vie est entre leurs mains. » En rêve, Mulder reçoit la visite de Gorge Profonde, qui l'incite à revenir terminer ce qu'il a commencé ; et de son père qui, reprenant les paroles d'Albert, lui dit : « C'est toi, notre mémoire, Fox. Elle survit en toi. Si tu mourais maintenant, la vérité mourrait avec toi et ne subsisterait que le mensonge. » Dans cet état second, Mulder voit également les extraterrestres paniquer dans le wagon, et être asphyxiés par une bonbonne de gaz cyanuré.

En revenant à l'état-major du FBI pour prévenir Skinner de la mort du Cogiteur, Scully passe sous un détecteur de métal. L'engin met en évidence un petit implant souscutané, à la base de la nuque. Retiré par un docteur, l'engin ressemble à une minuscule puce d'ordinateur.

Au bout de trois jours, Mulder sort de sa léthargie. « Je sentais la vie renaître en lui, comme un soleil levant », note Albert. Scully parle de la puce à sa sœur, Melissa. Et Melissa l'encourage à essayer de retrouver les souvenirs de son enlèvement. Mais Scully est réfractaire à l'hypnothérapie. Elle rentre chez elle pour voir Skinner sortir de son appartement avec une attitude suspecte, et partir rapidement. Dans ses rêves, Scully a la conviction que Mulder a survécu. Elle se réveille en sursaut.

Lors de l'enterrement du père de Mulder, Scully est abordée par un homme âgé et très distingué, déjà aperçu en compagnie de l'Homme à la cigarette. L'Homme soigneusement manucuré avertit Scully : elle court un très réel danger de mort, peut-être aux mains d'un proche. Il ajoute que ses collègues – un « consortium qui représente certains intérêts planétaires » – agissent de façon trop impulsive. Quand elle lui demande quelle est la nature de son travail, il se contente de répondre : « Nous prédisons le futur, et la meilleure façon de prédire le futur, c'est de l'inventer. »

À son retour de l'enterrement, la mère de Scully trouve Fox qui l'attend. Chez elle, Scully reçoit un appel de Melissa mais, après l'avertissement de l'Homme soigneusement manucuré, elle se méfie. Elle rappelle et ne parvient pas à joindre Melissa. Décidant d'aller à sa rencontre plutôt que de l'attendre chez elle, Scully rencontre Skinner, qui l'emmène dans l'appartement de Mulder pour pouvoir discuter. Scully, méfiante vis-à-vis de Skinner, tire son arme dès qu'ils pénètrent dans l'appartement et tient son supérieur en joue. De son côté, Melissa arrive chez Scully. L'agent Alex Krycek et un autre agent à la solde de l'Homme à la cigarette l'abattent par erreur.

« Je suis venu vous apporter quelque chose, annonce Skinner à Scully, qui le scrute d'un air sceptique. Je possède la cassette numérique. » À cet instant, on entend des pas dehors. Skinner profite de l'inattention de Scully pour sortir sa propre arme. La situation est bloquée.

À suivre…

Coulisses : Des sages navajos avaient attiré l'attention des producteurs sur certaines erreurs culturelles commises dans l'épisode « Anasazi ». Chris Carter fut donc invité à assister à un chant nocturne navajo et le Rituel du Peyotl de l'Église amérindienne pour la préparation du « Chemin de la bénédiction », qui tire son nom d'un chant authentique. Carter a considéré cette invitation comme un grand honneur mais reconnaît en plaisantant qu'« il était extrêmement douloureux d'être assis par terre, à l'indienne, pendant huit heures d'affilée », durant la cérémonie.

« Le Chemin de la bénédiction » poursuit la mythologie de *The X-Files* et l'entraîne dans de nouvelles directions. Skinner prend à l'action une part beaucoup plus active, tout en conservant son rôle fondamental – il cherche à protéger ses agents, explique Carter, qui ajoute : « Il ne fait absolument pas partie de l'équipe de *The X-Files* », il cherche simplement à réparer ce qu'il ressent comme une injustice.

L'épisode contient quelques détails intéressants, tant en relation avec la série elle-même que par ses coulisses. Ainsi, Krycek, interprété par Nicholas Lea, tire-t-il sur Melissa Scully, que joue sa partenaire dans la vie, Melinda McGraw. De même Mulder réclame, dans son sommeil, des graines de tournesol. Il avait laissé entendre, au cours de l'épisode « Aubrey », qu'il avait hérité ce goût de son père, bien que la version française d'« Aubrey » parle, assez curieusement, de noisettes.

Autre moment significatif : Mulder, dans ses visions comateuses, voit les hybrides d'humains et d'extraterrestres tués dans le wagon par l'acide cyanhydrique – un écho des atrocités perpétrées par les nazis au cours de la Seconde Guerre mondiale. « Il est question de savants nazis, fait remarquer Carter. Pourquoi se conduiraient-ils autrement que dans la réalité ? »

Les producteurs sont particulièrement fiers d'avoir obtenu la participation de John Neville, qui compte à son actif, entre autres, le rôle-titre du film de Terry Gilliam, *Les Aventures du Baron de Münchhausen,* et qui interprète ici le dernier en date de ces personnages au nom bien caractéristique : l'Homme soigneusement manucuré.

À la fin de l'épisode, on peut lire : « *In Memoriam.* Larry Wells, 1946-1995. » Wells était costumier sur la série.

Opération Presse-papiers
(Paper Clip)

Première diffusion US: 29 septembre 1995

Scénario:
Chris Carter

Mise en scène:
Rob Bowman

Distribution:
Mitch Pileggi (dir. adj. Walter Skinner);
Sheila Larken (Mrs. Scully);
Robert Lewis (médecin des urgences);
Melinda McGraw (Melissa Scully);
Bruce Harwood (Byers);
Tom Braidwood (Frohike);
Dean Haglund (Langly);
William B. Davis (l'Homme à la cigarette);
John Neville (l'Homme soigneusement manucuré);
Don Williams (premier Ancien);
Stanley Walsh (deuxième Ancien);
John Moore (troisième Ancien);
Walter Gotell (Klemper);
Martin Evans (factotum);
Peta Brookstone (infirmière);
Floyd «Red Crow» Westerman (Albert Hosteen);
Nicholas Lea (agent Alex Krycek);
Lenno Britos (Hispanique);
Rebecca Toolan (Mrs. Mulder).

Accroche: Mulder et Scully cherchent à prouver que des savants nazis se sont livrés à des expériences sur des extraterrestres, tandis que Skinner tente de négocier leurs vies avec l'Homme à la cigarette.

Sites principaux: Washington, DC.; ouest de la Virginie.

Résumé: Albert Hosteen commente en voix off la naissance d'un bison blanc, un «puissant symbole» dans la culture amérindienne, qui annonce l'imminence de grands changements.

Scully et Skinner sont immobiles, chacun tenant l'autre en joue. La personne à la porte se révèle être Mulder, qui entre arme au poing. Maintenant, l'équilibre est triangulaire, et Skinner dépose son arme à contrecœur. Quand il révèle qu'il détient les dossiers, Mulder lui dit: «Votre grand ami, le Fumeur, m'a tué pour cette cassette, après avoir tué mon père.» Skinner insiste pour dire que la disquette est le seul élément qu'ils possèdent pour livrer ces hommes à la justice.

La mère de Scully se rend à l'hôpital. Melissa est toujours dans le coma. Pour leur part, Mulder et Scully apportent aux Lone Gunmen une photo du père de Fox remontant aux années soixante-dix. Les Gunmen identifient à ses côtés un certain Victor Klemper – un des savants nazis autorisés à venir se réfugier aux États-Unis après la guerre, en échange des résultats de leurs recherches. Cet accord secret avait été baptisé Opération Presse-papiers. Le programme, ajoutent-ils, est censé s'être arrêté dans les années cinquante. C'est alors que Frohike survient et apprend à Scully que sa sœur est dans un état critique.

L'Homme soigneusement manucuré et ses acolytes soumettent l'Homme à la cigarette à un interrogatoire désagréable et lui reprochent l'erreur abominable commise par ses hommes de main, en se trompant de cible. Ils exigent également que le Fumeur leur apporte la cassette disparue. Il leur garantit qu'ils la récupéreront dès le lendemain.

Mulder et Scully rendent visite à Klemper qui leur conseille à mots couverts d'aller visiter une petite exploitation minière dans l'ouest de la Virginie. Puis le nazi appelle l'Homme soigneusement manucuré pour l'informer de la visite qu'il vient de recevoir. « Mulder est toujours en vie », annonce ce dernier. Sachant que l'hôpital est surveillé et que Scully court un danger, Mulder fait porter par Albert un message destiné à la mère de Scully, et le vieil Indien prie pour Melissa.

Skinner rencontre l'Homme à la cigarette, et laisse entendre qu'il a peut-être retrouvé la trace de la cassette, ajoutant prudemment qu'elle risque de tomber entre de mauvaises mains. « C'est du marchandage ? C'est bien ça ? Alors, écoutez-moi bien : je ne marchande rien », écume l'Homme à la cigarette. Skinner se contente de lui dire qu'il devrait être au courant de « certaines potentialités ».

Dans la mine, Mulder et Scully découvrent une cache d'innombrables dossiers médicaux, dont l'un au nom de Scully et un autre à celui de Samantha Mulder. Mulder remarque que le nom de sa sœur figure sur une étiquette collée par-dessus le sien. Puis l'agent s'aventure au-dehors et aperçoit un engin gigantesque qui flotte au-dessus des lieux. Scully voit ce qui pourrait être une silhouette d'extraterrestre, mais dans une grande lumière, tout disparaît.

C'est à cet instant que surgissent plusieurs hommes. Ils ouvrent le feu sur Mulder et le forcent à se replier sur la mine. « Il y a des hommes armés, dehors », annonce-t-il, avant que le duo ne prenne la fuite par une porte dérobée. Prenant rendez-vous avec Skinner dans un café, ils s'entendent dire que leur chef veut échanger la cassette contre leur sauvegarde et leur réintégration au FBI. Mulder veut les preuves pour révéler la vérité, pour savoir pourquoi on a tué son père, pourquoi sa sœur a disparu, pourquoi Scully a été enlevée. « Est-ce que cette réponse vaut deux vies ? » leur demande Skinner.

« En tout cas, c'est pour elle qu'on veut nous tuer », réplique Mulder.

Pour Scully, ils ont perdu le contrôle de la situation. La vérité ne sert à rien s'ils sont morts. Et elle veut aller voir sa sœur. Mulder s'incline, et elle donne l'autorisation à Skinner de conclure l'échange. Si le pacte n'est pas honoré, garantit Skinner, « j'irai illico témoigner contre eux… Avant qu'ils ne me tuent ».

Skinner s'arrête pour rendre visite à la mère de Scully, à l'hôpital. Il prend en chasse un homme dont la présence lui a semblé suspecte. Mais il est capturé par Krycek et deux de ses acolytes. Ils corrigent le directeur adjoint et s'emparent de la cassette. Quand les deux complices de Krycek laissent celui-ci un instant seul dans la voiture, le jeune homme comprend qu'ils cherchent à se débarrasser de lui et se rue hors du véhicule juste avant qu'il explose.

Mulder et Scully retournent voir Klemper, mais ils ne trouvent sur place que l'Homme bien manucuré qui leur annonce le trépas du savant nazi. Après la chute d'un OVNI à Roswell, en 1947, explique-t-il, des savants nazis ont été envoyés aux USA pour procéder à des expériences, et tenter de créer des hybrides humains/extraterrestres. Des informations génétiques portant sur des millions de personnes ont été réunies grâce à un programme de vaccination antivariolique. L'enlèvement de Samantha a garanti le silence du père de Mulder, qui avait menacé de tout dévoiler du projet. « Pourquoi me dites-vous tout ça ? » demande Mulder, tandis que Scully lui enjoint de ne pas faire confiance à cet homme. L'autre se contente de répondre : « C'est ce que vous vouliez savoir, oui ou non ? »

Krycek téléphone à l'Homme à la cigarette, au club, et lui annonce qu'il est vivant. De plus, comme il est en possession de la cassette, il tient à le dissuader de toute tentative contre lui. L'Homme à la cigarette prévient ses acolytes : il ne conclura aucun pacte avec Skinner.

Mulder va voir sa mère, et lui demande si son père lui a donné à choisir entre lui et Samantha. « Non, je n'ai pas pu choisir, reconnaît-elle, en larmes. C'est ton père qui a choisi, je l'ai détesté d'avoir fait ça. Et jusque dans sa tombe, je lui en veux encore. »

L'Homme à la cigarette rencontre Skinner et lui annonce qu'avec la disparition de la cassette sa propre vie est peut-être en danger. Mais Skinner réplique. Il a « de quoi vous obliger à me baiser les bottes, crétin ». Il annonce qu'Albert Hosteen a appris par cœur le contenu de la cassette et l'a transmis à une vingtaine d'hommes, selon la tradition des conteurs de sa tribu. « À moins de tuer tous les Navajos vivant dans nos États, conclut Skinner, ces informations sont disponibles au moindre coup de fil. »

Melissa Scully décède. Dana la pleure. Mulder lui dit qu'ils ont tous deux perdu tant de choses, mais qu'il croit que la vérité est toujours ailleurs – et leur travail aux affaires non classées pourra aider à la faire connaître. « La vérité, je la connais, Mulder, déclare Scully sur un ton de froide détermination. Ce sont des réponses, que j'attends. »

Coulisses : Les extraterrestres qui croisent Scully en courant dans la cache de dossiers, sous la montagne, sont en fait des enfants de huit et neuf ans, vêtus de tenues créées par le responsable du maquillage, Toby Lindala. De la même façon, on voyait également des enfants dans « Duane Barry », première partie, bien que Carter reconnaisse volontiers qu'il n'est pas toujours facile de faire respecter le programme par ce genre d'acteurs demi-portion.

« Au départ, ils sont surexcités, soupire-t-il. Et puis on leur fait enfiler les costumes et au bout d'une demi-heure, ils commencent à demander : “Je peux rentrer chez moi, maintenant ?” » La même séquence a exigé l'emploi d'un dispositif énorme, qui a permis à une puissante grue de soulever des lumières au-dessus du bâtiment pour donner l'illusion de la présence d'un gigantesque vaisseau-amiral.

L'idée d'employer une méthode aussi peu technique que la tradition orale des Navajos pour garantir la sécurité de Mulder et de Scully et contrecarrer les manigances gouvernementales high-tech de l'Homme à la cigarette réjouit beaucoup Carter. Il est également prompt à mettre en avant les éléments mythiques présents chez Mulder quand on lui dit qu'il est, d'une certaine façon, devenu son propre père. C'est pour cette raison que Duchovny a comparé ces trois épisodes à une autre trilogie, celle de *La Guerre des étoiles,* avec un brin de *Choix de Sophie* rajouté pour faire bonne mesure.

Tony Morelli, responsable des cascades (Carter a dit de lui que c'était « leur méchant universel »), joue le premier homme que Skinner rencontre dans le couloir. Même si Skinner a finalement le dessous dans la bagarre, Carter et Mitch Pileggi se hâtent de signaler que le rapport de forces était à trois contre un, et que le personnage a réussi à placer « quelques bons coups de poing » durant le combat. La question de savoir qui, de Skinner ou de X, a remporté la bagarre de « La Colonie », deuxième partie, est devenue un sujet de conversation très prisé dans les conventions consacrées à *The X-Files.*

« Opération Presse-papiers » affiche également un *in memoriam,* celui-ci dédié à Mario Mark Kennedy (1966-1995), un grand fan de la série qui avait organisé des sessions de débat en direct sur Internet. Il a disparu dans un accident de la circulation.

titres des épisodes de la troisième saison

– Coup de foudre
– Voyances par procuration
– La Liste
– Meurtres sur Internet
– Corps astral
– Souvenir d'oubliettes
– Monstres d'utilité publique, 2 parties
– Révélations
– La Guerre des coprophages
– Âmes damnées
– Le Visage de l'horreur
– L'Épave, 2 parties
– Autosuggestion
– Malédiction
– La Règle du jeu
– Le Seigneur du magma
– La Visite
– Les Dents du lac
– Incitation au meurtre
– Anagramme

les X-Philes

Les fans de *Star Trek* n'ont jamais vraiment apprécié le terme de *Trekkie*. On ne sera donc probablement pas surpris d'apprendre que les fans acharnés d'*Aux frontières du réel* n'ont pas perdu de temps à forger leur propre sobriquet : les « X-Philes », la terminaison *phile* dérivant de la racine grecque *philos,* qui signifie *aimer.*

Certes, le mot *interactif* est devenu un cliché rebattu en ce nouvel âge des médias, mais peu de séries ont suscité autant de réactions des téléspectateurs que *The X-Files,* en un temps aussi court, relativement parlant. En fait, comme pour tout phénomène culturel, la réponse des fans à la série appartient autant à l'histoire d'*Aux frontières du réel* que la série elle-même, depuis les conventions qui ont été organisées à travers les États-Unis, jusqu'aux heures de discussion sur chaque épisode qui agitent Internet chaque semaine.

The X-Files a ouvert son propre site Internet le 12 juin 1995 mais les fans s'intéressaient à la série bien avant cette date. Delphi, le service en question, estime que chaque mois vingt-cinq mille personnes rejoignent et quittent les débats portant sur la série, plus que pour toutes les autres séries de la Fox présentes sur le site combinées.

Il y a au moins quatre sessions en direct programmées chaque semaine ; le dimanche, c'est le Fan-Club de

David Duchovny (un groupe de fans féminines a organisé une surprise-partie virtuelle pour l'anniversaire de l'acteur ; un autre groupe s'est baptisé la Brigade des Œstrogènes David Duchovny) ; le mardi, on parle phénomènes paranormaux ; chaque vendredi, il y a réunion d'après-épisode, et l'on discute à nouveau de la série le samedi. Moins bien organisée mais résolue à ne pas se laisser marcher sur les pieds, existe une Brigade de la Testostérone Gillian Anderson qui, à en croire les divers témoignages, se tiendrait de façon un peu plus convenable que leur contrepartie féminine.

Une casquette dédicacée par David Duchovny a été vendue aux enchères pour cent quatre-vingts dollars (environ neuf cents francs) durant la convention *X-Files* de Pasadena. Un script de l'épisode «Duane Barry», première partie, signé par Duchovny, Gillian Anderson et Chris Carter, est monté jusqu'à sept cent quatre-vingts dollars, soit environ trois mille cinq cents francs.

Internet a même suscité la formation de liens personnels entre les gens. Certains groupes qui se sont connus sur le Web se rencontrent aussi en chair et en os – un des plus importants est celui de la région de Houston, qui s'est baptisé, on s'en serait douté, les Tex-Philes.

En plus, les conventions *X-Files* ont proliféré depuis que la première s'est tenue à San Diego en juin 1995, réunissant un public de quelque deux mille cinq cents personnes. On a dénombré une vingtaine de conventions pour le reste de l'année 1995, et les estimations les plus raisonnables évaluent à trente-cinq mille ou quarante mille le nombre final de participants.

La publicité pour ces manifestations d'un jour, organisées par Creation Entertainment, qui a rendu les mêmes services vis-à-vis de *Star Trek,* est en général assurée par la diffusion de spots pendant les épisodes de la série sur la filiale locale de la Fox. On est étonné par la diversité des participants. Il y a à la fois des jeunes et des vieux, des vieillards en déambulateurs et nombre de jeunes couples avec des bambins en poussette. Les fans sont de toutes les races et de toutes les couleurs, unis par un intérêt commun pour la série.

En plus de l'apparition en chair et en os de certaines personnes associées à la série, les conventions proposent un musée des accessoires où l'on pourra admirer, par exemple, la patte de porc sanglante expédiée à un prisonnier dans l'épisode « Contamination » ou la copie d'un des cadavres extraterrestres présentés au cours d'« Anasazi », à la fin de la deuxième saison. Dans les conventions, il est difficile de ne pas être stupéfait par la passion qui entoure la série.

Tout ce qui a un rapport avec *Aux frontières du réel,* ou presque, est devenu objet de collection : le numéro spécial *X-Files* du *TV Guide,* le grand hebdomadaire américain de programmes télé, qui présente la série en couverture, atteint des cotes impressionnantes sur le marché de l'occasion. Les fans peuvent acheter des T-shirts, des casquettes, des photos, des posters et des bandes dessinées, un ensemble dont la pièce maîtresse est une veste *X-Files* très chic, déconseillée aux âmes et aux portefeuilles sensibles. De quelque façon qu'on aborde le problème, la série est synonyme de gros revenus.

Il existe aussi un club officiel de *The X-Files* qui offre une large palette d'objets souvenirs.

Il arrive quand même que l'influence de la série se fasse sentir, et que la paranoïa pointe le bout du nez. Une femme à qui on demande de remplir un questionnaire lui demandant son âge et autres caractéristiques personnelles pour le fan-club exprime sa répugnance à être, eh bien, trop franche sur de tels sujets. « C'est *Aux frontières du réel,* après tout », confie-t-elle à un ami.

Les fans applaudissent quand on parle des vedettes, sifflent l'évocation de méchants comme l'Homme à la cigarette ou Krycek.

Été 1995, lors d'une convention qui se tenait à Las Vegas. Mitch Pileggi, qui tient le rôle du directeur adjoint Skinner, signe patiemment des centaines d'autographes après avoir répondu aux questions du public. Certaines sont prévisibles (Comment vous a-t-on engagé ? Croyez-vous personnellement aux extraterrestres ? etc.), mais même le flegmatique acteur reste sans voix après une des questions :

« Combien touchez-vous ? demande un jeune homme.

– Ça n'est pas vos oignons », réplique Pileggi, après un long silence et un éclat de rire.

« Je dois dire que je vous admire énormément », lui déclare une femme un peu plus tard, quand arrive son tour de tenir le micro. On entend littéralement la concupiscence suinter du micro.

L'invité suivant est Doug Hutchison, qui a interprété Eugene Tooms, le mutant sans âge qui se nourrit de foies humains dans deux épisodes de la première saison. Hutchison est devenu un habitué du circuit des conventions, et met sans complexe ses apparitions à profit pour mener une campagne en faveur du retour de Tooms dans la série. Apparemment, le fait que son personnage ait été écrabouillé par un escalator ne semble pas le décourager. Hutchison, méconnaissable pour qui l'a vu dans la série, manifeste beaucoup d'esprit et un sens de l'humour qu'on a de la peine à associer au personnage lugubre qu'il interprète. Il a mis au point l'équivalent d'un *one-man-show* comique. « Je me suis glissé dans une machine à sous, lance-t-il à la foule de Las Vegas. Un type a mis ses vingt-cinq *cents* et trois foies se sont affichés. » Hutchison avouera par la suite être végétarien et qu'en fait il n'a « jamais touché un foie de ma vie ».

Pour le producteur exécutif et créateur d'*Aux frontières du réel,* Chris Carter, entretenir de tels rapports avec les fans de la série est une sorte de rêve qui s'est réalisé. Visiblement, il n'avait jamais envisagé cet à-côté des choses. Au bon vieux temps, il y avait un courrier de fans, mais sa version moderne s'est révélée remarquable. Services informatiques et conventions permettent aux producteurs et aux fans de partager ensemble l'expérience, de façon instantanée. Carter lui-même reconnaît qu'il vérifie Internet « pratiquement chaque jour ». Il s'entretient avec les fans, lit les commentaires les plus sagaces et se dit parfois : « Hé, ils ont raison. J'ai intérêt à me surveiller davantage. »

« Ça fonctionne pour moi comme un outil interactif », explique-t-il, en constatant que la série a eu la bonne fortune de voir sa popularité se développer en même temps que le phénomène Internet.

Par ailleurs, Carter ne cache pas que le ton de certains commentaires à chaud, de certaines dissections critiques et d'interprétations torturées de nuances insignifiantes dans la série « me hérisse, à l'occasion ». On peut voir là l'origine d'une plaisanterie de l'épisode « Coma », au cours de la deuxième saison. Un des Lone Gunmen invite Mulder à surfer sur Internet en sa compagnie pour « pinailler sur les erreurs scientifiques de la série *Earth 2* ». Pinailler fait visiblement partie du plaisir de la série, et certains spectateurs se délectent à en relever les erreurs et fautes de montage.

Mais dans l'ensemble, Carter, qui a grandi en chevauchant les vagues sur les plages de Californie, aime surfer sur Internet et apprécie l'attention que lui portent les fans. Elle l'oblige, lui et les autres scénaristes, à être plus attentif au moindre détail. Ce sont aussi les réactions positives qui ont conduit à développer le rôle de Skinner, joué par Mitch Pileggi. L'acteur apparaîtra plus souvent au cours de la troisième saison, maintenant qu'il a signé un contrat de six ans flambant neuf.

Sur un autre plan, les rapports qu'il a eus avec les téléspectateurs depuis le début de la série ont changé l'idée que Carter pouvait se faire des gens qui courent après les OVNIs ou prétendent avoir été enlevés par des extraterrestres. Quand la série a démarré, Carter redoutait initialement que « tous les barges ne commencent à sortir de leur trou » pour transformer le standard de la Fox en « rendez-vous des zarbis ». « Le plus intéressant, dit-il, c'est que la plupart de ces gens ne sont pas des cinglés. En majorité, ce sont des gens ordinaires qui croient vraiment à ce qu'ils racontent. »

C'est vrai, il faut resituer la passion des gens qui participent aux conventions et dialoguent sur Internet dans un contexte plus vaste : ils ne représentent jusqu'ici qu'un infime pourcentage des quelque quatorze millions de téléspectateurs qui suivent la série chaque semaine. Il faut également noter que l'existence de fans-clubs sur Internet n'a pas réussi à sauver des séries à l'Audimat faible malgré un public dévoué : *Angela, quinze ans,* par exemple. Le véritable défi, comme toujours sur les chaînes de télé, sera de conserver et peut-être de développer les chiffres maximaux d'audience de la série tout en continuant à cibler les fans acharnés, qui ont été une des préoccupations majeures des producteurs depuis que la série a vraiment commencé à décoller. Comme Frank Spotnitz, le superviseur des scénarios, l'a déclaré au cours d'une convention, le but est toujours « de rester à la hauteur des grands espoirs que vous avez placés en nous ».

Carter ne cache pas lui non plus qu'il ressent une affinité spéciale, des obligations envers le public de base de la série. Faisant référence à une de ses premières rencontres du type Internet, il a déclaré : « J'ai eu l'impression que c'était pour ces gens-là que je travaillais. »

« L'Ange déchu ».

Décor: la chambre de Mulder, dévastée.

Scully:
Que se passe-t-il?

Mulder:
On dirait que la femme de ménage n'est pas encore passée.

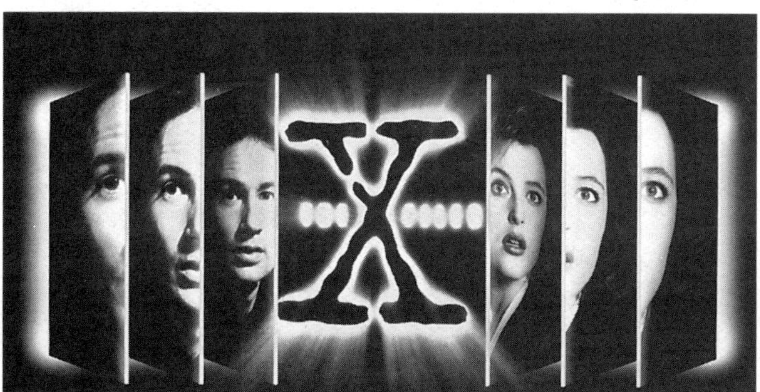

points d’audience

première saison

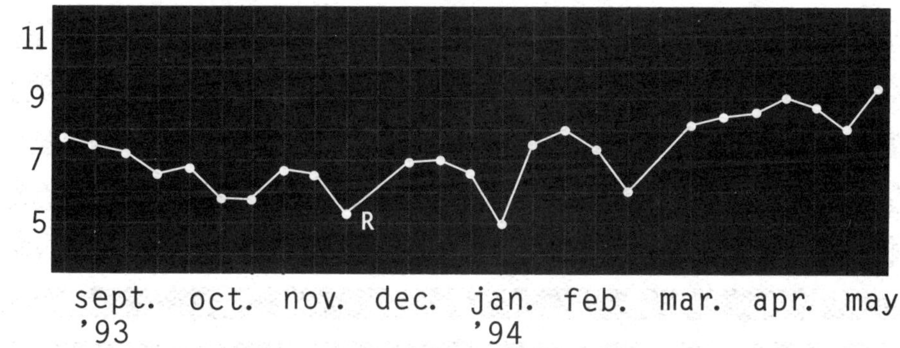

R= rediffusion

deuxième saison

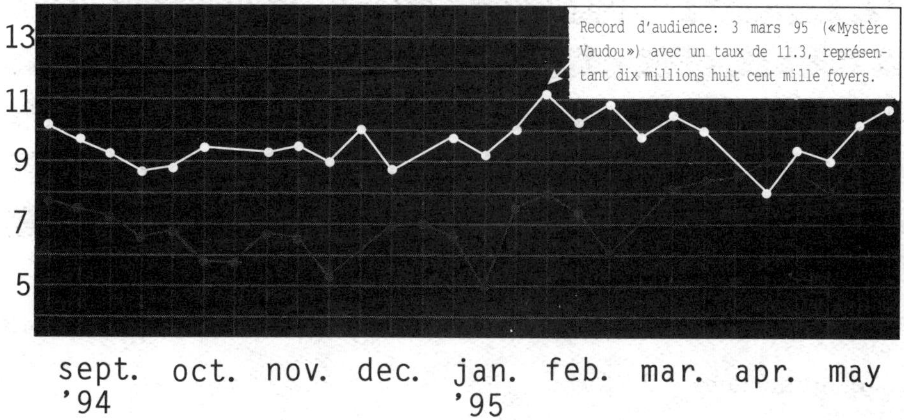

Diffusion	Episode	Foyers (en millions)	Audimat/ parts de marché
10/9/93	Nous ne sommes pas seuls	7,4	7,9/15
17/9/93	Gorge Profonde	6,9	7,3/14
24/9/93	Compressions	6,8	7,2/13
1/10/93	L'Enlèvement	5,9	6,3/11
8/10/93	Le Diable du New Jersey	6,2	6,6/12
22/10/93	L'Ombre de la mort	5,6	5,9/11
29/10/93	Un fantôme dans l'ordinateur	5,6	5,9/11
5/11/93	Projet Arctique	6,2	6,6/11
12/11/93	Espace	6,1	6,5/11
19/11/93	L'Ange déchu	5,1	5,4/9
10/12/93	Ève	6,4	6,8/12
17/12/93	L'Incendiaire	6,4	6,8/12
7/1/94	Le Message	6,2	6,6/11
21/1/94	Masculin Féminin	6,8	7,2/12
4/2/94	Lazare	7,2	7,6/12
11/2/94	Vengeance d'outre-tombe	6,8	7,2/11
11/2/94	Entité biologique extraterrestre	5,8	6,2/9
18/2/94	L'Église des miracles	7,1	7,5/13
18/3/94	Métamorphoses	7,2	7,6/14
1/4/94	Quand vient la nuit	7,5	8,0/14
15/4/94	Le Retour de Tooms	8,1	8,6/15
22/4/94	Renaissance	7,7	8,2/14
6/5/94	Roland	7,4	7,9/14
13/5/94	Les Hybrides	8,3	8,8/16

Chaque point d'Audimat ou, plus exactement, de Nielsen, correspond à neuf cent quarante-deux mille foyers.

Diffusion	Episode	Foyers (en millions)	Audimat/ parts de marché
16/9/94	Les Petits Hommes verts	9,8	10,3/19
23/9/94	L'Hôte	9,3	9,8/17
30/9/94	Mauvais Sang	8,7	9,1/16
7/10/94	Insomnies	8,2	8,6/15
14/10/94	Duane Barry, première partie	8,5	8,9/16
21/10/94	Duane Barry, deuxième partie	9,2	9,6/16
4/11/94	Les Vampires	9,0	9,4/16
11/11/94	Coma	9,1	9,5/16
18/11/94	Intraterrestres	8,6	9,0/16
9/12/94	Le Musée rouge	9,9	10,4/18
16/12/94	Excelsis Dei	8,5	8,9/15
6/1/95	Aubrey	9,7	10,2/16
13/1/95	Le Fétichiste	8,8	9,2/15
27/1/95	La Main de l'Enfer	10,2	10,7/18
3/2/95	Mystère vaudou	10,8	11,3/19
10/2/95	La Colonie, première partie	9,8	10,3/17
17/2/95	La Colonie, deuxième partie	10,7	11,2/19
24/2/95	Parole de singe	9,6	10,1/17
10/3/95	Le Vaisseau fantôme	10,2	10,7/18
31/3/95	Faux Frères siamois	9,8	10,3/18
14/4/95	Les Calusaris	7,9	8,3/16
28/4/95	Contamination	8,5	8,9/16
5/5/95	Ombre mortelle	8,1	8,5/15
12/5/95	Une ville bien tranquille	9,0	9,4/17
19/5/95	Anasazi	9,6	10,1/18

Chaque point d'audience correspond à neuf cent cinquante-quatre mille foyers. Source / Nielsen Media Research.

critiques

Les premières réactions de la critique face à la série ont été largement favorables, même si nombre de chroniqueurs s'interrogeaient sur ses chances de survie, au niveau de l'audience. Voici un échantillonnage de ces réactions.

10 septembre 1993 (première de la série)

«Une des séries dramatiques les plus intrigantes de la rentrée... une série qui promet, avec un point de vue novateur.»

– Ray Richmond, *Los Angeles Daily News*

«Les scénarios sont incroyables – c'est-à-dire qu'ils ne sont absolument pas crédibles, et c'est ce qui me gêne dans *Aux frontières du réel.* À cette réserve près, c'est une série policière distrayante... Ma note: [8/10].»

– Jeff Jarvis, *TV Guide*

«... bizarre et non violente, *Aux frontières du réel* devrait pouvoir se changer en série culte pour les téléspectateurs curieux de la Fox, chaque semaine.»

– Lou Grahnke, *Chicago Sun-Times*

«Apparemment, les fans de S-F et de mystère vont avoir de quoi se faire les dents, avec cette nouvelle série... Si les épisodes suivants réussissent à tenir le rythme, cette nouveauté fort bien réalisée pourrait être le succès ufologique de la saison.»

– Tony Scott, *Daily Variety*

«Duchovny et Anderson sont les agents du FBI les plus jeunes et les plus séduisants de toute l'histoire de la télé. Mais est-ce qu'on ne se sentait pas plus en sécurité quand les agents avaient la tête d'Efrem Zimbalist Jr.[1]? Si la série n'est pas mauvaise, je vois quand même *Aux frontières du réel* se diriger tout droit vers la relégation.»

– Bob Wisehart, *Sacramento Bee*

1. Acteur principal de la série *Sur la piste du crime FBI.* (*N.d.T.*)

critiques

«… des scénarios intelligents, une intrigue bien construite placent la série bien au-dessus de la moyenne du genre… Le vendredi soir est un créneau peu favorable pour trouver ce genre de public à la maison, mais la Fox parie peut-être que le public visé est capable de programmer un magnétoscope.»

- Gail Pennington, *St. Louis Post-Dispatch*

«… depuis que Darren McGavin tombait sur un nouveau monstre chaque semaine, dans *Dossiers brûlants*, nous n'avions plus eu en *prime time* de série aussi absurde qu'*Aux frontières du réel.* Ni aussi distrayante.»

- Noel Holston, *Minneapolis Star-Tribune*

«… cette série dramatique d'épouvante… pourrait se révéler un succès. Au minimum, ce sera forcément une série culte.»

- Walt Belcher, *Tampa Tribune*

«L'étouffement de l'affaire par le gouvernement est décrit avec la touche idéale de paranoïa moite… Le problème est… qu'*Aux frontières du réel* semble destinée à rejoindre les archives où la TV classe les phénomènes éphémères.»

- Joyce Millman, *San Francisco Examiner*

1er octobre 1993

«Si les producteurs sont capables de maintenir ces ambiances glaçantes, cette série aura ses aficionados. Et ce ne sera que justice. Note: 15.»

- magazine *People*

8 octobre 1993

«*Aux frontières du réel* est actuellement la série la plus paranoïaque et la plus subversive de la télévision… La tension entre Anderson - qui doute de ces phénomènes - et Duchovny, qui a la mine obsédée et implorante

critiques

du vrai croyant, est excellente… *Aux frontières du réel* est une série formidable sur un sujet invraisemblable. Note: 16.»

- *Entertainment Weekly*

5 novembre 1993

«Je peux affirmer avec certitude que cet épisode d'*Aux frontières du réel* est une des heures les plus puissantes et les plus effrayantes diffusées sur les chaînes de TV depuis bien longtemps - pendant une scène ou deux, je garantis que vous vous tortillerez sur votre siège, et l'histoire mérite une place avec mention dans *La Quatrième Dimension*.»

- David Bianculli, *New York Daily News* (critique de «Projet Arctique»)

«À inscrire dans la colonne "à voir absolument": *Aux frontières du réel* est sans cesse meilleure. Et plus bizarre. Et plus effrayante.»

- Matt Roush, *USA Today*

prix et récompenses

prix et récompenses

Emmy Awards

Les Emmy Awards sont les Oscars de la télévision américaine

1995

• Nomination au titre de la meilleure série dramatique
• Nomination au titre du meilleur scénario de série dramatique – Chris Carter pour « Duane Barry », première partie
• Nomination au titre de meilleur second rôle dans une série dramatique – CCH Pounder, qui interprète l'agent Kazdin dans « Duane Barry », première partie
• Nomination au titre de la meilleure prise de vues pour une série – John Bartley pour « Coma »
• Nomination au titre du meilleur montage de série, pour une production avec une seule caméra – James Coblentz pour « Duane Barry », première partie
• Nomination au titre du meilleur montage de série, pour une production avec une seule caméra – Stephen Mark pour « Insomnies ».
• Nomination au titre du meilleur montage sonore sur une série – Thierry Couturier, Machiek Malish, Chris Reeves, Marty Stein, Jay Levine, Stuart Calderon, Michael Kimball, David Van Slyke, Susan Welsh, Chris Fradkin, Matt West, Jeff Charbonneau, Debby Ruby Winsberg pour « Duane Barry », première partie

1994

• Lauréat au titre de la meilleure contribution dans le domaine graphique/meilleur générique – James Castle, Bruce Bryant, Carol Johnsen
• Nomination au titre de meilleure musique de générique – Mark Snow

Golden Globe Award

• Lauréat au titre de la meilleure série dramatique

Saturn Awards

(présenté par l'Académie de science-fiction, fantastique et horreur)

• Lauréat, au titre de série télé exceptionnelle

Television Critics Association (TCA) Awards

[prix de l'association des critiques de télévision]

• Nomination au titre de meilleure série dramatique
• Nomination au titre d'émission de l'année

prix et récompenses

Viewers for Quality Television (VQT) Awards

• Nomination au titre de meilleure série dramatique
• Nomination au titre de meilleur acteur de série dramatique pour David Duchovny
• Nomination au titre de meilleure actrice de série dramatique pour Gillian Anderson

Digital Hollywood Awards

• Lauréats, meilleurs scénaristes sur télévision numérique – James Wong et Glen Morgan pour « Le Message »
• Nomination au titre de meilleure série sur télévision numérique

Mystery Writers of America, Edgar Allan Poe Awards

[prix décerné par les écrivains de roman policier américains]

• Nomination au titre de meilleur épisode d'une série télé – Chris Carter pour « Les Hybrides »

American Society of Cinematographers Awards

• Nomination au titre de meilleure prise de vues – John Bartley pour « Duane Barry », première partie

Environmental Media Awards

• Lauréat pour un épisode exceptionnel d'une série dramatique – Chris Carter pour « Quand vient la nuit »

Parent's Choice Honors

• Lauréat au titre de la meilleure série

Monitor Awards

• Lauréat au titre du meilleur montage – James Coblentz pour « Le Message »

New York Film Festival for Television Programming and Promotion

• Finalistes au titre du meilleur scénario – Chris Carter pour « Les Hybrides » ; James Wong et Glen Morgan pour « Le Message »

PERSONNAGES

X dossiers

Agent spécial Fox Mulder

Nom : Fox William Mulder
Numéro d'insigne : JTT047101111
Taille : 1,82 m
Poids : 85 kg
Cheveux : bruns
Yeux : verts
Date de naissance : 13 octobre 1961
Lieu de naissance : Chilmark, Massachusetts
Adresse actuelle : (adresse inconnue), Apt 42, Alexandria, Virginie
Téléphone : (202) 555-9355
Signes particuliers : grain de beauté sur la joue droite
Situation familiale : célibataire
Nom du père : William «Bill» Mulder (voir dossier classifié). Anciennement attaché au Département d'État. Assassiné par Alex Krycek
Adresse du père : West Tisbury, Martha's Vineyard, Massachusetts
Nom de la mère : (inconnu)
Adresse de la mère : 2790 Vine Street, Chilmark, Massachusetts
Frères et sœurs : une sœur, Samantha Ann Mulder, née le 22 janvier 1964. Disparue le 27 novembre 1973. (Affaire non classée: dossier N° X-42053)

Éducation : Université d'Oxford, Maîtrise de psychologie (1982). Académie de formation du FBI à Quantico, 1984
Publications : *Tueurs en série et occultisme*, monographie, 1988. Article dans le magazine *Omni*, sous le pseudonyme M. F. Luder
Rang actuel : agent spécial
Arme : Smith et Wesson 1056 (balles de 9 mm)

Carrière au FBI

1983-1986 : Université d'Oxford.
1986 : Entre à l'Académie de Quantico juste après sa sortie d'Oxford. Se voit octroyer le surnom de «Martien».
1988 : Assigné à l'Unité des Crimes violents, sous la supervision de Reggie Purdue. Dès sa première affaire, l'agent Mulder se distingue lors de la traque du pilleur de banques John Barnett.
16 juin 1989 : L'agent Mulder subit une hypnothérapie régressive menée par le Dr. Heitz Werber, à la suite de laquelle il est convaincu que sa sœur a été enlevée par des entités extraterrestres.
1991 : L'agent Mulder persuade ses supérieurs de le muter au service des affaires non classées, où il opère depuis. Il a eu pour supérieurs

hiérarchiques, d'abord le chef de section Blevins, haut responsable de l'Unité des Crimes violents, puis le directeur adjoint Skinner.
6 mars 1992 : La crainte que le travail de l'agent Mulder au service des affaires non classées ne soit en train d'échapper à tout contrôle pousse le chef de section Blevins à assigner l'agent Dana K. Scully au même service, pour y devenir la partenaire de l'agent Mulder.
1993 : L'agent Mulder est convoqué pour une audience par le chef de section Joseph McGrath du Bureau de Responsabilité Professionnelle, après avoir pénétré sur un lieu de crime sous juridiction militaire. L'accusation d'intervention dans une opération militaire et de perturbation d'une enquête en cours a été portée contre l'agent Mulder. Toutes les charges seront abandonnées.
Avril 1994 : Le directeur adjoint Walter S. Skinner enquête sur les accusations de harcèlement de Mr. Eugene Victor Tooms par l'agent Mulder, suite à la plainte de Mr. Tooms, qui venait d'être libéré d'un établissement psychiatrique. Tooms a ultérieurement perdu la vie au cours d'un accident industriel.
Mai 1994 : Le directeur adjoint Walter S. Skinner ferme le service des affaires non classées et mute les agents Mulder et Scully sur d'autres postes.
Octobre 1994 : L'agent Alex Krycek devient le nouveau partenaire de l'agent Mulder.
Novembre 1994 : Après l'enlèvement de l'agent Scully par un fugitif, Duane Barry (affaire non classée: dossier X-73317), le directeur adjoint Skinner ouvre à nouveau le service des affaires non classées. L'agent Krycek ne revient pas travailler après la disparition de l'agent Scully. On le recherche toujours, pour l'interroger sur cette affaire.
Mai 1995 : Le directeur adjoint Walter Skinner convoque l'agent Mulder, l'agent Scully et des membres du Bureau de Responsabilité Professionnelle après avoir été attaqué sans raison par l'agent Mulder. L'agent Mulder ne se présentera pas à l'audience. Le lendemain, le père de l'agent Mulder est abattu chez lui, en présence de l'agent Mulder.

Détails personnels

L'agent Mulder est convaincu que sa sœur a été enlevée par des extraterrestres tandis qu'il était immobilisé par un pouvoir inconnu, et qu'on a modifié ses souvenirs. Il pense que des entités extraterrestres, peut-être soutenues par des organisations gouvernementales clandestines, visitent en permanence cette planète. Ces idées singulières lui ont valu le surnom de Mulder le

Martien, parmi ses pairs. On ne lui connaît aucun lien étroit avec d'autres agents, à l'exception de sa partenaire, l'agent Scully. Bien qu'ils le respectent sur le plan professionnel, les autres agents le considèrent comme un original. Sa personnalité ne correspond pas au profil de l'agent idéal, bien que ses succès dans le domaine qu'il a choisi le situent parmi les meilleurs agents actuellement en activité dans le système fédéral.

Agent spécial Dana Scully

Nom : Dana Katherine Scully, docteur en médecine
Numéro d'insigne : 2317-616
Taille : 1,60 m
Poids : (inconnu)
Cheveux : roux
Yeux : verts
Date de naissance : 23 février 1964
Lieu de naissance : (inconnu)
Adresse actuelle : 3170, West 53 Rd, N°35, Annapolis, Maryland
Téléphone : (202) 555-6431
Signes particuliers : aucun
Situation familiale : célibataire
Nom du père : William Scully, capitaine de la Marine des États-Unis. A servi durant la crise des Missiles cubains, 1961. Décédé en décembre 1993
Adresse du père : décédé
Nom de la mère : Margaret (Maggie) Scully
Adresse de la mère : (inconnue) Baltimore, Maryland
Frères et sœurs :
Frère aîné: William (Bill Jr.) Scully Jr.;
Sœur aînée: Melissa Scully (décédée);
Frère cadet: Charles Scully

Éducation : Licence de physique, Université du Maryland, 1986. Études de médecine (lieu inconnu), spécialisation en pathologie légiste
Publications : Thèse sur «Einstein et la courbure de l'espace-temps: nouvelle interprétation»
Rang actuel : agent spécial
Arme: Smith et Wesson 1056 (balles de 9 mm)

Carrière au FBI

1990 : Entre au FBI à sa sortie de l'école de médecine. Professeur à l'Académie de Quantico pendant deux ans.
1992 : Assignée au service des affaires non classées par le chef de section Blevins.
Octobre 1994 : Enlevée par le fugitif Duane Barry (voir affaire non classée, dossier X-73317), dans des circonstances non élucidées. L'agent Alex Krycek est recherché pour subir un interrogatoire portant sur son rôle dans cette affaire.
Novembre 1994 : Retrouvée en coma profond dans l'unité de soins intensifs de l'hôpital de l'Université de Georgetown; pas de témoins, aucun enregistrement de son admission n'a pu être découvert. Après sa convales-

cence, l'agent Scully reprend son travail, et affirme n'avoir conservé aucun souvenir des événements entourant sa disparition.
Avril 1995 : L'agent Scully ne se présente pas à une convocation du directeur adjoint Skinner pour discuter des activités de l'agent Mulder. Un attentat manqué contre la vie de Scully provoque la mort de sa sœur Melissa.

Détails personnels

Scully est un agent aussi respecté que méticuleux. Elle est extrêmement compétente dans les domaines de la médecine légale et de la pathologie. Elle ne partage pas les convictions de l'agent Mulder sur le paranormal. Dana Scully a passé sa première année de faculté à l'Université de Berkeley, en Californie, près de la base navale d'Alameda, où était stationné son père. À Berkeley, Dana a brièvement fréquenté des groupes activistes politiques, et notamment des groupes d'opposition au programme nucléaire, bien que ses engagements n'aient pas été plus loin que la lecture de tracts et des «débats» orageux avec son père. Au bout d'un an, Dana s'est inscrite à l'Université du Maryland. La formation médicale de l'agent Scully a aidé dans une mesure incalculable le Bureau au cours de nombreuses enquêtes confiées au service des affaires non classées.

Directeur adjoint Walter S. Skinner

«Le Retour de Tooms»
«Les Petits Hommes verts»
«L'Hôte»
«Insomnies»
«Duane Barry», deuxième partie
«Coma»
«La Colonie», première partie
«La Colonie», deuxième partie
«Contamination»
«Anasazi»
«Le Chemin de la bénédiction»
«Opération Presse-papiers»

Détails personnels

Le directeur adjoint Walter S. Skinner est le responsable hiérarchique de Fox Mulder et de Dana Scully. C'est un ancien Marine : sévère et exigeant. Son insistance rigoureuse sur un strict respect des procédures lors des enquêtes l'oppose souvent à Mulder, dont les méthodes peu orthodoxes l'irritent. Skinner reçoit de fréquentes visites du mystérieux Homme à la cigarette, mais leurs relations précises restent très ambiguës. Bien que Skinner ait une fois fermé le service des affaires non classées suite à des ordres venus d'en haut, il l'a ensuite rouvert de sa propre autorité, et la section est restée ouverte depuis.
Les relations entre Skinner et Mulder sont équivoques : si les méthodes et l'irrévérence du jeune agent exaspèrent Skinner, il a souvent trouvé le moyen de soutenir Mulder, même contre la hiérarchie du Bureau. Dans «Coma», il a refusé la démission de Mulder et lui a parlé d'une expérience de sortie du corps qu'il avait eue durant son service au Viêt-nam. «Le surnaturel me fait peur depuis cette expérience. Vous, vous ne craignez rien. C'est pour ça que votre démission est inacceptable.»

L'Homme à la cigarette

«Nous ne sommes pas seuls»
«Vengeance d'outre-tombe»
«Le Retour de Tooms»
«Les Hybrides»
«Les Petits Hommes verts»
«Insomnies»
«Duane Barry», première partie
«Duane Barry», deuxième partie
«Coma»
«Contamination»
«Anasazi»
«Le Chemin de la bénédiction»
«Opération Presse-papiers»

Détails personnels

Dès l'instant où Dana Scully a été assignée pour la première fois au service des affaires non classées, cet homme sinistre, fumeur à la chaîne, en costume raide, a tenu Mulder, Scully et le service sous sa surveillance. Grand, maigre, avec une tendance à plisser les yeux, il est en contact avec les organisations clandestines qui s'opposent à Mulder au cours de ses enquêtes. Les aide-t-il ou amortit-il leurs coups? La réponse reste indécise.

Dans «Le Retour de Tooms», l'Homme à la cigarette a rompu son long silence pour affirmer qu'il croyait au rapport de Mulder. Dans «Insomnies», il a commencé à intervenir plus directement; il est le supérieur auquel l'agent félon Alex Krycek vient faire ses rapports. Son commentaire négligent et glaçant à propos de Scully - «À chaque problème sa solution» - suivi par l'écrasement d'une cigarette de sa marque favorite, une Morley, laisse entendre que rien ne l'arrêtera pour obtenir la fermeture permanente des affaires non classées. Pourtant, dans «Duane Barry», deuxième partie, il dit à l'agent Krycek qu'il vaut mieux ne pas tuer les agents et risquer de transformer en religion une croisade d'homme isolé.

Dans «Coma», Mulder s'est retrouvé face à face avec l'Homme à la cigarette, après que Walter Skinner a révélé à contrecœur l'endroit où on pouvait le trouver. Mulder l'a appelé l'Accro au tabac (Cancer Man), le nom par lequel on le désigne en général sur Internet. Alors que Mulder pointait un revolver contre sa tempe, l'Homme à la cigarette révéla qu'il n'avait ni femme ni enfants, et un peu de pouvoir, et qu'il jouait le jeu parce qu'il croyait à ce qu'il faisait.

«Anasazi», l'épisode de fin de deuxième saison, a révélé son plus grand secret jusqu'ici : le Fumeur de cigarettes connaît très bien le père de Mulder, William Mulder. Au cours d'une conversation tendue, l'Homme à la cigarette a prétendu protéger Mulder. Pourtant, au cours d'une conversation avec Mulder lui-même, il accusera Bill Mulder d'avoir autorisé le projet que son fils est sur le point de mettre au jour.

X

«L'Hôte» (présence suggérée)
«Insomnies»
«Duane Barry», deuxième partie
«Coma»
«Mystère vaudou»
«La Colonie», deuxième partie
«Ombre mortelle»

Détails personnels

Indubitablement plus inquiétant que son prédécesseur, Gorge Profonde, X aime l'ombre. Il n'en émerge que trop rarement pour se montrer. Quand il le fait, il paraît tendu, inquiet, dévoré par la paranoïa. Dès le départ, il a annoncé qu'il ne voulait pas connaître le même sort que Gorge Profonde, envers qui il ressent une certaine loyauté, mais pas suffisante pour se faire tuer. À plusieurs reprises, il a refusé d'aider Mulder et Scully.
X s'est montré capable de tuer de sang-froid dans «Coma», en exécutant calmement un individu chargé de récupérer un échantillon du sang de l'agent Scully. Dans «La Colonie», deuxième partie, il se retrouve face à Dana Scully, et elle lui demande son aide pour retrouver Mulder. Il refuse froidement; le directeur adjoint Skinner devra se battre contre lui dans un ascenseur pour obtenir l'information. Au cours de cette confrontation, X affirme qu'il a déjà tué des hommes pour des choses moins graves que de l'avoir frappé. Dans «Ombre mortelle», il se sert de Mulder pour découvrir l'endroit où est dissimulé le savant qu'il recherche. X capturera cet homme, le Dr. Banton, et le livrera aux scientifiques que Banton redoutait par-dessus tout.
Est-il l'allié ou l'ennemi de Mulder? La réponse reste en suspens.

Les Lone Gunmen

«Entité biologique extraterrestre»
«Mauvais Sang»
«Coma»
«Parole de singe»
«Anasazi»
«Le Chemin de la bénédiction»
«Opération Presse-papiers»

Détails personnels

Ces trois opérateurs composent l'équipe éditoriale d'un magazine consacré aux conspirations, *The Lone Gunman* (*Le Tireur isolé*), une allusion au fameux deuxième tireur dont d'aucuns ont évoqué la présence au cours de l'assassinat de Kennedy. Ils ont des contacts et des informations dans une multitude de domaines et constituent une sorte d'équipe de réflexion secondaire pour Fox Mulder. Byers porte une barbe coupée court et un costume impeccable. C'est un expert très précis en systèmes d'information. Langly est grand, maigre, blond et porte des lunettes. Sa spécialité: les communications. Frohike professe un goût très marqué pour l'agent Dana Scully. Il sert de photographe et d'expert pour les opérations spéciales du groupe.
Le groupe comprenait un quatrième membre, appelé le Cogiteur, de son vrai nom Kenneth Suna. Mais il n'est apparu qu'une seule fois. Ce génie du piratage informatique s'est introduit dans les dossiers top secret du Département de la Défense et a téléchargé des informations extrêmement sensibles sur les rapports entre gouvernement et extraterrestres. Il a été assassiné pour avoir eu accès au dossier MJ.
Si l'excentricité et les convictions du groupe peuvent les faire passer pour de doux illuminés, ils ont fourni à Mulder et à Scully autant de théories paranoïaques que de faits objectifs.

Agent Alex Krycek

«Insomnies»
«Duane Barry», première partie
«Duane Barry», deuxième partie
«Anasazi»
«Le Chemin de la bénédiction»
«Opération Presse-papiers»

Détails personnels

Présenté pour la première fois dans «Insomnies», où il s'insinue dans une enquête qu'est en train de mener Mulder, l'agent Krycek, séduisant et propre sur lui, ressemblait au départ à une version plus jeune de Mulder. Mais, avec le temps, sa qualité d'agent double à la solde de l'Homme à la cigarette est devenue évidente. Il travaillait à empêcher la réouverture du service des affaires non classées. Il a contribué de façon matérielle à l'enlèvement de Dana Scully par Duane Barry et a tenté de tuer Mulder quand celui-ci a essayé de la secourir.
Il a ensuite disparu, pour réapparaître dans «Anasazi», pour assassiner le père de Mulder, de façon à incriminer Mulder. Désormais, Mulder sait quel rôle joue Krycek; en fait, la seule façon pour Scully d'empêcher Mulder de tuer Krycek a été de faire feu sur son propre partenaire. Krycek s'est enfui, pour revenir lors d'une tentative de meurtre avortée contre l'agent Scully, qui a entraîné la mort de Melissa Scully, sa sœur. Pour cette erreur, l'agent Krycek a été la cible d'un attentat, auquel il a échappé de justesse. Krycek a fui le pays avec un atout majeur dans sa manche - une disquette d'ordinateur contenant des informations sur ce que le gouvernement sait et a fait sur l'existence de la vie extraterrestre.

Gorge Profonde

«Gorge Profonde»
«Un fantôme dans l'ordinateur»
«L'Ange déchu»
«Ève»
«Vengeance d'outre-tombe»
«Entité biologique extraterrestre»
«Les Hybrides»

Détails personnels

La source clandestine la plus influente de Mulder a été présentée dans le deuxième épisode de la série. Gorge Profonde apparaît pour avertir Mulder de se tenir à l'écart d'une affaire sur laquelle il est en train d'enquêter. Il a réitéré des avertissements de même nature au cours de ses autres apparitions, tout en apportant à Mulder des informations susceptibles de l'aider dans ses enquêtes. Toujours sibyllin, il a volontiers reconnu un jour qu'il mentait à son protégé. Il est intervenu pour sauver le poste de Mulder dans «L'Ange déchu» et, dans «Les Hybrides», il a sauvé la vie de Mulder au prix de la sienne.

Gorge Profonde, dont le vrai nom et les allégeances n'ont jamais été révélés, était un homme apparemment pris entre deux feux. Bien qu'il ait prétendu occuper un poste si élevé qu'il était capable d'obtenir à Mulder des loges dans n'importe quel stade de base-ball du pays (une marque infaillible de puissance), il a aussi reconnu qu'il mettait sa propre vie en danger à chaque rencontre. Il a affirmé avoir longtemps étudié Mulder, afin de juger de ses capacités, avant de lui confier des informations secrètes. Si Mulder l'a cru de façon implicite dès le départ, Scully s'est montrée plus sceptique. Ce n'est que lorsque les circonstances l'ont obligée à s'allier à lui pour sauver la vie de son partenaire, qu'elle s'est forcée à lui faire confiance.

Il existe quelques informations éparses sur le passé de Gorge Profonde. Il a affirmé avoir travaillé pour la CIA durant la guerre du Viêt-nam, et appartenir à une organisation coupable de «crimes terribles contre l'humanité». Il semblerait que son but soit d'abattre cette organisation. Il a été capable d'obtenir des documents classés *Top secret* et de les fournir à Mulder en très peu de temps. Il avait accès à d'excellentes sources de désinformation, comme en témoigne la photo d'OVNI truquée dans «Entité biologique extraterrestre», conçue pour écarter Mulder et Scully d'une piste trop brûlante, une photo presque assez réussie pour tromper un expert comme Mulder.

Gorge Profonde a fait sa révélation la plus remarquable dans «Entité biologique extraterrestre», où il a déclaré faire partie des trois hommes au monde à avoir non seulement vu, mais exécuté un extraterrestre. Il a expliqué à Mulder la mise en place d'une conspiration internationale consacrée à la capture et à l'élimination des visiteurs extraterrestres. En fait, cette expérience l'a tellement bouleversé que Gorge Profonde a confessé s'être lancé dans sa mission d'informateur de Mulder comme dans une forme d'expiation. Mulder a pourtant du mal à le croire, sa foi en son informateur ayant été ébranlée par de nombreux mensonges et de tentatives de l'égarer.

De la phrase dite à Mulder lors de sa première apparition («monsieur Mulder, ça fait très, très longtemps qu'ils sont là») jusqu'à ses derniers mots avant de mourir («Ne faites confiance à personne!»), il aura eu une influence profonde sur Mulder et le service des affaires non classées.

La famille Mulder

«Les Petits Hommes verts»
«La Colonie», première partie
«La Colonie», deuxième partie
«Anasazi»
«Le Chemin de la bénédiction»
«Opération Presse-papiers»

Détails personnels

La famille de Fox Mulder a connu plusieurs tragédies. Alors qu'elle avait huit ans et lui douze, Samantha Mulder a disparu pour ne jamais plus réapparaître. Mulder affirme que l'événement a déchiré sa famille. Apparemment, ses parents sont séparés, peut-être même divorcés.

Au cours de séances d'hypnothérapie régressive conduites par le Dr. Heitz Werber, Mulder a pu retrouver le souvenir d'une lumière aveuglante, d'une présence dans la pièce, de sa propre paralysie totale, et d'une voix qui lui affirmait que tout se passerait bien, que sa sœur reviendrait. Mulder en a tiré la certitude que sa sœur avait été enlevée par des extraterrestres, et il a consacré sa vie à la retrouver et à démasquer les conspirations gouvernementales qui dissimulent l'existence des extraterrestres.

Pourtant, la famille Mulder n'était pas au bout de ses peines. Une femme prétendant être Samantha est soudain apparue au milieu d'une des enquêtes de Mulder. Nous avons fait la connaissance de Bill Mulder, un homme froid, sévère, lugubre, autrefois lié au Département d'État. Nous avons aussi rencontré la mère de Mulder, plus chaleureuse, plus douce, mais quand même méfiante : elle aussi met en doute les dires de «Samantha». Pourtant, dans «La Colonie», deuxième partie, quand Scully est prise en otage, Mulder est contraint d'échanger Samantha contre sa partenaire, et doit assister avec horreur à la mort de sa sœur, tombée d'un pont. Encore une fois, il doit affronter un père intraitable et lui apprendre que Samantha n'est plus. Encore sous le choc, il apprend avec stupeur que sa «sœur» était en fait un clone parmi nombre d'autres, qui prétendent connaître le sort de sa véritable sœur.

Le passé de Bill Mulder nous sera révélé plus avant dans «Anasazi». Nous apprenons qu'il a été associé à l'Homme à la cigarette, qui l'appelle par son prénom. Bill Mulder semble également soucieux de ne pas voir dévoiler son rôle dans un projet secret du gouvernement, et s'inquiète des dangers que pourrait courir son fils. L'Homme à la cigarette le ras-

sure sur ce point, mais le vieil homme appelle son fils au téléphone.
Quand Mulder arrive, son père est sur le point de lui révéler le rôle qu'il a joué dans l'affaire sur laquelle enquête Fox, mais il est abattu par l'agent Krycek et Mulder est accusé du meurtre de son propre père. En fuite, Mulder est contacté par l'Homme à la cigarette, qui avertit Mulder : s'il révèle les secrets qu'il recherche, il fera aussi connaître à tous le rôle de son père dans l'affaire.

La famille Scully

«Le Diable du New Jersey»
«Le Message»
«Duane Barry», deuxième partie
«Coma»
«Le Chemin de la bénédiction»
«Opération Presse-papiers»

Détails personnels

En comparaison avec celles de son partenaire, la vie de famille et l'enfance de Dana Scully ont été plutôt normales. Son père, William Scully, était capitaine dans la Marine américaine. Il a participé à l'affaire de la baie des Cochons, en 1961. La mère de Scully, Margaret (Maggie, pour son époux), a un jour raconté à sa fille que le capitaine Scully l'avait demandée en mariage juste après son retour de la baie des Cochons. Leur chanson, c'était «Beyond the Sea», la version américaine de «La Mer» de Charles Trenet, chantée par Bobby Darin. On l'a jouée à leur mariage. Leur mariage semble avoir été heureux sur tous les plans. Les Scully ont eu quatre enfants: William Jr., dit «Bill Junior», Melissa, Dana et Charles.

Le capitaine Scully pouvait être souvent strict et réservé, mais il avait surnommé sa fille cadette «Starbuck», d'après le personnage du roman de Hermann Melville, *Moby Dick*. Elle l'appelait «Achab». Bien qu'il n'ait pas approuvé la profession qu'avait choisie sa fille, Maggie Scully a assuré à Dana à deux reprises que le capitaine Scully était fier d'elle. Sa mort soudaine, à la Noël 1993, a été un choc pour Dana. Quand elle le vit apparaître peu de temps après, elle en a été tellement bouleversée qu'elle a commencé à remettre en question quelques-unes de ses certitudes. Il est réapparu lors de l'expérience de mort approchée de Dana dans «Coma», porteur d'un message d'amour et d'espoir.

La brune Margaret Scully ne semble pas avoir d'autre profession que celle de femme au foyer, mais elle représente clairement le centre de gravité de la famille. Sa présence aimante mais ferme domine toutes les réunions familiales. Elle respecte l'indépendance d'esprit de sa plus jeune fille, et ira jusqu'à soutenir l'exécution du testament rédigé par Scully. La chose a pu être en contravention avec ce que lui dictait sa conscience, car de nombreux détails indiquent que Margaret est une fervente catholique, comme toute la famille. Pour ses quinze ans, Margaret a offert à sa fille une petite croix d'or qu'elle porte en permanence. Margaret possède peut-être des dons psychiques, car elle confie à Mulder avoir fait un rêve prémonitoire de l'enlèvement de sa fille par Duane Barry.

La chevelure rousse et les yeux noisette de Melissa Scully, la sœur aînée de Dana, soulignent sa ressemblance avec sa sœur. Elle croit aux miracles et se laisse aller à proclamer des opinions très *New Age*. Elle se prétend capable de lire les auras, annonce que sa sœur, dans son coma, était en train de choisir entre la vie et la mort, et dit à Fox Mulder qu'il se trouve en un lieu très sombre, plus sombre que celui où est Scully. Elle a un penchant pour les gris-gris et les cristaux, connaît les techniques du pendule. Selon Margaret Scully, sa fille aînée n'était pas le garçon manqué qu'était Dana. Dans «Le Chemin de la bénédiction», Alex Krycek abat Melissa, qu'il a prise pour sa sœur. Mrs. Scully la veille dans «Opération Presse-papiers», mais en vain. Quand Melissa décède, Dana Scully, ravagée par le chagrin, déclare: «Elle est morte à ma place.»

Nous ne verrons Bill Junior et Charles Scully qu'enfants, dans «Coma». Aucune mention n'a été faite de leur profession ou de l'endroit où ils pourraient être.

Brian Lowry dirige la rubrique télévision du *Daily Variety,* le journal de l'industrie du spectacle, où il travaille depuis 1987 et écrit des articles sur la télévision, en plus de signer des critiques et une rubrique hebdomadaire, « Changing Channels ». Né à Los Angeles, il a fait ses études à l'Université de Californie. À la fois pendant et après ses années de faculté, il a travaillé comme journaliste indépendant pour de nombreux magazines, dont *Starlog,* un mensuel consacré à la science-fiction, à l'horreur et au fantastique.

EDITIONS LA MARTINGALE

A paraître

Iris JOHANSEN
Sans pitié

Déjà parus

Brian LOWRY
Aux frontières du réel : le guide officiel de The X-Files™

Carolyn HAINES
La secte du mensonge

Rosemary ROGERS
Princesse ou gitane

Emily LISTFIELD
Mensonge mortel

Ridley PEARSON
Sans témoins

Steve LOPEZ
Silhouettes de morts

William DIEHL
Peur primale (Terreur extrême)

Howard OWEN
Littlejohn

Barbara PARKER
Délit d'innocence

LaVyrle SPENCER
Les embruns du cœur

Virginia C. ANDREWS™
Ruby
Perle

Joseph AMIEL
Question de preuves

Kathleen E. WOODIWISS
A la cour du Tsar

Fannie FLAGG
Daisy Fay et l'homme miracle

Winston GROOM
Forrest Gump

Robert J. CONLEY
Geronimo

Cet ouvrage a été composé par R.I.D. Composition
et imprimé par l'Imprimerie Hérissey à Évreux
pour le compte de LA MARTINGALE
84, rue de Grenelle, 75007 Paris
diffusion France et étranger : Flammarion

Achevé d'imprimer en août 1996

Dépôt légal : août 1996.
N° d'édition : 7068. N° d'impression : 73886

Imprimé en France